KB049365

플라톤의

카르미데스
크리티아스
서간집

ΠΛΑΤΩΝΟΣ
ΧΑΡΜΙΔΗΣ
ΚΡΙΤΙΑΣ
ΕΠΙΣΤΟΛΑΙ

플라톤의

카르미데스
크리티아스
서간집

박종현 역주

서광사

이 책은 헬라스어 원전 역주서(譯註書)로서 Oxford Classical Texts(OCT) 중에서 J. Burnet이 교열 편찬한 *Platonis Opera*, III, IV, V에 각기 수록된 것들을 기본 대본으로 삼되, 그 밖의 다수 판본들을 참조하여 번역하고 주석을 단 것이다.

플라톤의

카르미데스/크리티아스/서간집

플라톤 지음
박종현 역주

펴낸곳 · 도서출판 서광사
펴낸이 · 이숙
출판등록일 · 1977. 6. 30.
출판등록번호 · 제406-2006-000010호

(10881) 경기도 파주시 회동길 77-12 (문발동)
대표전화 · (031) 955-4331 / 팩시밀리 · (031) 955-4336
E-mail · phil6161@chol.com
http://www.seokwangsa.co.kr / http://www.seokwangsa.kr

제1판 제1쇄 펴낸날 · 2023년 11월 20일

ISBN 978-89-306-0645-5 93160

머리말

이번의 이 책은 지난해 내려고 예정했던 것이었지만, 《적도(適度) 또는 중용의 사상》 개정·증보판(서광사 출간)을 지난해에 내느라, 이제야 출간하게 되었다.

이 번역서의 일차적인 대본은 Oxford Classical Texts(OCT) 중에서 J. Burnet이 교열 편찬한 *Platonis Opera*, III, IV, V에 각기 수록된 것들이고, 그 밖에도 참고 문헌 목록에 밝힌 판본들도 참조하여 번역하고 주석을 달았다.

이 책에 실린 첫 대화편 《카르미데스》는 초기 대화편이다. 1/3 정도까지는 여느 초기 대화편처럼 평이하게 읽힌다. 그러나 소크라테스와의 대화 상대가 크리티아스로 바뀌고서 얼마쯤 지나, 특히 '앎의 앎'과 관련된 대화에 이르러서는 극도로 난삽해진다. 그렇더라도 읽어낼 수 있도록 최선을 다해서 안내했으니, 끝까지 읽어내길 바란다. 이 대화편의 번역 및 주석 원고를 읽고서 조언을 해 준 김영균 교수의 도움이 고마웠다. 김 교수는 이 대화편에 각별한 관심을 갖고 있으며, 논문까지 썼다.

《크리티아스》 편은 후기 대화편이고 미완의 것이다. 이 대화편에는 독자의 궁금증을 덜기 위해 부록 형태로 《티마이오스》 편 앞쪽의 연관되는 부분(17a~27b)을 덧붙였다.

《서간집》은 플라톤의 이름으로 전하는 서한들을 묶은 것이지만, 서한 7과 8을 제외하고는 오늘날엔 가짜로 간주되는 것들이다. 그래서 '서한 7, 8'을 제외하고는 나머지를 그 뒤에 한 묶음으로 실었다. 그리고 그동안 내 나름으로 〈일곱째 서한〉으로 일컬어 오던 것도 더 간결하게 〈서한 7〉, 〈서한 8〉 등으로 지칭하는 쪽을 택하기로 했다.

다음에 이어질 책은 《에우티데모스(*Euthydēmos*)》 편과 《크라틸로스(*Kratylos*)》 편을 묶은 것이 되겠고, 내년에 출간될 수 있도록 할 생각이다.

2023년 초여름에

박종현

차 례

우리말 번역본과 관련된 일러두기

1. 본문에서 난외(欄外)에 나와 있는 153a, b, c, …와 같은 기호는 '스테파누스 쪽수(Stephanus pages)'라 부르는 것인데, 플라톤의 대화편들에서 어떤 부분을 인용할 때는 반드시 이 기호를 함께 표기하게 되어 있다. 그 유래는 이러하다. 종교적인 탄압을 피해 제네바에 망명해 있던 프랑스인 Henricus Stephanus(프랑스어 이름 Henri Étienne: 약 1528/31~1598)가 1578년에 《플라톤 전집》(ΠΛΑΤΩΝΟΣ ΑΠΑΝΤΑ ΤΑ ΣΩΖΟΜΕΝΑ: PLATONIS opera quae extant omnia: 현존하는 플라톤의 모든 저술)을 세 권의 폴리오(folio) 판으로 편찬해 냈다. 그런데 이 책의 각 면(面)은 두 개의 난(欄)으로 나뉘고, 한쪽에는 헬라스어 원문이, 다른 한쪽에는 Ioannes Serranus의 라틴어 번역문이 인쇄되어 있으며, 각 면의 내용을 기계적으로 약 1/5씩 다섯 문단으로 나눈 다음, 이것들을 a, b, c, d, e의 기호들로 양쪽 난의 중앙에 표시했다. 따라서 이 역주서(譯註書)의 숫자는 이 책의 각 권에 표시된 쪽 번호이고, a~e의 기호는 이 책의 쪽마다에 있는 각각의 문단을 가리키는 기호이다. 《카르미데스》(*Kharmidēs*) 편은 Stephanus(약자로는 St.) 판본 II권 곧 St. II. p. 153a에서 시작해

p. 176d로 끝난다. 그리고 《크리티아스》(*Kritias*) 편은 St. III. pp. 106a~121c이며, 《서간집》(*Epistolai*)은 St. III. pp. 309a~363e이다. 이 역주서의 기본 대본으로 삼은 옥스퍼드 판(OCT)도, 이 쪽수와 문단 표시 기호를 그대로 따르고 있고, 이 역주서에서도 이를 따르기는 마찬가지로 하고 있다. 따라서 우리말 번역도 이들 쪽수와 a, b, c 등의 간격을 일탈하지 않도록 최대한으로 노력했다. 그러나 가끔은 한 행(行)이 쪼개어지거나 우리말의 어순(語順) 차이로 인해서 그 앞뒤의 어느 한쪽에 붙일 수밖에 없게 될 경우에는, Les Belles Lettres(Budé) 판을 또한 대조해 가며 정했다.

2. ( )는 괄호 안의 말과 괄호 밖의 말이 같은 뜻임을, 또는 같은 헬라스 낱말을 선택적으로 달리 번역할 수도 있음을 표시하는 것이다. 더구나 중요한 헬라스어의 개념을 한 가지 뜻이나 표현으로만 옮기는 것이 무리일 수도 있겠기에, 달리 옮길 수도 있는 가능성을 열어 놓기 위해서였다.

3. 번역문에서의 [ ]는 괄호 안의 말을 덧붙여 읽고서 그렇게 이해하는 것이 좋다고 생각했을 경우에 역자가 보충한 것임을 나타내거나, 또는 괄호 속에 있는 것을 함께 읽는 것이 본래 뜻에 더 충실한 것임을 표시하는 것이다.

4. 헬라스 문자는 불가피한 경우를 제외하고는 라틴 문자로 바꾸어 표기했다. 그러나 헬라스 문자 χ를 라틴 문자 ch로 표기하던 것을 요즘 고전학자들의 경향에 따라 가급적 kh로, c로 표기하는 것은 k로 바꾸어 표기했다. 그리고 u는 y로 표기했다. 그리고 원전 읽기를 일차적인 대본과 달리했을 경우에는, 그리고 해당 구절을 원문을 갖고서 말할 수밖에 없는 경우에도 가끔은 헬라스 문자들을 그냥 썼는데, 이는 헬라스 말을 읽을 수 있는 사람들을 위한 것이니, 다른 사람들은 그냥

넘기면 될 일이다.

5. 헬라스 말을 우리말로 표기하는 경우에는 되도록 실용적이고 간편한 쪽을 택했다. 이를테면, 라틴 문자로 y(u)에 해당하는 υ는 '위' 아닌 '이'로 표기했다. 오늘날의 헬라스인들도 '이'로 발음하지만, 우리도 Pythagoras를 이왕에 '피타고라스'로, Dionysos를 '디오니소스'로 표기하고 있음을 고려해서이다. 어차피 외래어 발음은 근사치에 근거한 것인 데다, 현대의 헬라스 사람들도 그렇게 발음하고 있다면, 무리가 없는 한, 우리말 표기의 편이성과 그들과의 의사소통의 편의성을 고려하는 편이 더 나을 것 같다. 더구나 이런 경우의 '이' 발음은 우리가 '위'로 표기하는 u[y]의 발음을 쓰고 있는 프랑스인들조차도 '이'(i)로 발음하고 있다. 그런가 하면 외래어 표기법에 따라 Delphoi를 옛날에는 '델피'로 하던 걸 요즘엔 '델포이'로 더러 표기하는 모양인데, 이는 그다지 잘하는 일은 아닌 것 같다. 고대의 헬라스 사람들도 Delphikos(델피의)라는 말을 썼는데, 이는 Delphoi에서 끝의 -oi가 '이'에 가깝게 발음되었던 것임을 실증적으로 입증해 주고 있다. '델포이'는 결코 Delphoi의 정확하거나 원어에 더 가까운 표기도 아니다. 오늘날의 헬라스 사람들은 물론 세계의 다른 어느 나라 사람들도 그걸 '델피'로 알아들을 리가 없는 불편하고 억지스런 표기이다. 헬라스 말의 우리말 표기는 관용과 실용성 및 편이성을 두루 고려해서 하는 게 더 나을 것 같다. 반면에 영어에서도 the many의 뜻으로 그대로 쓰고 있는 hoi polloi의 경우에는, 영어 발음도 그렇듯, '호이 폴로이'로 표기하는 것이 현대의 헬라스 사람들을 따라 '이 뽈리'로 표기하는 것보다는 더 순리를 따르는 것일 것 같다.

6. 연대는, 별다른 표기가 없는 한, '기원전'을 가리킨다.

7. 우리말 어법에는 맞지 않겠지만, 대화자들의 인용문 다음의 '라

고'나 '하고'는, 되도록이면, 넣지 않는 쪽을 택했다. 너무 많이 반복되는 탓으로 어지러움을 덜기 위해서였다. 그리고 모든 대화편에서 '제우스께 맹세코' 따위의 강조 표현은 그냥 '맹세코', '단연코' 등으로 옮겼다.

원전 텍스트 읽기와 관련된 일러두기

1. 원문의 텍스트에서 삽입 형태의 성격을 갖는 글 앞뒤에 있는 dash 성격의 짧은 선(lineola)들은 번역문에서는, 무리가 없는 한, 최대한 없애도록 했다. 그 대신 쉼표를 이용하여, 앞뒤 문장과 연결 짓거나, 한 문장으로 따로 옮겼다. 대화에서 이런 삽입구 형태의 표시를 많이 하는 건 그리 자연스럽지 않을 것이라 생각해서다.

2. 헬라스어로 된 원문 텍스트에서 쓰이고 있는 기호들 및 그 의미들은 다음과 같은 것들인데, 이 책의 각주들에서도 이 기호들은 필요한 경우에는 썼다.

[ ]는 이 괄호 안의 낱말들 또는 글자들이 버릴 것들임을 가리킨다. 그러나 텍스트에서의 이 괄호 표시와 이 책의 번역문에서의 그것은 다른 용도로 쓰이고 있으니, 앞의 일러두기에서 이를 다시 확인해 두는 게 좋겠다.

〈 〉는 이 괄호 안의 낱말들 또는 글자들이 필사본 텍스트에 짐작으로 덧보태게 된 것들임을 가리킨다.

( )는 활자들이 마모되어 단축된 텍스트의 확충임을 가리킨다. 이

경우에도, 텍스트에서의 이 괄호 표시와 이 책의 번역문에서의 그것은 다른 용도로 쓰이고 있으니, 앞의 일러두기에서 이를 다시 확인해 두는 게 좋겠다.

†(십자가 표시 또는 단검 표시: crux)는 이 기호로 표시된 어휘나 이 기호로 앞뒤로 묶인 것들의 어휘들이 필사 과정에서 잘못 베꼈거나 잘못 고친 탓으로 원문이 훼손된 것(glossema corruptum)이어서, 그 정확한 읽기를 결정짓는 게 난감한 어구(locus desperatus)임을 가리킨다.

***(별표)는 원문 일부의 탈락(lacuna)을 가리킨다.

《카르미데스》 편

ΠΛΑΤΩΝΟΣ
ΧΑΡΜΙΔΗΣ
ΠΛΑΤΩΝΟΣ
ΧΑΡΜΙΔΗΣ
ΠΛΑΤΩΝΟΣ
ΧΑΡΜΙΔΗΣ
ΠΛΑΤΩΝΟΣ
ΧΑΡΜΙΔΗΣ

《카르미데스》 편(*Kharmidēs*) 해제

이 대화편에 대해 훗날 사람들이 붙인 부제(副題)는 'Sōphrosynē(절제 또는 건전한 마음 상태)에 관하여'이다. 이것은 플라톤의 초기 대화편들 중의 하나로서, 그 기본 성격도 '경건함'이 무엇인지를 묻는 《에우티프론》 편이나 '우정' 또는 '우애'를 주제로 다루는 《리시스》 편 또는 '용기'를 주제로 다루는 《라케스》 편처럼, 어떤 것의 '의미 규정'을 해 가는 형태를 일단은 취한다. 그런데, 도대체 '경건함'이나 '우애' 그리고 '용기' 따위의 것들에 대한 의미 규정은 왜 요구되는 것일까? 소크라테스는 왜 이런 대화들을 일생 동안 주도했을까? 이 의문에 대한 거창한 해답은 적잖은 지면을 요구하는 것이다. 그래서 단도직입으로 간명한 설명을 택하겠는데, 굳이 긴 설명이 필요한 독자는 따로 《라케스》 편도 읽어 보길 권한다.

우리말에 무슨 '구실'이란 말이 있다. 이를 낮춘 어감의 말은 무슨 '노릇'이고, 이를 학술적으로 말하면 '기능'이다. '아비 노릇', '선생 노릇' 따위의 다소 자학적이기도 한 겸양의 표현이긴 하지만, 이런 '노릇' 제대로 한다는 것이 쉽지가 않아, 더러는 한숨까지 내쉬면서 "아비 노릇 하기가 힘들다"거나 "선생 노릇 하기도 힘들다"고 한다. 어쨌거나, 무슨 구실 제대로 하려면, 그 구실에 대한 이해가 있어야만 하고, 그 이해가 제대로 되어, 제 구실 제대로 할 때, '…답다'고 하며, 더 나아가 '…로서 훌륭하다'고 말한다. 이는 사람의 경우에만 국한된 것이 아니라, 모든 사물에 두루 적용되는 것이기도 하다. 이를테면, 눈이나 귀 또는 칼 따위의 인공물의 경우에도 적용되는 것이기도 하다. 이런 것들로서의 '훌륭한 상태'를 일컬어 헬라스말로 'aretē(아레테: […로서의] 훌륭함: goodness)'라 한다.[1] 이는 윤리적인 가치 개념으로선 때로는 '덕(virtue)'으로 이해해도 되는 것이다. '용기'가 어떤 것인지를 제대로 알지 못하면, 진정으로 용기가 요구되는 모든 경우에 언제나 용감할 수는 없는 것이다. 참된 뜻에서 '올바름'이 무엇인지를 모르는데, 그 모든 경우에 올바를 수는 없는 일이다. 어쩌다가 용감하거나 올바를 수는 있겠지만 말이다. 이런 주장을 펴는 사상을 '주지(主知)주의(intellectualism)' 또는 '주지설'이라 하는데, 그 선두 주자가 소크라테스인 셈이다. 'aretē 곧 앎(epistēmē)' 또는 "훌륭함(덕)은 앎이다(Virtue is knowledge)"로 요약되는 것이 그의 주장이어서, 이를 흔히 '지행합일(知行合一)설'로도 일컫는다. 소크라테스가 현자로서 오늘날까지도 추앙받는 것은 죽음 앞에서까지도 참된 사람다움이 무엇인지를 알고 현자 구실을 제대로 한 탓이다. 이를 기술적 관점에서의 '훌륭함(aretē=goodness)'과 연관해서 보자. 이를테면, 《국가(정체)》 편(353a)에서 든 예로, 포도나무 따위의 전정용 가위의 쓰임새 및 사용법을 모르고선, 그런 가위를 훌륭하게 만들 수도 없고 잘 이용할 줄도 모를 것이라는 주장이다. "그것은 도대체 무엇

1) 이와 관련된 보충적 설명은 역자의 플라톤 역주서 곳곳의 각주에서 접할 수 있을 것이다. 각각의 대화편들 해당 각주를 색인의 *표를 통해서 확인하면 되겠다.

인가?(Ti pote esti;)" 그의 이런 물음은 그 일생을 통해 끊임없이 제기되었던 것이고, 이는 플라톤을 거쳐, 아리스토텔레스의 철학을 관통하면서 한 세기에 걸쳐 끊임없이 제기된 물음의 형태이기도 하다.[2]

이 대화편의 주제인 sōphrosynē는 《국가(정체)》 편에서는 나라통치와 관련되어 요구되는 계층적 윤리개념으로서의 그것이어서, '절제'로 번역해도 무난한 것이지만, 이 대화편에서는 '절제'로 단일하게 번역하기에는 미흡한 대목이 많다. 이 낱말의 어원이 sōs(건전한)+phrēn(마음)이니, 어원상으로는 'sō-phrōn의 상태' 곧 '건전한 마음 상태'를 뜻하겠다. 이 낱말의 사전적 의미들로는 그 밖에도 신중함, 자제 등이 있다. 따라서 이 대화편에서는 어느 한 가지 뜻으로만 이해하지 않게끔 특히 '건전한 마음 상태'나 '절제'를 중심으로 이해하도록 하느라, 이따금 괄호 속에 이들 둘 중에서 하나는 병기하기도 했다.

그런데 이런 주제인 이 대화편에서 소크라테스가 정작 상대하는 실질적 대화자들로 왜 하필 크리티아스와 카르미데스를 플라톤이 등장시켰을까? 이 의문은, 여기에 실린 간단한 대화자들 소개 내용에만 접해도, 예리한 독자라면 당연히 품게 될 것이겠기 때문이다. 설마하니 플라톤이 스스로 제 외가 쪽 가문에 대해, 본문에서(155a 참조) 밝히고 있듯, 자부심을 가질 만해서였을까? 설사 그렇더라도, 이들 둘을 그런 뜻에서 내세울 일은 단연코 아니겠다. 이들 둘은, 오히려 그런 배경을 등에 업고서, 말년에 절제와는 지극히 먼 거리에, 아니 바로 그 대척점에 섰던 그 시대의 추악한 대표적인 인물들이었다. 특히

2) 아리스토텔레스의 난해한 조어 to tí ēn einai('어떤 것(x)'의 무엇임)는, 이를테면, '그것은 무엇인가라는 물음(to tí esti)'에 대한 대답 형태의 '의미 규정' 곧 그 '무엇임'을 지칭하는 용어이다.

크리티아스와 관련해서는, 그에 대한 플라톤 자신의 생각을 읽을 수 있게 하는 증언을 우리는 그의 〈서한 7〉(324c~325a)에서 접할 수 있다. 그중에서 핵심적인 내용의 대목만 여기에 인용하겠다.

> 나로서는 당대의 사람들 중에서는 가장 올바른 사람이라 말해도 아마도 부끄럽지 않을 나의 친애하는 분이신 노년의 소크라테스를, 어떤 한 시민을[3] 강제로 연행해 와서 처형하기 위해 다른 몇몇 사람들과 함께 그를 데리러 보내려 했던 것인데, 이는 소크라테스께서 원하시든 원치 않으시든 간에 자기들이 하는 일에 가담케 하고자 해서였소. 그러나 소크라테스께서는 그 지시에 따르시지 않고, 그들을 위해 불경한 일들의 협조자가 되느니, 차라리 무슨 수난이든 겪을 모험을 택하셨소. 이 모든 일을 그리고 이런 유의 다른 사소하지 않은 일들을 목격하고 나자, 나는 불쾌해져서 당시의 못된 짓들에서 스스로를 멀리하도록 했소. 그러나 얼마 오래지 않아 30인 체제와 당시의 온 나라체제가 또 뒤집혔소.

이 일과 관련해서 소크라테스는 그의 《변론》 편(32d)에서 아고라의 경계비 바로 옆에 있던 협의회의 '원추형 건물(Tholos)'에서 '30인 참주들'의 지시를 받고 나온 다른 네 사람은 살라미스로 가서 레온을 연행해 왔지만, 자신은 그들과 헤어지는 길로 집으로 가 버렸고, 그 정권이 그처럼 빨리 무너지지 않았던들, 제 자신이 그 일로 처형되었을 것이라고 말하고 있다. 크세노폰의 《회고록》(I. ii. 12)에서는 '30인 참주정권'의 일당 중에서도 크리티아스는 '극악한 도둑이고 가장 폭압

---

3) 살라미스의 레온(Leōn)이라는 사람이다. 〈서한 7〉 324e에서 해당 각주 참조.

적이고 가장 살인적인 자'로 지칭되었던 자다.

그들도 한때는, 이 대화편에서 보듯, 소크라테스와 함께하기를 곧 그와의 '디아트리베(diatribē)'를 좋아해서, 가까이에서 그 주변을 맴돌던 인물들이었지만, 겉돌기만 하다가, 끝내는 허욕의 굴레에서 벗어나지 못하고 망가졌다. 그런 고귀한 가문 출신들에게야말로 가장 크게 요구되는 것이 바로 '소프로시네'의 덕목이었거늘, 이의 진정한 가치는 아랑곳하지 않고 오히려 철저히 외면한 탓으로, 결국 몰락의 길로 접어들었던 것이다. 그런 가문 출신으로 한때는 소크라테스라는 당대의 으뜸가는 현자를 다 같이 가까이했으면서도, 플라톤 자신과는 정반대로 전락해 버린 전형적인 인간의 충격적인 모습을 역설적으로 보여 주려는 숨은 의도가 없지는 않았을 것이라고 말한다면, 필자의 한갓 감상적인 넋두리일런가? 하지만 그런 이야긴 이쯤에서 접어 두고, 이제 이 대화편의 진행에 따른 해설을 하는 것이 순서일 것 같다. 그러나 형식적인 진행 내용 자체는 목차에서 밝히고 있기에, '소프로시네'의 의미 규정을 중심으로 한 논의 자체와 관련된 언급을 위주로 하겠다.

소크라테스가 카르미데스에게 '절제(건전한 마음 상태)'가 무엇이라고 말하겠는지를 물은 데 대해 한참 동안의 주저 끝에 한 그의 첫 대답은 '모든 것을 절도 있게 그리고 차분하게 행하는 것'이라고, '길을 가거나 대화를 하는 데서도, 그리고 그 밖의 모든 것들도 그렇게 하는 것'이라 생각된다고 하고선, '요컨대 일종의 차분함(조용함)'이라고 생각된다고 대답한다. 과연 그럴까? '절제'는 언제나 '훌륭한 것'이지만, '차분함(조용함: hēsikhyotēs)'은 어느 경우에나 훌륭한 것은 아니다. 레슬링이나 권투는 민첩하게 하는 것이고, 달리기와 뛰기 등의 신체 활동은 날쌔고 재빠르게 해야 하는 것이다. 이런 걸 조용히 한다는 건 오히려 창피할 뿐이다. 몸의 민첩함만이 아니라, 혼의 쉬 배움과 명민함이 오히려 그 조용함보다도 좋다. 빠른 것들이 조용한 것들 못지않게 훌륭한 경우는 얼마든지 있겠다. 따라서 절제에 대한 이 첫째 의미 규정 곧 정의는 실패한 것이 된다.

'절제'에 대한 카르미데스의 두 번째 정의로 제시된 것은 '겸손(aidōs)'이다. 이 낱말에는 이 밖에도 여러 뜻들이 있는데, '부끄러움', '염치', '경외', '공경' 등(본문에서 해당 각주 참조)이 있다. '겸손'도 '차분함' 내지 '조용함'의 경우와 마찬가지로 중립적인 것이다. "겸손은 궁한 사람에겐 도움이 되지 않는다."는 옛말이 있다. 겸손은 때 따라 좋기도 하지만, 때로는 그렇지 못하기도 하니까, 이 또한 '절제'에 대한 타당한 정의가 아니다.

마지막으로 그가 제시한 것은 자신의 생각이 아니라, 일찍이 누군가에게서 들은 것이 생각난다면서, 절제는 '제 일들을 하는 것(to ta heautou prattein)'일 거라는 건데, 이 말이 옳은 것인지 검토해 달라고 말한다. 그러나 이는 크리티아스에게서 그가 들은 것임이 곧 밝혀지지만, 실은 이를 포함하는 내용의 훌륭한 말로 옛날부터 전해 오는 것의 일부였다. 그 온전한 형태의 것은 "자신의 것들을 하고 제 자신을 아는 것은 절제 있는 자에게나 가당하다."[4]는 것이다. 이는 절제 있는 사람 곧 마음이 건전한 사람은 제 것들을 하고 스스로를 안다고 할 수 있으니까, 절제가 바로 그런 것일 수 있다는 뜻이겠고, 이는 오랜 옛말이라니, 크리티아스도 알고 있었던 말인 셈이다. 이는 '제 자신을 아는 것'과 관련된 그의 이후의 저돌적이라 할 정도로 적극적인 발언

4) 《티마이오스》 편(72a5~6)에 나오는 이 옛말의 원어는 다음과 같다. eu kai palai legetai to prattein kai gnōnai ta te hautou kai heauton sōphroni monōi prosēkein.

에서도 또 한 번 확인된다. 그래서 이후의 소크라테스의 주된 대화 상대는 이 옛말을 제 말처럼 인용한 크리티아스로 바뀌게 된다. 그런데 훗날의 《국가(정체)》 편에서는 시민들 각자가 이거저것 남의 일에 참견하지 않고 '자신의 것들을 함'은 저마다의 성향에 따른 분업에 종사하는 것이어서, 그 효율성도 높고, 절제 있는 것임을 밝히고 있다. 크리티아스도 '좋은 것들의 행함'이 절제라고 말한다.(163e)

그런데 의사가 어떤 환자를 치료함으로써 건강하게 만들었다면, 그건 마땅히 그가 해야 할 일을 한 것이겠다. 그러나 그의 치료 결과가 유익한 것이었는지 아니면 유해한 것이었는지는 그가 모른다. 그게 과연 절제 있는 행위였는지 아니었는지를 그로서는 판단할 수 없는 일이다. 그 환자의 건강 회복이 이후에 어떤 결과를 초래할 것인지를 그로서는 알 턱이 없겠다. 한때 환자였던 자가 과거에 희대의 흉악범이었거나, 아니면 장차 흉악범으로 될 수 있는 일이겠으니 말이다. 사람의 건강 자체는 어느 의미에서는 사람의 지능처럼 악용될 수도 선용될 수도 있는 중립적인 것이기 때문이다. 따라서 그 의사는 자신의 행위가 절제 있는 것이었는지를 알 수가 없고, 자신이 절제 있는지도 모른다.(164c)

논의가 이렇게 진행되자, 크리티아스는 이 옛말의 나머지 부분인 '제 자신을 아는 것(to gignōskein heauton)'이 절제라고 말하겠다며, 이를 바로 델피 신전의 명문(銘文)과 직결시킨다. 그것은 바로 우리가 소크라테스를 통해 익히 알고 있는 "너 자신을 알라(Gnōthi sauton)"는 것인데, 이를 그는 곧 "절제하라(Sōphronei)"는 것과 같은 뜻이라고 말한다.(164d~e) 아닌게아니라 이 신전(naos)으로 들어가는 통로(pronaos)의 벽면 공간에 맨 먼저 새겨진 것이 아폴론의 "너 자신을 알라"는 경구였고, 이어서 당대 현인들의 여러 경구들이 추가되어 갔을 것인데, 그런 명문들 중의 하나가 "무엇이나 지나치지 않게(Mēden agan)"이다. 이는 곧 그의 말마따나 '절제하라'는 말과 같은 뜻이기도 하겠다. 신들의 뜻을 묻기 위해 신전을 찾는 인간들에게 제우스의 대변자인 아폴론이 경각심을 불러일으키느라 하는 나름의 인사말(to Delphikon prosrhēma)이 "너 자신을 알라"는 것이었다. 탄원자들이 언젠가는 '죽게 마련인 자들(thnētoi : mortals)'인 인간들이라는 사실을, 또한 각자에게는 저마다의 분한도 있음을 새삼 환기시킴으로써, '히브리스(hybris)'를 범하는 일이 없도록 충고하는 것이었다. 따라서 크리티아스도 '스스로가 제 자신을 아는 것(to gignōskein auton heauton)' 곧 '제 자신을 앎(to gignōskein heauton)'이 절제라고 말한다. 다시 말해, '제 자신에 대한 앎(제 자신의 앎: heautou epistēmē)'이 절제라고 말한다. 여기까지는 대화가 정상적으로 순조롭게 진행된 셈이다.

그러나 166b에서부터 논의는 이상해지기 시작해서, 이 대화편의 뒷부분은 점점 난삽해지고, 억지스럽기까지 한 걸로 되는데, 과연 소피스테스이기도 한 크리티아스의 본색이 고스란히 드러나게 하는 대목이기도 하다. 그 이상스러움의 발단은 크리티아스가 '제 자신의 앎(epistēmē heautou, 165d, e)'을 '앎 자체의 앎(epistēmē heautēs, 166c)'으로 능청스럽게 바꿔 놓고, 대화를 하려고 했고, 소크라테스는 '논의가 진행될 수 있도록 하느라'(169d) 이를 수용한 탓이다.[5] 이를 두고 턱키는 '불합리한 전이(the illegitimate transition)'로 지적하면서, 이와 관련된 여러 사람의 견해들도 함께 다루고 있다.[6]

5) 영어로는 이것들 둘 다가 self-knowledge인 셈이기도 하다. 이는 '자신의 앎'을 뜻하기도 하고 '자체(앎)의 앎'을 뜻하기도 하니까.

6) Tuckey, T. G., *Plato's Charmides*, 107~111 참조.

모든 앎은 어떤 것의(에 대한) 앎이다. 다시 말해, 다른 모든 앎들은 직접적인 그 대상들의(에 대한) 앎이지, 자체의(에 대한) 앎은 아니다. 그러나 절제는 제 자체의 앎이고 다른 앎들의 앎이라고 크리티아스는 주장한다. 여기에서 '다른 앎들에 대한 앎'이란 것도 또한 앎의 앎일진대, 그것은 모름의 앎이기도 하다.(167c) 그러나 빛깔들로 해서 보게 되는 다른 대상들의 봄이 아닌 '봄의 봄'은 단연코 없다고 하면서, 따라서 '감각들의 감각이며 스스로에 대한 감각이지만, 다른 감각들이 지각하는 것들은 전혀 지각하지 않는 그런 감각'은 단연코 없다고 그는 말한다. 그러면서도, 어떤 배움으로서의 앎도 아니나, '그것 자체의 그리고 다른 앎들의 앎인 것'이 있는 걸로 말하는 그의 주장을 소크라테스는 일단 검토해 보기로 한다.(168b 이후) 그런데 어찌 보면, 이는 인식 주관을 반성적으로 들여다보려는 인식론적인 시도의 단초일 수도 있겠다는 생각도 해 볼 수 있겠으나, 이와 관련된 논의는 그 이상 따로 진행되지 않는다.

그런데 절제가 앎과 알지 못함의 앎일 뿐이라면, 이런 앎이 우리를 '훌륭하게 살고 행복하도록 만들지는 않음'이, 아니 그런 문제와는 아무런 상관도 없음이 분명하다. 칸이 이 대화편에 대해 결론적으로 정리하는 형태로 옳게 지적했듯,[7] "언뜻 보기엔 좋은 것들인 건강, 또는 절제나 올바름(정의) 그리고 용기조차도, 그것들 자체로는 좋은 게 아니다. 그것들은 앎 또는 지혜의 통제 아래서 옳게 인도되고 이용될 때만, 유익하다. 그러나 이것들 또한 무지의 통솔 아래 오용될 때는 유해하다." 바로 이 때문에 요구되는 지혜가 아무도 부인할 수 없는 어떤 원리적인 것일 것이다. 그래서 '그것에 의해서 좋음과 나쁨을 알

7) Kahn, Ch. H., *Plato and the Socratic Dialogues*, 207.

게'(174b) 하는 앎이 우리로 하여금 그럴 수 있도록 해 줄 것임이 확인된다. 이는 훗날《국가(정체)》편에서 확인되는 것으로서, '가장 큰 배움(to megiston mathēma)'의 대상으로서의 원리가 되는 '좋음 자체(to agathon auto)'이다. 우리는 여기에서도 태동하고 있는 이 궁극적 원리의 모태에 접하게 된다.

목 차

I. 전날 전선에서 돌아온 소크라테스가 그동안 자주 찾던 곳들 중의 한 곳으로 가서 사람들을 만나, 이런저런 이야기를 나눈다.(153a~157d)

1. 친구 겸 제자이기도 한 카이레폰이 이끄는 대로 크리티아스 곁에 앉아, 군영 소식을 알려주고, 이곳의 지혜사랑과 관련된 근황을 묻는다. 마침 미소년 카르미데스를 에워싼 한 무리의 소년들이 등장, 소크라테스의 관심을 끈다.(153a~154a)
2. 외모가 출중한 카르미데스의 혼의 상태가 어떤지 궁금해진 소크라테스는 그의 사촌형이자 보호자인 크리티아스로 하여금 그의 두통을 낫게 하는 처방을 갖고 있다는 구실로 불러, 만나게 된다.(~156e)
3. 두통의 치료는 혼의 치료에서부터 시작되어야 하고, 혼을 치료하는 것은 아름다운 말들의 주문을 통해서, 혼이 절제를 갖추게 됨으로써 머리도 몸의 다른 부분들도 건강해질 것임을 강조하게 된다.(~157d)

II. 절제 또는 건전한 마음 상태가 무엇인지에 대한 카르미데스와의 문답(157e~162b)

1. 카르미데스의 그 첫 의미 규정: 크리티아스는 카르미데스가 또래들 중

에서는 누구 못지않게 절제가 있음을 말한다. 그래서 소크라테스는 그에게 절제가 무엇이겠는지 묻는다. '모든 것을 절도 있게 그리고 차분하게 행하는 것', 요컨대 일종의 '차분함(조용함)'이라고 대답한다. 소크라테스는 쉬 배움, 명민함, 민첩함, 신속함 등의 장점을 들며, 반론한다.(157e~160d)

2. 둘째 정의로 제시된 것은 '겸손'이지만, 이 또한 좋은 것도 나쁜 것도 아님이 밝혀진다.(~161b)
3. 세 번째 것으로 제시되는 것은 자신의 생각이 아니라, 누군가에게서 들은 것으로 절제는 '제 일들을 하는 것'이라는 건데, 이를 검토해 달라고 말한다. 그러나 이 발언의 당사자가 크리티아스임이 드러나, 대화 상대는 크리아티스로 바뀐다.(~162e)

III. 소크라테스의 크리티아스와의 대화(162e~175c)

1. '제 일을 한다는 것'은 '제게 적합한 좋은 것들의 행함이나 만듦'을 뜻하는 것이겠지만, 자신의 그런 행위가 절제 있으며 자신이 절제 있는지는 알지 못한다.(~164c)
2. "자신의 것들을 하고 제 자신을 아는 것은 절제 있는 자에게나 가당하다"는 옛말이 있듯, '제 자신을 아는 것'이야말로 절제라고 다시 크리티아스는 말하겠다고 한다. 델피 신전의 명문 "너 자신을 알라"는 '절제하라'는 말과 같은 뜻이니까. 그러나 크리티아스는 '제 자신에 대한 앎' 곧 '제 자신의 앎(epistēmē heautou)'을 '앎의 제 앎(epistēmē heautēs)' 곧 '앎 자체의 앎'으로 슬쩍 바꾸고선, 다른 모든 앎들은 다른 것들을 대상으로 삼는 앎이지만, 이것은 '다른 앎들에 대한 앎이면서 제 자체에 대한 앎이며 모름의 앎'임을 주장한다.(~166c)
3. '앎의 앎'은, 마치 '봄의 봄'처럼, 인식 주관을 문제 삼는 인식론적 논

의로 연결될 수도 있겠으나, 당혹스러울 뿐이며, 그 가능성도 유익함도 의심스럽다. 의술은 건강함 및 질병과 관련된 앎이지만, 앎의 앎이며 모름의 앎일 뿐인 절제는 다른 어떤 것에 대한 앎은 물론, 우리가 행복하게 그리고 훌륭하게 사는 걸 알려주지도 않는다. 이를 알려주는 것은 '좋음과 나쁨'에 대한 앎 곧 그런 '지혜'일 것이다.(~175c)

IV. 끝맺음(175d~176d)

결국 절제에 관한 한 모두가 신통찮은 탐구자들로 드러났으나, 카르미데스는 여전히 소크라테스와의 '디아트리베'를 다짐한다.

대화자들

소크라테스(Sōkratēs, 469~399): 이 대화편에서 소크라테스는 자기가 여기에 등장하는 대화자들과 가졌던 대화를 누군가에게 들려주는 형태를 취하는 이른바 내레이터 역을 하고 있다.

카이레폰(Khairephōn, 생존 연대 미상): 아테네의 스페토스(Sphēttos) 구민 출신으로 소크라테스의 친구로서 제자 노릇까지 한 열렬한 추종자였다. 아리스토파네스의 희극 《구름》에서도 소크라테스의 제자로 등장하고 있다. 이 대화편의 첫머리 153b에서는 열광적인 사람으로 묘사되어 있다. 《소크라테스의 변론》(21a)에서는 404년의 30인 참주 정권 때 추방되었다가, 8개월 뒤인 403년에 민주파와 함께 귀환했으며, 소크라테스가 재판을 받던 때에는 이미 사망했다.

크리티아스(Kritias, 약 460~403): 아래에서 언급하듯, 대화의 시점을 422년으로 본다면, 38세쯤 되었을 때이고, 소크라테스보다는 9~10살 정도 아래이겠다. 이 대화편에 등장하는 카르미데스가 플라톤의 외숙이니까, 그 사촌이며 보호자이기도 한 크리티아스는 그의 외당숙이다. 27년간이나 끌어온 펠로폰네소스 전쟁이 아테네의 패배로 끝난 404년 4월, 스파르타의 힘을 등에 업은 그는 이른바 '30인 참주들'로 불리는 과격파 정권의 우두머리 노릇을 하며, 그들 중의 온건파 테라메네스(Thēramenēs)까지 처형했다. 그는 시민들의 재산 몰수 등을 하느라 무려 1,500명의 시민들을 처형하는 데 앞장서는 등, 극단적인 전횡을 일삼았다. 이듬해(403년 1월) 트라시불로스(Thrasyboulos)의 주도 아래, 반기를 들고 봉기한 민주파와의 전투로 피레우스의 북동쪽에 있는 험준한 동산 무니키아(Mounykhia: 지금의 Kastella)에서 전사했다. 그의 무자비한 횡포는 플라톤이 아테네의 정치 현실에 환멸을 느낀 첫 계기가 되었다. 민주파 정권이 들어선 건 이 해(403년) 9월이었다.

카르미데스(Kharmidēs, 약 440~403): 포테이다이아(Poteidaia) 전투에서 소크라테스가 돌아온 시점은 432년인데, 이때를 기준으로 말한다면, 그의 나이는 고작 여덟이 된다. 그런데 여기에서는 그를 neaniskos(젊은이, 청년)로 말하고 있으며, 굉장한 미소년이어서 걸어오는 그의 앞뒤로는 그를 흠모하는 청년들이 떼를 짓고 있는 장면이 보인다. 이쯤 되면, 그의 나이는 열여덟 안팎으로 보는 게, 따라서 이 대화의 시점은 역사적 사실과는 무관한 '허구'의 것으로 간주하는 게 옳겠다. 아닌게아니라 *Der Kleine Pauly*에서도 대화의 설정 시기를 422년으로 보고 있다. '30인 참주들'에 의해 구성을 본 피레우스의 통치를 위한 '10인 위원회'의 한 사람이었던 그도 민주파와의 전투에서 사망했다.

이야기하는 사람: 소크라테스

우리는 전날 저녁에 포테이다이아[1]의 군영에서 왔네. 오랜만에 온 153a
터라 기쁜 마음으로 자주 찾던 익숙한 곳[2]들로 갔었지. 모처럼 바실레

1) Poteidaia 또는 Potidaia는 마케도니아의 오른쪽 칼키디케(Khalkidikē=Chalcidice) 반도에서 마치 세 개의 손가락처럼 뻗은 곶들 중에서 맨 왼쪽 곶의 시작점에 있던 나라였다. 델로스 동맹국들 중의 하나로 아테네에 바치던 조공세의 인상에 반발한 432년 봄에 전쟁이 벌어졌는데, 이해 가을에는 아테네가 승전했다. 이 대화편에서 말하는 귀향은 이때이겠으나, 정작 대화 시기의 설정은 그때보다 10년 뒤인 422년으로 잡혀 있다. 앞에서 대화하는 인물들 소개에서 카르미데스와 관련된 소개를 참조할 것.

2) 여기에서 '자주 찾는 곳'의 원어는 diatribē이다. 원래 이 말은 시간 보내기·소일·소일거리·오락·그런 목적으로 자주 찾는 곳 등을 뜻하는 말이지만, 담론이나 논의·연구 등의 활동까지도 뜻한다. 소크라테스가 사람들, 특히 젊은이들과 자주 만나 담론을 하며 나날을 보내던 그런 곳이나 활동들 자체를 '디아트리베'라고도 했다. 훗날 플라톤이 이를 제도화한 것이 곧 아카데미아의 설립이라 할 것이고, 그 연장선상의 것이 곧 대학 및 대학에서의 연구 활동일 것이다.

153a

신당[3] 맞은편의 타우레아스의 레슬링 도장[4]으로 들어갔다가, 이곳에
아주 많은 사람들이 있는 걸 목격했네. 더러는 내게 낯선 사람들이었
지만, 대부분은 아는 이들이었네. 뜻하지 않게 내가 들어서는 걸 보고
b 선, 멀찍이서 곧장 사방으로 모여들어 반겼네. 한데, 카이레폰은, 광
적이기도 한지라,[5] 그들 한가운데로 뛰면서 내게로 달려와서는, 내 손
을 붙잡고선, 말했네. "소크라테스 선생! 어떻게 전투에서 무사하셨는
지?" 우리가 떠나오기 조금 전에 포테이다이아에서 전투가 벌어졌는

3) 원어는 ho tēs Basilēs hieron인데, 곧 'Basilē의 신당(神堂)'이란 뜻이다. hieron은 보통 신전이나 성소를 뜻하지만, 이 경우에는 '신전'처럼 큰 규모의 것이 아니겠기에, '신당'으로 옮겨 보았다. S. Hornblower & A. Spawforth, edd., *The Oxford Classical Dictionary*의 설명에 의하면, 바실레는 아테네와 아티케 지역에서 숭배되던 컬트(cult)의 대상이었다고 한다. 이 여성 신령을 모셨던 아테네 시내의 신당엔 포세이돈의 아들인 넬레우스(Nēleus)와 전설 속의 기원전 11세기의 아테네 왕이었다는 코드로스(Kodros)도 함께 모셔져 있었다는데, 어쩌면 아테네의 이오니아 부족 원조 정통성과 관련되어 있는 여왕적 지위의 신령이었을지도 모를 일이겠다.

4) 원어는 palaistra이다. 레슬링(palē)을 위해 중앙의 안뜰에 마련된 고운 모래판과 그 둘레로 탈의실과 몸을 씻기 위한 시설 따위를 갖춘 체육관인 셈이다.

5) Khairephōn(생몰년 미상): 아테네의 스페토스(Sphēttos) 구민으로, 아리스토파네스의 《구름》(104)에서는 소크라테스처럼 맨발로 다니는 창백한 제자로 등장하고 있지만, 그를 열렬히 숭배한 친구 겸 동지이기도 하다. 404년의 30인 참주 정권 때 민주파 사람들과 함께 그도 추방되었다가, 이듬해 이들과 함께 귀환했는데, 소크라테스가 재판을 받던 때에는 이미 사망했다. 《소크라테스의 변론》 편(20e~21a)에서 밝히고 있듯, 소크라테스가 당대의 으뜸가는 현자라는 델피의 신탁을 얻어와 알린 당사자다. 이를 전해 듣게 된 소크라테스는 그 참뜻이 무엇인지를 알고자, 그 반증을 위한 현자 찾기에 나섰고, 이를 위한 캐물음(exetasis)의 편력(planē) 또한 하게 되었던 것이고, 이게 결과적으로 자신의 죽음을 앞당기는 일이 되었다.

153b

데, 이곳 사람들은 방금 그 소식을 들은 것이오.

그래서 그에게 내가 대답했네. "자네가 보다시피 이렇게."

"그렇지만 실은 그 전투가 아주 격렬했으며 이 전투에서 잘 아는 사람들 중에서도 많은 이가 전사했다는 소식이 이리로 전해졌는걸." 그가 말했네. c

"그리고 전해진 소식들은 상당히 진실일 게야." 내가 말했네.

"전투엔 직접 참여하셨고?" 그가 물었네.

"참전했지."

"바로 이리로 와서 앉으시고 우리에게 자세한 이야기를 해 주시게나. 모든 걸 자세히 우리가 듣지는 못했으니까." 그가 말했네. 그러면서 동시에 나를 칼라이스크로스의 아들 크리티아스 옆으로 이끌고 가서 앉혔네.

그래서 그 옆에 앉고서는, 크리티아스 그리고 다른 사람들과도 인사를 하고서는, 군영의 소식들을 내게 묻는 대로 이들에게 이야기해 주었네. 저마다 다른 걸 물었었지. d

그러나 이런 이야기들을 충분히 한 다음에, 이번에는 내가 이들에게 이곳 일들에 대해서 물었네. 지혜사랑(철학)[6]과 관련해서 근황은 어떤지, 그리고 젊은이들의 근황 또한 어떤지도, 이들 중에서 지혜[7]나

---

6) 우리가 '철학'으로 옮기는 philosophia는 원래 '지혜사랑(philo+sophia)'을 의미했고, 플라톤의 시대에도 이런 경향이나 활동의 뜻과 전문적인 학문적 성격이 아직도 혼재한 상태였다고 보아야겠다. 따라서 이런 경우를 고려해서, 이 문장에서는 둘 중 하나를 괄호 속에 넣었다. 당시의 philosophia는 일상적 뜻에서는 그 전문성보다는 '지혜사랑'의 함의가 더 컸다고 보아야 할 것이다.

7) 원어는 sophia이다. 바로 앞의 각주가 왜 필요했는지가 바로 이 경우에서 해명된다.

153d

아름다움(준수함)[8] 또는 양쪽 다에서 출중한 누군가가 몇이라도 생겼는지를 말일세. 그러는 중에 크리티아스가 문 쪽을 바라보고 있다가,
154a 몇몇 젊은이들이 들어오면서 서로들 떠들고 있는 걸 그리고 그 뒤로 다른 무리가 뒤따르는 걸 보고서 말했네. "소크라테스 님, 미소년들과 관련해서는 곧 아시게 될 걸로 제게는 생각됩니다. 이들은 실상 어쨌든 지금으로선 최상의 미소년으로 여겨지는 소년의 전위대이며 그를 사랑하는 사람들[9]인데, 당자도 아마 이미 가까이 다가오고 있는 것으로 제게는 보이는군요."

8) 원어는 kallos(beauty)이다. 이 경우의 '아름다움'은 사내 젊은이의 미모, 곧 그 '준수함'을 가리킨다. 바로 다음에 나오는 장면에서 보듯, paiderastia(소년애)의 대상과 연관되기도 하는데, 우리는 그 시대의 이와 관련해 쏠린 생생한 관심의 현장을 여기에서 어느 정도 확인할 수 있겠다.

9) 원어는 erastai(=lovers, admires)이다. 단수는 erastēs이고, 소년애(paiderastia)의 관계에서 그 대상인 사랑받는 자(ho erōmenos)는 아직 수염이 나기 바로 전의 소년(pais. 이의 소유격이 paidos여서 이의 합성어 접두사가 paid-로 된다.)이 주된 대상이었는데, 이런 소년을 특히 ta paidika라 했다. 고대의 헬라스에서 이와 관련된 문헌상의 기록이나 도자기에 새겨진 그림들은 유별날 정도로 엄청 많다. 그러나 남색 또는 비역질로 알려진 이런 차원의 것에서부터 사제 간의 고귀한 관계에 이르기까지 그 유형 간에는 엄청난 차이가 있었음을 우리는 문헌들을 통해서 확인하게 된다. 이런 에로스의 면모를 아주 사실적으로 실감케 하는 예를 우리는 플라톤의 《향연》 편(215a~222a)에서의 알키비아데스의 실토를 통해서 접할 수 있겠다. 곧이어 접하게 되는 이 대화편 155d에서 카르미데스의 두름겉옷 속을 보게 된 소크라테스의 당황스러워하는 장면은 그 시대의 헬라스인들이 이런 일들과 관련해서 어떤 감성을 지니고 있었는지를 어느 정도 감지케 하는 좋은 사례일 것 같기도 하다. 준수한 젊은이들을 '디아트리베'를 통해 지혜사랑으로 이끌어 유능한 지성인으로 키우고자 했던 소크라테스의 꿈이 훗날 플라톤의 아카데미아 설립으로 결실되어, 이를 통해 인재들의 집단적 양성을 도모하게도 되었던 것이다.

154a

"한데 그는 누구이고 어느 분의 자제인지?" 내가 물었네.

"아마도 선생께서야 아실 테지만, 떠나시기 전에는 아직 한창때가 아니었고, 저희 외숙 글라우콘의 아들 카르미데스인데, 제 사촌이죠." b
그가 말했네.

"맹세코, 그야 물론 알고 있소. 아직 아이였을 그때도 어딘지 평범하지는 않았었지만, 지금은 아마도 이미 좋이 청년이 되었을 걸로 생각하오." 내가 말했네.

"곧 보실 테고 훤칠하니 그리 되었습니다." 그가 말했네. 그리고선 그가 그런 말을 함과 동시에 카르미데스가 들어왔네.

이보게나, 실은 나로선 재는 것 자체가 불가능하네. 잘생긴 사람들에 대해서는 내가 속절없이 흰 줄자[10]이기 때문이지. 내게는 그 나이의 젊은이들이 거의 모두가 잘생겨 보이니까. 그런 터에 그때 그가 나
타났는데, 그 훤칠함과 그 미모가 보기에 놀라울 정도였네. 그런데 내 c
가 보기엔 다른 사람들은 다들 그를 사랑하고 있었네. 그가 들어오자 그렇게들 충격을 받고 소란을 떨었었지. 이제는 그를 사랑하는 다른 많은 사람들이 또 뒤에서 따라갔네. 우리 또래 남자들의 경우에야 덜 놀랄 일이었지. 하지만 나는 아이들에게 주목했는데, 이들 중에서는 아무도 다른 데로 눈길을 보내지 않았는데, 가장 어린 아이까지도 그러더군. 모두가 그를 마치 조각상처럼 보았다니깐. 카이레폰이 또
나를 부르더니만, 물었네. "소크라테스 선생, 저 젊은이가 선생에게는 d

10) 여기서 '흰 줄자(leukē stathmē)'는 '[물감 흙을 묻히지 않은] 흰 줄자'를 뜻하는데, 흰 대리석 석재 따위를 재는 줄자는 붉은색 물감 흙을 묻히고서 이용해야 실측 표시를 할 수 있는 자 구실을 하게 되었기 때문이다. 미모에 대해서는 객관적으로 제대로 평가할 안목이 자기에게는 없다는 뜻으로 하는 말이겠다.

154d

어떻게 보이오? 얼굴이 잘생겨 보이지 않소?"

"놀라울 정도네." 내가 대답했네.

"하지만 이 사람이 옷을 벗고자 한다면, 선생에게는 그가 얼굴은 보이지도 않는 것처럼 여겨질 것이오. 그토록 그 모습[11]이 아주 아름답다오." 그가 말했네.

그러니까 다른 사람들도 이에 대해 카이레폰에 똑같이 동의했네. 그래서 내가 말했네. "놀랍소![12] 만약에 이 젊은이에게 진실로 작은 것 한 가지만 추가된다면, 도저히 다툴 상대가 없을 사람을 그대들은 말하고 있는 것이오."

"그게 무엇이죠?" 크리티아스가 물었네.

e "천성이 훌륭한 혼을 갖고 있다면요. 하지만, 아, 크리티아스! 그는 적어도 그대 가문의 출신이라 현저하게 그런 사람일 것이라 나는 생각하오." 내가 말했네.

"하지만 그런 점에서도 그는 아주 훌륭하디훌륭합니다.[13]" 그가 말

---

11) 여기서 '모습'으로 옮긴 낱말의 원어는 eidos이다. 이는 플라톤의 전문 용어로서는 '형상'의 뜻으로 쓰이는 것이지만, 원래는 이처럼 일상어로 쓰이던 말을 전문어로도 전용해서 쓰게 된 것이다. 이는 157d 및 158d 등에서 같은 뜻으로 쓰이는 *idea*의 경우에도 마찬가지이다. 이것들이 전문 용어들로 쓰이지 않고, 일상어로 쓰일 때는 형태·모양·외관·외모·성질·특성·종류·모습·보임새·본모습 등을 뜻한다. 한 대화편에서의 이 두 낱말들의 쓰임새와 관련된 다양한 실제 용례들에 대한 언급으로는 역자의 《플라톤의 네 대화편》 중에서 《파이돈》 편 65d의 각주를 참조하는 게 도움이 되겠다.

12) 원문은 놀라워서 헤라클레스를 외치는 감탄사다.

13) '훌륭하디훌륭한'으로 옮긴 원어는 kalos kai agathos이다. 헬라스어로 kalos(beautiful, fine)는 '아름다운', '훌륭한' 등을 뜻하고, agathos(good)는 '좋은', '훌륭한'을 뜻하며, kai는 영어 and에 해당되는 접속사다. 경우에 따라, 이 둘을 아우르는 하나의 우리말은 '훌륭한'·'훌륭하다'이다. 따

154e

했네.

"그렇다면 왜 우리가 그의 바로 이 부분을 벗겨서 외모[14]보다도 먼저 보려 하지 않은 것인지? 아마도 이미 그가 대화를 하고 싶어 할 그런 나이가 충분히 되었을 텐데." 내가 말했네.

"그야 물론입니다. 사실 그는 지혜사랑을 하는 사람일 뿐만 아니라,
자타가 그리 여기고 있듯, 시인이지요." 크리티아스가 말했네. 155a

"아, 크리티아스여! 이 훌륭한 점은 멀리 솔론의 가통 때[15]부터 여러분에게 있었던 것이죠. 그렇지만 왜 저 젊은이를 이리로 불러, 나와 대면케 하지는 않는 거요? 비록 아직은 어린 편이지만, 그의 보호자

라서 이런 형태의 합성어는 '훌륭한'을 강조하는 형태로 볼 수 있겠고, 이를 우리말로는 '훌륭하디훌륭한' 또는 '훌륭하고 훌륭한'으로 옮기는 게 좋다고 역자는 평소에 생각해 온 터라 그리 번역한다. 우리말로 '곱디고운', '착하디착한'이라는 겹치기 형용사를 쓰듯 말이다. 그래서 이를 kalos kảgathos로 모음 축합(母音縮合: crasis) 형태로 쓰는 경우가 오히려 많다. 더 나아가 이를 추상명사화한 것은 kalokảgathia(훌륭하디훌륭함)이다. 이 복합어의 쓰임이 어떤 뜻을 나타내는지와 관련된 더 자세한 설명은 역자의 《향연》 편 222a의 각주 또는 《고르기아스》 편 470e의 해당 각주를 참조하는 게 좋겠다.

14) 원어는 eidos이다.

15) 플라톤의 외숙이 카르미데스이고 어머니 페릭티오네는 그 누이이다. 그리고 이들의 사촌이 크리티아스이다. 솔론과 친족 관계였다는 이들의 조상은 드로피데스 II세였다. 이들의 가계를 간략히 도표로 정리하면 이렇게 된다.

드로피데스 I세→크리티아스 I세

ㄴ드로피데스 II세(솔론과 친척)→크리티아스 II세(고조부)→레아이데스→크리티아스 III세(조부)→칼라이스크로스→크리티아스 IV세(이 대화편에서의 대화자) ㄴ글라우콘→카르미데스

ㄴ페릭티오네(플라톤의 어머니)→플라톤(아리스톤의 아들)

155a

이면서 동시에 사촌인 그대 면전에서 우리와 대화하는 것이 설마하니
부끄러운 건 아닐 거라고 내가 생각해서요." 내가 말했네.
"잘하시는 말씀입니다. 우리가 그를 부르죠." 그가 그와 동시에 시
b 중드는 사람을 상대로 말했네. "이보게, 카르미데스를 부르게. 그저
께 상태가 좋지 않다고 나한테 말한 그 불편함과 관련해서 그를 의사
분께 소개하려고 한다고 하고." 그리고선 크리티아스는 내게 말했네.
"실은 요즘 그가 아침 일찍이 일어나면 머리가 좀 무겁다고 하더군요.
하지만 그에게 선생께서 두통 치료약을 좀 아시는 척 못하실 무슨 이
유라도 있나요?"
"아무런 이유도 없소. 오게끔 하시기나 해요." 내가 말했네.
"올 겁니다." 그가 말했네.
이 일은 실제로도 일어났네. 그가 오기도 했고, 큰 웃음판까지 벌
c 여 놨으니까. 왜냐하면 앉아 있던 우리 모두가 저마다 하나같이 옆 사
람을 열심히 밀었는데, 제 옆에 그가 앉게 하느라 해서였지. 결국 앉
아 있는 사람들 중에서 끝 쪽에 앉아 있던 사람들 중의 한쪽은 일어나
고, 다른 쪽은 떨어져 나가게 되었네. 그러나 그는 들어오더니, 나와
크리티아스 사이에 앉았네. 하지만, 이보게나, 바로 이 순간 나는 당
황했고, 앞서의 자신감이 사라져 버렸네. 내가 아주 쉽게 그와 대화를
하게 될 것이라며 가졌던 그 자신감 말일세. 내가 그 치료를 아는 사
람이라고 크리티아스가 말하니까, 그는 두 눈으로 감당할 수 없는 눈
d 길로 나를 바라보더니만 막 질문을 할 참이었는데, 레슬링 도장에 있
던 사람들 모두가 우리를 일제히 빙 둘러 에워싸며 몰려들었고, 바로
그때, 아, 이 사람아, 내가 그의 두름겉옷[16] 속을 보고서는 화끈해져서

16) himation을 이제껏 '겉옷'으로만 옮겨 오다가, 이 대화편에서는 이렇

155d

얼빠진 상태가 되어, 키디아스[17]가 사랑과 관련된 것들에 대해 지극히 지혜로웠다는 생각을 했네. 그는 잘생긴 소년과 관련해서 다른 누군가에게 이런 충고를 했다네. "새끼 사슴이 사자를 마주하고서 가다가, 그 고기 먹이의 운명을 택하게 되는 일이 없도록 조심해야 하느니."

게 옮겨 보았다. 망토(manteau) 또는 cloak로도 번역하는 것이지만, 이것들은 단순히 소매 없이 어깨 위로 걸쳐서 둘러 입는 옷이겠다. 반면에 '히마티온'은 큰 장방형의 통짜 옷감(기본은 모직) 한 쪽 끝을 손으로 접어 모아 쥔 다음, 이를 왼쪽 어깨 뒤쪽으로 해서 당겨 넘기는데, 이때 옷감은 잔뜩 주름이 잡힌 상태가 된다. 계속해서 이런 상태의 이 옷감을 단단히 쥔 상태로 몸과 왼팔 윗부분 사이로 해서 갈비뼈에 압박을 가하듯 당겨 내린다. 그리고선 오른손으로 이를 몸 뒤쪽으로 손끝까지 당겨서 처음 시작된 곳과 만나게 하면, 이 옷단은 낮은 끝이 장딴지 중간쯤에 매달리게 된다. 이렇게 해서 일단 몸의 오른쪽까지를 둘러싸는 겉옷 차림이 마무리되는 셈이다. 그러나 오른쪽 끝마무리를 정작 어떻게 할 것인지가 선택사항이 된다. 이를테면, 오른손과 팔이 자유롭도록 하려면, 그 옷감을 오른쪽 어깨 아래로, 심장을 지나도록 끌어당겨서 그 끝을 왼쪽 어깨 너머로 던진다. 또 다른 유형은 이 옷감을 오른팔과 어깨 너머로 가져와서, 이 끝을 왼쪽 어깨 너머로 던진다. 이렇게 되면, 오른쪽 팔이 팔꿈치에서 접히게 되어, 마치 투석하기 위한 자세처럼 보이게 된다. 이런 방식의 히마티온 걸치기는 존경받는 사람이 취함 직한 것으로 여겨진 것 같다고 한다. 여기에서 소개된 히마티온과 관련된 설명은 L. Whibley, *A Companion to Greek Studies*, (Cambridge, 1905), 530~532쪽의 내용을 거의 그대로 옮긴 것이다.

17) Kydias는 Hermiōn 또는 Hermionē라는 작은 고장 출신으로 500년 무렵에 활동한 서정 시인이었던 걸로 추정되고 있을 뿐, 달리 더 알려진 바는 없다. J. M. Edmonds, *Lyra Graeca*, lll, (Loeb Classical Library), p. 68에 여기에서 플라톤이 인용한 이 대목의 시를 석 줄로 싣고 있고, 또 다른 한 줄의 글을 싣고 있는데, 이는 적색 인물상이 그려진 도기에 새겨진 것이라고 한다. 한 쪽엔 "키디아스: 안녕하시오", 그림 다른 쪽엔 "몹시도 정의로우신 니카르코스"라고 적힌 것이라고. 또한 D. A. Campbell, *Greek Lyric*, lll, (Loeb Classical Library), p. 328 참조.

155d

e 하고. 왜냐하면 내 자신이 그런 짐승에 붙잡힌 것으로 생각되어서였네. 그렇지만 그가 두통 치료약을 내가 알고 있는지를 물었을 때, 나는 어쨌거나 알고 있는 것으로 대답했네.

"그러면 그게 무엇인가요?" 그가 물었네.

그래서 내가 말했네. "그건 일종의 약초이지만, 이 약에는 어떤 주문[18]이 덧붙는데, 만약에 누군가가 주문을 욈과 동시에 이 약을 쓰면, 이 약이 아주 건강하게 만들어 주네. 그러나 주문 없이는 이 약초의 효과는 전혀 없을 것이라네."

156a 또한 그가 말했네. "그러면 선생님에게서 주문을 받아 적을 것입니다."

"자네가 나를 설득할 경우에인가 아니면 그러지 못할 경우에라도 그럴 건가?" 내가 물었네.

그러자 그가 웃으면서 대답했네. "만약에 제가 선생님을 설득하게 되면요, 소크라테스 선생님!"

"좋으이. 그리고 자네는 내 이름을 정확히 알고 있고?" 내가 물었네.

"그렇지 않다면, 그야 잘못하는 거죠. 선생님에 대한 이야긴 저희 또래 사이에선 적은 게 아니니까요. 게다가 저로서야 아이였을 때도 여기 계신 크리티아스 형님과 함께 계셨던 선생님을 뵈었죠." 그가 말했네.

"잘된 일일세. 그 주문이 어떤 것인지와 관련해서는 자네에게 더 솔
b 직히 말해 줄 수 있겠네. 방금도 나는 어떤 식으로 자네에게 그 힘을 보여 줄 수 있을지 난감했다네. 실은, 카르미데스여, 이런 건 머리만을

18) 주문(呪文)의 원어는 ἐπῳδή이다. 뭔가를 외면서 '노래(ᾠδή=영어 ode)를 곁들임'을 뜻한다.

건강하게 만들 수 있는 그런 것이 아니고, 자네도 이미 훌륭한 의사들에 대해 아마도 들었겠듯이, 누군가가 눈이 아파서 이들에게로 가게 되면, 이들은 눈만 치료하려 들 수가 없고, 만약에 눈의 상태가 좋도록 하려면, 동시에 머리도 치료하는 게 불가피하다고 말할 것이라 나는 생각하네. 다시 또 이번에는 머리의 경우에도 몸 전체는 제외해 놓 c
고서 머리를 그 자체로만 치료하려는 생각을 한다는 것은 큰 어리석음이라는 걸세. 바로 이 원칙에서 그들은 몸 전체에 대한 섭생을 적용함으로써 전체와 함께 부분을 보살피기도 하며 치유도 하도록 시도하네. 혹시 자네는 그들이 이것들을 이처럼 말하고 이게 이러하다는 사실을 알지 못했는가?" 내가 물었네.

"그야 물론 그렇죠." 그가 말했네.

"그러니까 자네에겐 그게 옳게 하는 말로 생각되기도 하고 그 원칙을 받아들이는 건가?"

"뭣보다도 그럽니다." 그가 대답했네.

나 또한 그가 찬동하는 걸 듣고서 용기를 얻었으며, 조금씩 내게도 d
다시금 대담성이 일깨워져서 활기를 얻게 되었네. 그래서 말했네. "카르미데스여, 그러니까 이 주문의 경우도 그런 것일세. 나는 이를 내가 그곳 군영에서 잘목시스[19]의 트라케 의사들 중의 누군가에게서 배웠

19) 여기에서 Zalmoxis로 언급하고 있는 인물을 헤로도토스《역사》IV. 94~96에서는 Salmoxis로 언급하고 있다. 이 기록에 의하면, 트라케인들 중의 한 부족인 게타이(Getai)족의 한 신으로 추앙되었다는 인물이다. 그는 사모스에서 한때 거주하던 피타고라스의 노예로 있다가, 자유의 몸이 된 뒤에 큰 부자가 되어, 고향으로 돌아갔다. 그는 아마도 피타고라스의 윤회설(metempsykhōsis)에 접한 일이 있는 터라, 이를 이용하는 일대 사기극을 벌인다. 제 고장의 유지들을 자신이 마련한 회당에 모아 놓고 대접하며, 자신을 비롯한 동석한 사람들이 불사의 영생을 누릴 수 있는 곳

156d

는데, 이들은 영생을 목표로 삼기까지 한 걸로 전하네. 이 트라케 사
람이 방금 내가 말한 것들을 헬라스인들 [의사들][20]이 말한 건 훌륭했
다고 말하더군. 그는 말했네. '하지만 신이신 우리의 왕[21]은 말씀하십
e 니다. 머리는 제쳐 놓고 눈을 치료하려 시도해서도 몸을 제쳐 놓고 머
리를 그러려 해서도 아니 되듯, 이처럼 혼을 제쳐 놓고 몸을 그러려
해서도 아니 되거니와, 이것이, 곧 마땅히 마음 써야만 할 전체를 소
홀히 함이, 전체가 좋은 상태에 있지 않고서는 부분이 좋은 상태로 있
기가 불가능하다는 점이 헬라스의 의사들을 많은 질병들이 따돌리게
되는 이유라고. 왜냐하면 모든 것은 혼에서 시작되기 때문인데, 몸에
있어서의 그리고 모든 사람에게 있어서의 나쁜 것들도 좋은 것들도,
거기에서 흘러오기 때문이라고 말씀하셨습니다. 마치 머리에서 두 눈
157a 으로 그러듯이. 따라서 그걸 첫째로 그리고 최대로 치료해야만 한다
는 겁니다. 머리나 몸의 다른 부분들도 좋은 상태로 가지려면 말입니
다.' 또한, 이보게나, 그는 말했네. 혼은 어떤 주문들로 치료되는데,
이들 주문들은 아름다운 말들이라고. 이런 말들로 해서 혼들 안에 절
제(건전한 마음 상태)[22]가 생기게 되고, 이것이 그 안에 생겨서 거기

으로 갈 수 있을 것이라는 믿음을 갖도록 설득한다. 그러고선 그 자신이 지어 놓은 그 회당의 지하 공간에 숨어, 그곳에서 3년을 지낸 뒤에 4년째에 나타나 자신의 부활을 알리는 식으로, 이를 반복했다고 한다. 마침내 이를 믿게 된 그 고장 사람들은 그를 신으로 신봉하게 되었고, 그 신도들은 4년마다 자신들의 소원을 전달할 사신을 보내며, 제물로 이용했다고 한다. 여기에서 의술과 관련해서 하고 있는 트라케인의 언급은 그들의 것이 아니라, 카르미데스와의 대화를 이끌어 가기 위한 계략 성격의 것이라 할 것이겠다.

20) Burnet 판에서는 [iatroi]로 괄호로 묶었다.

21) 물론 잘목시스를 가리킨다.

22) 원어는 sōphrosynē이다. 어원은 sōs(건전한)+phrēn(마음)이며, 이는

157a

에 있게 됨으로써 곧 머리와 몸의 다른 부분에도 건강이 있도록 해 주기 쉬울 것이라고. 그래서 그는 내게 그 약과 주문들을 가르쳐 주고서 b
는 말했네. '맨 먼저 당신에 의한 주문으로 혼을 치료받을 준비를 하지 않은 사람이라면, 그 누구도 이 사람의 머리를 이 약으로 치료하도록 그대를 설득하게 되는 일이 없도록 하시오. 왜냐하면 오늘날에도 이것이, 곧 그 각각을[23] 어떤 의사들이 별도의 것이라고 다루려는 것이 사람들과 관련된 잘못이오.' 그리고서 그는 내게 아주 단단히 분부했네. 부자이건 진솔한 자이건 잘생긴 자이건, 그 누구도 나를 달리 하도록 설득하는 자가 되지 않도록 하라고. 따라서 나는, 그에게 서약 c
했기에, 나로선 따라야만 하겠고, 응당 따를 것이네. 그리고 자네로서도, 만약에 그 낯선 이의 지시들을 따라 먼저 혼을 그 트라케인의 주문들로 주문을 외는 걸 선뜻 받아들이고자 한다면, 머리에 내가 약도 쓸 것이네. 만약에 그러지 않는다면, 카르미데스여, 우리가 자네를 위해 할 수 있는 게 없네."

그래서 크리티아스는, 내가 이런 말을 하는 걸 듣고서, 말했네. "소크라테스 님, 젊은이에겐 두통이 행운이 되겠죠. 머리로 해서 생각도 더 나아지지 않을 수 없게 된다면 말씀입니다. 하지만 제가 선생님께 d
말씀드리는데, 카르미데스는 또래들 중에서도 비단 외모[24]로 해서 특

---

sō-phrōn의 상태 곧 '건전한 마음 상태'를 뜻한다. 이 낱말의 사전적 의미들은 그 밖에도 사려분별, 신중함, 절제, 자제 등이다. 따라서 이 대화편에서는 어느 한 가지 뜻으로만 이해하지 않도록 특히 '건전한 마음 상태'나 '절제'를 중심으로 이해하도록 하느라 이따금 괄호 속에 이를 병기했다.

23) 텍스트 읽기에서 이 '각각'을 부연하느라 'sōphrosynēs te kai hygieias(건전한 마음 상태와 건강)'를 본문에 삽입한 Burnet의 읽기(157b6)를 따르지 않고, 이를 [ ]로 묶은 Budé 판의 읽기에 따라 삭제하고서 읽었다.

24) 앞(154d~e)에서 일상어로서의 eidos가 '외모'를 뜻했듯, 여기에서와

출한 걸로 여겨질 뿐만 아니라, 선생님께서 그것의 주문을 갖고 계신다고 말씀하시는 바로 그것으로 해서도 그러합니다. 선생님께서는 절제를 두고 말씀하시는 거죠?"

"물론이오." 내가 대답했네.

"그러면 잘 알아 두십시오. 그는 요즘 사람들 중에서는 아주 지극히 절제 있으며, 또한 다른 모든 점들에 있어서도, 그 나이가 된 만큼의 한도 내에서는, 누구 못지않다는 사실을 말씀입니다." 그가 말했네.

그래서 내가 말했네. "그야 당연하기도 하지, 카르미데스! 그런 모
e 든 점에서 자네가 다른 사람들과 다르다는 것은. 이곳 사람들 중에서 그 누구도 아테네의 어떤 두 가문이 결합해서 그대가 태어난 가문보다도 더 훌륭하고 나은 후손의 출생[25]을 쉽게 제시해 보일 수는 아마도 없을 것이라 나는 생각하기 때문이네. 그대들의 선대인의 가족도, 곧 드로피데스의 아들인 크리티아스[26]의 가족도 아나크레온[27]과 솔론[28]

158b 및 175d에서는 외모를 뜻하는 낱말로 *idea*가 쓰이고 있다.

25) 155a의 해당 각주를 참조할 것.

26) 이 사람은 크리티아스 II세로서, 이 대화편에서의 크리티아스의 고조부이다.

27) Anakreōn(약 570~약 485)은 이오니아 지역의 테오스(Teōs) 출신이지만, 페르시아의 침공으로 함께 쫓겨난 사람들이 트라케(Thrakē) 지역으로 가서 아브데라(Abdera)를 새로 세운다. 그러나 그는 이후 여기저기로 옮겨 다니다, 만년의 대부분은 아테네에서 보냈던 것으로 알려져 있다. 그의 시는 대부분이 사랑과 포도주 그리고 주연과 관련된 것들이다. 그리고 그의 시풍을 훗날 많은 사람이 여러 시대에 걸쳐 모방한 시들을 남겼는데, 이를 총칭하여 Anakreontea라 한다.

28) Solōn(약 640~약 560/559)은 귀족 출신이었지만, 아테네의 민주화에 크게 기여한 정치가였으며 유명한 시인이기도 했다. 594/3년에 집정관(arkhōn)으로 있으면서, 아테네의 여러 가지 정치적인 개혁들을 단행했다. 그중의 하나는 당시의 농경사회에서 거의 노예 상태로 전락해 버린

157e

에 의해서 그리고 다른 많은 시인들에 의해서도 찬양받으며 우리에게
전해져 왔네. 미모와 덕 그리고 다른 이른바 행복으로 해서 남달랐던 158a
것으로 말이네. 그리고 또 어머니 쪽으로도 마찬가지이고. 자네의 외
숙이신 피릴람페스[29]는 그야말로 여러 차례에 걸쳐 대왕[30]에게로 또
는 대륙의 다른 나라들의 수장들에게로 대사로 부임했는데, 그 대륙[31]
에서는 그 누구도 더 훌륭하고 큰 인물은 없었던 걸로 평판이 났으니,
이 가문 전체가 어떤 점에서도 다른 어느 가문보다 못한 경우가 없네.
바로 이런 조상들의 후손인 자네는 모든 점에서 으뜸일 것이야. 그러
니 글라우콘의 아들이여, 자네는 외모의 면에서는 자네 이전의 분들 b
중의 누구에게도 어떤 점에서도 처지지 않는 것으로 내게는 생각되
네. 그런데 만약에 절제와 관련해서도 그리고 그 밖의 다른 것들과 관
련해서도 여기 이 사람의 말대로 충분히 천성으로 지니게 되었다면,
카르미데스여, 어머니께선 자네를 축복받은 사람으로 낳으셨네." 내
가 말했네. "따라서 이 일은 이런 걸세. 만약에 자네에게, 여기 이 크
리티아스가 말하듯, 절제가 이미 갖추어져 있어서 충분히 건전한 마

가난한 농부들에게 일체의 빚 탕감(seisakhtheia) 조처를 단행한 것이다. 이로 해서 이들은 빚으로 잡힌 농토를 다시 자기 것으로 갖게 됨으로써, 이른바 육일조(1/6租)로 곡물 생산을 바치던 질곡에서 벗어나 떳떳한 시민으로 살아갈 수 있게도 되었다. 또한 이때까지는 관직들을 귀족 명문 출신들([hoi] Eupatridai)이 장악하고 있었지만, 이제는 곡물의 수입 단위를 기준으로 세금 납부의 의무를 지게 하는 한편, 관직들에도 이에 상응하여 일정 수준 참여할 기회를 갖도록 했다. 그것은 곡물의 수입 단위를 기준으로 한 과세기준 재산(timēma)에 따라 네 계층으로 나눈 것이었다.

29) Pyrilampēs는 제 조카딸이며 플라톤의 어머니인 페릭티오네와 재혼했다.

30) 물론 페르시아의 왕을 가리킨다.

31) 페르시아를 포함한 아시아 대륙을 가리킨다.

음 상태라면, 자네로선 더는 잘목시스의 주문도 히페르보레오스 사람
아바리스[32]의 주문도 더는 전혀 필요 없고, 이 머리 치료약은 지금 자
c 네에게 주어야만 할 것이네. 하지만 아직도 이게 부족한 걸로 생각된
다면, 투약 전에 주문을 외워야만 하네. 그러니 자네가 이 사람의 말
에 동의해서 절제를 충분히 갖추고 있다고 주장하는지 아니면 부족하
다고 말하겠는지 자신이 내게 말해 주겠는가?"
그래서 카르미데스가 처음으로 얼굴을 붉히게 되니, 한층 더 아름
다워 보였네. 그의 부끄러워함은 그 나이에는 실상 어울리기도 했네.
이윽고 그는 천하지 않게 대답했네. 왜냐하면 그는 지금의 상황으로
선 질문받은 것들에 대해서 동의하기도 부인하는 것도 쉽지가 않다고
d 말했기 때문이네. 그는 말했네. "왜냐하면 만약에 제가 절제 있음을
부인한다면, 제 스스로 자신에 대해서 그런 말을 하는 게 이상하기도
하지만, 동시에 여기 계신 크리티아스 형을 거짓말쟁이로 또한 이 형
의 말처럼, 제가 절제 있는 걸로 보이게 된 다른 많은 사람들도 그런
사람들로 적시하게 될 것이기 때문입니다. 반면에 이번에는 제가 그
렇다고 시인하여 스스로를 칭찬한다면, 아마도 부담스러워 보일 것입
니다. 따라서 제가 선생님께 무슨 대답을 해야 할지 모르겠습니다."
그리고 나는 말했네. "카르미데스여, 자네가 말하는 게 내게는 그럼
직해 보이누만." 하고. 또한 내가 말했네. "그리고 내게 생각되기로는
내가 묻는 것을 자네가 지니고 있는지 아닌지를 함께 고찰해야만 된
e 다는 것인데, 이는 자네가 그러고 싶지 않은 것을 말하도록 강요당하

32) Abaris는 전설적인 아폴론 신봉자로서, 상상 속의 북풍이 불어오는 고장의 사람들(Hyperbore(i)oi, [Boreas(북쪽, 북풍)] 저 넘어[hyper] 사람들) 중의 한 사람으로 전한다. 이들은 겨울 3개월 동안 그곳에 와서 머문다는 아폴론의 신봉자들이었다.

158e

지도 않을뿐더러, 나 또한 분별없이 의술로 바로 향하지 않도록 하고자 해서네. 그러니 만약에 이게 자네 마음에 든다면, 나는 자네와 함께 고찰하고 싶네. 그러나 만약에 그렇지 않다면, 그만둘 일이고."

"그야 뭣보다도 가장 마음에 듭니다. 그러니 어쨌든 이를 위해서는, 선생님께서 더 좋게 고찰하게 될 것으로 생각하시는 방식 그대로 고찰하시죠." 그가 말했네.

"그러면 이에 대한 고찰은 이런 식으로가 최선일 것으로 내게는 생각되네. 만약에 자네에게 절제가 있게 되었다면, 자네는 이와 관련해서 뭔가 의견을 가질 수 있을 것임이 명백하겠기 때문이네. 이게 정녕 159a
자네 안에 있다면, 그것에 대한 어떤 지각을 제공할 것이 필연적이고, 이로 해서 절제가 무엇이며 이게 어떤 것인지에 대한 어떤 의견(판단: doxa)이 자네에게 있을 것이라 나는 생각하기 때문일세. 그리 생각하지 않는가?"

"저로서야 그리 생각합니다." 그가 말했네.

"그렇다면 자네가 헬라스어로 말할 줄은 알 것이기에, 적어도 이를, 곧 자네가 생각하는 바를, 그게 자네에게는 무엇인 것 같은지는 아마도 말할 수 있을 게야?" 내가 물었네.

"아마도요." 그가 대답했네.

"그러면 그게 자네에게 있는지 아니면 있지 않는지를 우리가 짐작할 수 있게끔, 말하게나. 자네의 의견으로는 절제가 무엇이라고 말하겠는지." 내가 말했네.

그러고서도 그는 처음엔 주저도 하고 전혀 대답하려고도 하지 않았 b
지. 하지만 그러다가 그가 말했네. 자기에게는 절제가 '모든 것을 절도 있게 그리고 차분하게 행하는 것'이라고, 길을 가거나 대화를 하는 데서도, 그리고 그 밖의 모든 것들도 그렇게 하는 것이라 생각된다고.

159b

"또한 제게는 선생님께서 물으시는 것이 요컨대 일종의 차분함(조용함)이라고 생각됩니다." 그가 말했네.

"그러니까 자네가 훌륭히 말하고 있는 거겠지? 카르미데스, 사람들은 어쨌든 차분한 사람들을 절제 있는 걸로 말하지. 그러니 그들이 의미 있는 말을 하는 건지 보세나. 말해 주게나. 실상 절제는 훌륭한 것

c 들에 속하는 게 아닌지?" 내가 물었네.

"그야 물론입니다." 그가 대답했네.

"그러면 글을 가르치는 선생[33]은 같은 글을 빨리, 아니면 천천히 쓰는 게 더 좋은가?[34]"

"빨리요."

"하면, 뭔가를 읽는 것은? 빨리, 아니면 더디게?"

"빨리요."

"그리고 사실은 키타라[35] 탄주는 빠르게 하는 것이 또한 레슬링은

33) 원어 grammatistēs는 초급과정의 글(grammata)을 가르치는 선생을 뜻하나, '서기(grammateus)'를 뜻하기도 한다.

34) 텍스트 읽기에서 kalliston을 Budé 판에 따라 kallion으로 읽었다.

35) kithara는 대개 기원전 7세기경부터 리라(lyra)와 마찬가지로 7현(弦)을 갖게 된 수직형 현악기로서, 하프류의 발현 악기와 근본적으로 다른 점은 현들의 길이가 같고, 휴대하기가 상대적으로 간편하다는 것이겠다. 오늘날의 '기타'의 어원이 이에서 유래한다. 키타라도 리라도 퉁기는 방식은 같으나, 리라보다는 키타라가 더 정교하게 만들어진 것이고, 그 울림도 깊은 감을 준다고 한다. 이 둘의 형태상의 두드러진 차이점은 리라가 주로 사발 모양으로 된 공명 상자를 가졌고 그 밑면이 거북의 등으로 만들어졌거나 나무로 만들어졌을 경우에도 그런 모양으로 만들어 칠을 한 데 반해, 키타라는 그 공명 상자가 나무이고 전체적으로도 더 정교하게 만들어졌다는 점이다. 따라서 그 울림이나 정교함으로 해서 전문적이고 공적인 연주에는 키타라가 주된 악기로 이용되었던 것 같다. 비슷한 유형의 현악기들로는 사포(Sapphō)나 알카이오스(Alkaios)가 이용했다

민첩하게 하는 것이 찬찬히 그리고 더디게 하는 것보다 훨씬 좋겠지?"

"네."

"권투를 하는 것과 팡크라티온[36]을 하는 것은? 마찬가지가 아닌가?"

"물론입니다."

"달리기와 뛰기 그리고 모든 신체 활동도 날쌔고 재빠르게 하게 되는 것이 더 훌륭한 쪽의 것들이지만, 겨우겨우 그리고 조용하게 하는 d
것은 창피한 쪽의 것들이 아닌가?"

"그리 보입니다."

"그러니까 몸의 경우에는 조용한 것이 아니라, 가장 빠르고 날쌘 것이 더없이 훌륭한 것으로 우리에게는 보이겠지?"

"물론입니다."

"하지만 절제는 어쨌든 훌륭한 것이었지?"

"네."

"그런데 어쨌든 몸의 경우에는 조용함이 아니라, 민첩함이 더 절도

는, 리라보다도 더 길고 많은 현들을 가진 바르비토스(barbitos, barbiton) 그리고 3~5현을 가진 포르밍크스(phorminx)가 있다. 이런 악기들의 제작 형태나 탄주 방식과 관련해서는 역자의 역주서 《플라톤의 국가(정체)》(개정 증보판) 686쪽을, 그 그림들로는 부록으로 실린 것들을 참고하는 게 좋겠다.

36) 팡크라티온(pankration)은 권투와 레슬링이 혼합된 자유형 격투기로, 이들 경기에서 허용되는 온갖 수단을 다(pan) 동원해서 힘을 쓰며(kratein) 겨루기를 하는 일종의 '다 걸기' 격투기였다. 물거나 손가락으로 눈알을 파는 행위를 제외하곤, 발로 차거나 목조르기 그리고 사지 비틀기 등은 허용되는 격렬한 경기였던 것 같으며, 상대가 위험을 느끼고 항복할 때까지 진행되는 경기였다. 오늘날의 그리스에서도 동호인들끼리 이 경기를 부활시켜 수련하고 있다. 《국가(정체)》 편 338c에 이 경기의 한 선수와 관련된 언급이 보이며, 《법률》 편 795b에서도 이 경기와 관련된 언급이 보인다.

159d

있는 것일 게야. 절도(절제)는 훌륭한 것이니까."

"그런 것 같습니다." 그가 말했네.

e "어떤가? 쉬 배움이 어렵게 배움보다도 더 훌륭한가?"

"쉬 배움이 그렇죠."

"그렇지만 쉬 배움은 빨리 배움이지만, 어렵게 배움은 조용히 그리고 더디게 배움이겠네?"

"네."

"그러나 남을 가르침은 조용히 그리고 천천히 함보다도 빨리 그리고 열성적으로 함이 더 훌륭하겠지?"

"네."

"어떤가? 상기하게 됨과 기억하게 됨을 조용히 그리고 더디게 하는 것이 열성적으로 그리고 빨리 하는 것보다도 더 훌륭한가?"

"열성적으로 그리고 빨리 그러는 것이 그렇습니다." 그가 대답했네.

160a "명민함은 혼의 일종의 예민함이지 조용함은 아니지 않은가?"

"진실입니다."

"말한 것들을 이해함도, 글을 가르치는 선생이나 키타라 연주자의 경우에도 또한 다른 모든 경우에도 최대한 조용한 게 아니라 최대한 빨리 하는 것이 가장 훌륭하지 않은가?"

"네."

"그렇고말고. 혼의 탐구활동들에 있어서도 그리고 숙의 결정을 함에 있어서도, 내가 생각하고 있듯, 가장 조용한 사람, 그리고 칭찬할 가치가 있는 것으로 생각되는 것을 힘들게 숙의 결정하며 찾아내는
b 사람이 아니라, 가장 쉽게 그리고 가장 빨리 이를 하는 사람이네."

"그건 그렇습니다." 그가 말했네.

"그러니까, 카르미데스여, 모든 경우에, 곧 혼과 관련된 것들의 경

160b

우에도 그리고 몸과 관련된 것들의 경우에도, 빠름과 예민함 쪽의 것
들이 더딤과 조용함 쪽의 것들보다도 더 훌륭한 걸로 우리에게는 보
이지 않는가?" 내가 물었네.
"그런 것 같습니다." 그가 대답했네.
"따라서 절제는 일종의 조용함(차분함)이 아닐 것이고, 절제 있는
삶이 조용한 것도 아니겠네. 적어도 이 주장에 의할진대 말일세. 이
절제 있는 삶은 훌륭한 것이어야만 하니까. 실은 두 가지 다른 가능성
이 있네. 인생에서 우리에겐 조용한 행위들이 빠르고 힘찬 행위들보 c
다 더 훌륭해 보이는 일은 어떤 경우에도 없었거나 또는 어쩌면 아주
드문 경우들에는 있었거나 한 거지. 그렇다면, 이보게, 아주 드문 경
우에 조용한 행위들이 격렬하고 빠른 행위들보다도 더 훌륭할지라도,
이로 해서 절제가 격렬하고 빨리 행함보다도 더 조용히 행함일 것도
아닐 것이니, 걷는 데 있어서도 말하는 데 있어서도 다른 어떤 경우에
있어서도 아닐 것이니, 조용한 삶이 조용하지 않은 삶보다도 더 절제
있는 것도 아닐 것이네. 우리의 논의에서는 절제가 아름다운 것들에 d
속하는 것으로 전제되기도 했지만, 빠른 것들이 조용한 것들 못지않
게 훌륭한 걸로 판명되었기 때문이지."
"옳게 말씀하신 걸로 제게는 생각됩니다, 소크라테스 선생님!" 그가
말했네.
"그러면, 카르미데스여, 다시금 정신을 가다듬고 스스로를 들여다
보며, 절제가 자네에게 있게 됨으로써 그게 자네를 어떤 사람으로 만
드는지 그리고 그게 어떤 것이기에 그런 작용을 하는지 생각해 보고,
이것들 모두를 정리해 본 다음에, 그게 무엇인 걸로 자네에게는 보이
는지 잘 그리고 용감하게 말하게나." 내가 말했네. e
그는 잠시 쉬었다가 아주 용감하게 스스로 내성해 보고서는 말했

160e

네. "그러니까 절제는 사람으로 하여금 부끄러워하도록 그리고 수줍음이 많도록 만드는 것으로, 또한 절제는 바로 겸손[37]인 것으로 제게는 생각됩니다."

"됐네. 방금 자네는 절제가 훌륭한 것이라고 동의하지 않았는가?" 내가 물었네.

"그야 물론입니다." 그가 대답했네.

"그렇다면 절제 있는 사람들은 훌륭한 사람들이기도 하지 않은가?"

"네."

"그러면 훌륭한 사람들로 만들지 않는 것이 훌륭한 것일까?"

"물론 아닙니다."

"그러니까 절제는 아름다운 것일 뿐만 아니라 훌륭한 것일세."

161a "제게는 그리 생각됩니다."

---

37) 원어는 aidōs이며, 이는 헬라스인들에게는 다의적이고 아주 중요한 개념의 낱말이다. 이는 '부끄러움', '염치'를 뜻하기도 하지만, 신에 대해서나 고매한 인격 앞에서 갖게 되는 '경외' 또는 '공경', 인간으로서 '자존(自尊)하는 마음'과 '타인에 대한 존경심', '겸손' 등을 두루 의미하는 말이기도 하다. 이것은 이처럼 그 뜻이 여러 가지인 것 같지만, 실은 이것들 모두가 같은 뿌리를 갖는 것들이라는 데 우리로서도 유의해야 할 것이다. 그래서 그들에게는 이 덕목은 《에우티프론》 편 12b~c에서도 다루어지고 있지만, 《국가(정체)》 편 여기저기에서도 자주 언급되고 있다. 또한 《법률》 편에서도 곳곳에서 강조되고 있는데, 특히 729b에서는 이를 부끄러워함(aiskhynesthai)과 연관시켜 언급하고 있으니, 눈여겨볼 대목이다. 《프로타고라스》 편(322b~c)에서는 나라 통치와 관련해서 필요 불가결한 덕목들로 제우스가 헤르메스를 통해 인간들에게 가져다주게 한 것이 이것과 정의(dikē)라고 한다. 이 둘, 곧 경외(공경)와 정의(dikē)는 헤시오도스의 《일과 역일》(192~3행)에서도 인간 세계의 아주 중요한 덕목들로 강조되고 있다. 그는 "정의가 주먹 안에 있게 되고, 경외(공경)는 없어지게 될" 날을 두려워하고 있었던 사람이다.

161a

"그러면 뭔가? 자네는 호메로스가 이런 말을 한 걸 훌륭하게 말한 걸로 믿지 않는 겐가? '겸손은 궁한 사람에겐 도움이 되지 않죠.'[38]라고 그가 말한 걸?" 내가 물었네.

"저야 믿죠." 그가 대답했네.

"그러고 보니 겸손은 좋은 것이 아니기도 하고 좋은 것이기도 한 것 같네."

"그리 보입니다."

"하지만, 절제가 그들 안에 정녕 있는 경우에는 그들을 훌륭한 사람들로 만들지만, 그들 안에 없을 경우에는 나쁜 사람들로 만든다면, 절제는 훌륭한 것일세."

"아닌게아니라 선생님께서 말씀하시듯, 정말로 제게는 그리 생각됩니다."

"절제는 정녕 좋은 것이지만, 겸손은 조금도 더 좋은 것도 나쁜 것
도 아니라면,[39] 절제는 겸손이 아닐 것이야." b

"한데, 소크라테스 선생님, 그 말씀은 옳게 하신 걸로 제게는 생각됩니다. 하면, 절제와 관련해서 이게 의미 있는 걸로 선생님께 생각되시는지 검토해 주세요. 실은 방금 상기하게 된 것입니다. 일찍이 누군가가 말한 걸 제가 들은 것입니다. 절제는 '제 일들을 하는 것'[40]일 거

38) 《오디세이아》 17. 347.

39) '겸손'은 그 자체로는 중립적인 것이라는 뜻이다.

40) 여기서 '제 일들을 하는 것(to ta heautou prattein)'이란 표현은 플라톤이 《국가(정체)》 편 433b에서 나라에서의 '올바름(정의)'의 구현과 관련해서 쓰고 있는 표현과 정확히 일치하는 것이지만, 시민들의 성향에 따른 분업과 관련해서 하게 되는 '자신에게 맞는 자신의 일을 함(제 할 일을 함: oikeiopragia)'과는 아직 거리가 먼 것이다. 이어서 비슷한 이야기가 오가기는 한다.

161b

라고. 그러면 이를 말한 사람이 옳게 말한 걸로 선생님께 생각되시는지 검토해 주세요." 그가 말했네.

그리고 내가 말했네. "아, 이 사람아! 이건 여기 크리티아스나 어떤
c 현자들 중의 다른 누군가에게서 자네가 들은 것일세."

"다른 사람에게서 들은 것 같군요. 어쨌든 제게서 듣게 되는 건 아니기[41] 때문입니다." 크리티아스가 말했네.

"하지만, 소크라테스 선생님, 제가 누구에게서 들었건, 그게 무슨 상관이 있습니까?" 카르미데스가 말했네.

"전혀 없네. 고찰해야만 하는 것은 이를 누가 말했느냐는 것이 전혀 아니고, 그게 진실을 말하느냐 아니냐는 것이기 때문일세." 내가 말했네.

"지금 하시는 말씀이 옳습니다." 그가 말했네.

"그렇고말고. 하지만 그게 어떤 것인지를 우리가 알게 된다면, 나로선 놀랄 일일 게야. 왜냐하면 그게 일종의 수수께끼 같기 때문이지." 내가 말했네.

"그건 어째서죠?" 그가 물었네.

d "그가 그 말을, 곧 절제는 제 일들을 하는 것이라고 말한 그대로 뜻한 건 아니라고 나는 생각하기 때문이야. 혹시 자네는 글을 가르치는 선생이 글을 쓰거나 읽을 때 아무것도 하지 않는 것으로 생각하는가?" 내가 물었네.

"저로서야 뭔가를 그가 한다고 생각합니다." 그가 대답했네.

"그러니까 글을 가르치는 선생은 제 이름을 적고 읽거나 또는 자네들 소년들도 그러도록 가르칠 뿐인 걸로 자네에겐 생각되는가, 아니

41) 곧(162d~e에서) 크리티아스가 한 말임이 들통나게 된다.

161d

면 자네들은 그러는 것 못지않게 적들의 이름들도 적거나 자네들의 이름들이나 친구들의 이름들도 그랬는가?"

"못지않게 그럽니다."

"그러면 자네들은 이것저것 했고[42] 이를 함으로써 절제하지 못한 게 아닌가?" e

"전혀 그렇지 않습니다."

"그렇지만 자네들은 자신들의 일들을 한 게 아닐세. 글을 적거나 읽는 게 실은 뭔가를 하는 것이라면 말일세."

"하지만 그런 걸요."

"이보게, 치료를 하는 것도 집을 짓는 것도 직물을 짜는 것도 그리고 어떤 기술로든 어떤 기술에 속하는 어떤 일을 하게 되는 것은 실은 무언가를 하는 것이라 나는 생각하네."

"물론입니다."

"그러면 뭔가? 자네에겐 이런 지시를 하는 법률에 의해 나라가 잘 경영될 것으로 생각되는가? 각자가 제 두름겉옷을 짜고 세탁하며, 신발도 만들고, 기름병과 몸에 발랐던 기름을 긁어내는 기구[43] 그리고 그 밖의 다른 모든 것을 같은 원칙에 따라, 남의 것들엔 손대지 말되, 162a
각자가 제 것들을 만들고 행하는 것이 말일세."[44] 내가 물었네.

---

42) 헬라스어 polypragmonein은 이것저것 여러 가지를 하느라 부산한 걸 뜻하기도 하지만, '남의 일에 참견하는 것'을 뜻하기도 한다. 여기에서는 이 두 가지 뜻이 섞여서 쓰이고 있다. 역시 이 원어 polypragmonein은 《국가(정체)》 편 433a에서 '참견함'의 뜻으로 그대로 쓰이고 있다.

43) 원어는 stlengis인데, 이는 레슬링 경기에 앞서 몸에 발랐던 올리브기름을 경기 뒤에 몸에서 긁어내는 데 쓰거나 목욕할 때 쓰는 기구를 말한다.

44) 소크라테스 생존 시에 이름난 소피스테스로서 활동했던 히피아스(Hippias)는 올림피아 북쪽의 엘리스(Elis) 출신으로, 대화편 《소(小) 히

162a

"제게는 그리 생각되지 않습니다." 그가 대답했네.

"그러나 사실 절제 있게 경영되는 나라가 잘 경영될 것이야." 내가 말했네.

"어찌 그렇지 않겠습니까?" 그가 말했네.

"그렇다면 이와 같은 것들을 이런 식으로 제 일들을 함[45]이 절제는 아닐 것이야." 내가 말했네.

"그리 보이지 않습니다."

"그러니까 내가 방금 말한 바로 그것을, 곧 제 일들을 하는 것이 절
제라고 주장한 사람은 수수께끼를 말한 것 같아. 어쨌든 그가 그토록
단순하지는 않았을 것으로 나는 생각하기 때문이지. 혹시 어떤 어리
b 석은 사람이 이 말을 하는 걸 자네가 들은 건지, 카르미데스?"

"전혀 그렇지 않습니다. 실은 아주 지혜로운 이로 여겨지기까지 했으니까요." 그가 대답했네.

"그렇다면 그는, 내게 그리 여겨지듯, 뭣보다도 이를 수수께끼로 던진 게야. 제 일들을 하는 게 도대체 무엇인지를 아는 것이 어렵다고 해서 말일세."

"어쩌면 그렇겠네요." 그가 말했네.

"그러면 제 일들을 한다는 것은 도대체 무엇이겠는가? 자네는 말할 수 있는가?"

피아스》(368b 이후)에는 그의 다재다능함과 박학다식 그리고 강기(强記) 등에 관한 언급이 보인다. 이에 의하면, 온갖 형태의 시문에도 밝고, 수학, 천문학, 음악, 미술 분야 등에서도 자신의 역량을 뽐낼 뿐만 아니라, 손가락의 반지에서부터 제 몸에 걸친 모든 것을 스스로 만들어 갖고서 올림피아 경기장에 나타났다고 한다.

45) 곧 《국가(정체)》 편에서 말하는 적성에 따른 분업을 하지 않는 경우의 원시적 삶의 형태를 말하고 있는 셈이다.

162b

"맹세코, 저는 모릅니다. 그러나 아마도 그걸 말한 사람이 스스로
무슨 뜻으로 한 말인지를 자신조차 전혀 모를 리는 아마도 없을 것입
니다." 그가 말했네. 그리고선 이 말을 함과 동시에 그는 살짝 웃으면
서 크리티아스를 바라보았네.

그리고 크리티아스는 한참 동안 고민하며 카르미데스와 그리고 그 c
자리에 있던 사람들을 상대로 돋보이고 싶어 하는 게 분명했지만, 앞
서는 힘들게 자제하고 있었으나, 그때는 더 이상 그럴 수 없게 되었
네. 절제와 관련된 이 대답을 카르미데스가 크리티아스에게서 들은
것으로 내가 의심했던 바가 뭣보다도 사실인 걸로 내게는 생각되었
기 때문이네. 그래서 카르미데스는 자신이 그 주장을 지지할 것이 아
니라, 크리티아스가 절제와 관련된 대답을 할 것을 원해서, 그를 부추
겨, 자신이 논박당했음을 명백히 했네. 그러나 크리티아스는 참지를 d
못하고, 그에게 화가 난 것으로 내게는 보였네. 마치 시인이 자신의
시들을 잘못 처리한 배우[46]에 대해서 하듯 말일세. 그래서 그를 빤히
보면서 말했네. "카르미데스, 절제는 제 일들을 하는 것이라고 말한
사람이 도대체 무슨 뜻으로 한 말인지를 네가 모른다고 해서, 그 말을
한 사람도 덩달아 이처럼 그걸 모른다고 생각하니?"

"하지만, 이보시오, 크리티아스! 그 나이인 젊은이가 그걸 모른다
고 해서 놀랄 일은 전혀 아니오. 그러나 그대는 아마도 그 나이 때문 e
에 그리고 그 관심 때문에 그걸 알고 있을 것 같소. 그러니 만약에 그
대가 절제는 이 사람이 말하는 바로 그것이라고 동의하고서 그 주장
을 받아들인다면, 그대와 함께 그 표현이 참인지 아닌지를 고찰하는

46) 당시의 연극 공연은, 오늘날과 같은 산문 형태의 대본을 기반으로 한 것이 아니라, 비극이나 희극 모두 운율을 갖는 시들로 된 시가(詩歌: mousikē) 형태의 것들이었기 때문에, 이런 표현을 한 것이다.

162e

것이 몹시 즐겁겠소." 내가 말했네.

"전적으로 동의하며 받아들입니다." 그가 말했네.

"그러니까 그대는 어쨌든 잘 한 것이오. 그러면 말해 주시오. 내가 방금 묻고 있었던 것들, 곧 모든 장인들은 뭔가를 만든다는 데 그대는 동의하시오?" 내가 물었네.

"저야 동의하죠."

163a "그러면 그대에게는 그들이 자신들의 것들만을 만드는 걸로 아니면 다른 사람들의 것들도 만드는 걸로 생각되오?"

"다른 사람들의 것들도 만드는 걸로 보입니다."

"그러니까 그들이 자신들의 것들만을 만들지는 않는데도 절제가 있겠소?"

"무엇이 그걸 막겠습니까?" 그가 말했네.

"나로선 아무것도 없소. 그러나 절제를 제 일들을 하는 것이라 전제하고서는 남의 것들을 하는 사람도 절제 있다고[47] 말해도 전혀 막지 않는다고 말하는 사람을 막지 않을 것인지 보시오." 내가 말했네.

"실은 제가 이에, 곧 남의 일들을 하는 사람들이 절제 있다는 데 동의한 걸로 생각합니다. 남의 것들을 만드는 사람들을 그런 사람들로 제가 동의했다면 말입니다." 그가 말했네.

b "말해 주시오. 그대는 만드는 것(to poiein)과 행하는 걸(to prattein) 동일한 걸로 일컫지 않는지?" 내가 물었네.

---

47) 집을 짓는 사람 곧 목수의 제 할 일은 집 짓는 것이겠으나, 이는 제 집만 짓는 걸 뜻하는 것이 아니라 남의 집도 부지런히 잘 짓는 것이다. 그러나 그가 목수 일은 제쳐 놓고, 신발 만드는 일도 하려 덤비면, 그는 절제 있는 사람이 아닐 것이다. 반면에 앞의 경우는 절제가 있는 경우에 해당되겠다.

163b

"분명히 아닙니다. '일하는 것([to] ergazesthai)'과 '만드는 것([to]
poiein)'도 같은 게 아니고요. 이는 제가 헤시오도스에게서 배웠는데,
그는 '일[48]은 수치가 아니다'[49]라고 말했으니까요. 그래서 그가 방금
선생님께서 말씀하신 그런 일들을 한다고 그리고 '행한다(prattein)'
고 말했다면, 제화 작업이나 절인 고기를 파는 짓이나 매음에 대해 수
치라고 말하지 않았을 것이라 생각하십니까?[50] 소크라테스 님, 그렇
게 생각해서는 안 되고, 저는 오히려 그가 만듦(제작: poiēsis)을 행
함(praxis) 및 일함(ergasia)과 다른 것으로 여겼던 것이라 생각하거
니와, 만들어진 것이 훌륭함을 동반하지 못했을 경우에, 때로는 수치 c
가 되지만, 일은 결코 전혀 수치가 되지 않는 것으로 여겼다고 생각
합니다. 훌륭하게 그리고 유익하게 만들어진 것들을 그는 제작물들
(erga)로 일컬었으며, 그런 제작행위들을 작업들 및 행위들로 일컬었
습니다. 또한 그는 이런 것들만을 또한 제 자신의 것들로 생각하되,

48) '일'의 원어 ergon에는 행동, 실행, 기능, 작업, 업적, 일의 결과물 등의 뜻들이 있다. 그런데 헤시오도스의 경우에 '일'은 특히 '농사'를 가리킨다.

49) 헤시오도스의 《일과 역일》, 311행의 온전한 문장은 "일은 수치가 아니나, 게으름이 수치이니라."이다.

50) 전통적으로 헬라스인들은 농·공·상 중에서 공업이나 상업에 종사하는 걸 꺼렸던 것으로 알려져 있다. 이 문장에서도 귀족 출신인 크리티아스가 그런 일들을 수치스런 것으로 언급하고 있는 점이 감으로 읽힌다. 솔론이 진작 그의 개혁 정책의 일환으로 아테네의 외항 피레우스에 이주 거류민들([hoi] metoikoi=[the] metics)을 나라 차원의 필요에 의해 받아들여, 이들을 상공업에 종사케 한 것도 그래서였다. 더구나 이들에게 '거류민 세금(metoikion)'까지 부과할 수 있게 되었으니, 이야말로 아테네를 위해서도 일거양득인 정책이었다고 할 것이다. 《국가(정체)》 편 1권 첫머리에 등장하여 소크라테스를 자기 집에서 맞는 케팔로스 옹은 시라쿠사이 출신의 거류민으로, 방패 제조 공장 운영으로 치부한 재산가였다.

해로운 것들은 모두 남의 것들로 생각한 걸로 말해야만 합니다. 따라서 헤시오도스도 그 밖의 지혜로운 다른 누구든 자신의 일들을 하는 이 사람을 절제 있는 걸로 일컬은 걸로 생각해야만 합니다." 그가 말했네.

d "아, 크리티아스, 그대가 그대의 주장을 펴기 시작하는 즉시로 나는 대강은 알아들었소. 제게 적합한 것들이며 제 것인 것들을 좋은 것들로 그리고 좋은 것들의 만듦을 해냄으로 그대가 일컫는다는 걸. 또한 프로디코스[51]의 수천 가지 낱말들의 구별과 관련해서도 내가 들었기 때문이오. 나는 낱말들 각각을 그대가 원하는 대로 채택하는 것을 그대에게 허용하오. 그러나 그대가 뭘 말하든 그 낱말이 적용되는 그것
e 만은 명확히 밝히시오. 그러면 이제 처음부터 다시 더 명확히 규정하시오. 좋은 것들의 행함이나 만듦 또는 그대가 어떻게 명명하기를 원하건 간에, 이걸 그대는 절제(건전한 마음 상태)라고 말하시오?" 내가 물었네.

---

51) Prodikos는 키클라데스 군도(群島)(Kyklades nēsoi) 중에서는 아테네에 가장 가까운 섬인 케오스(Keos. 요즘의 Kea) 출신이다. 여러 차례에 걸쳐 아테네에 사절로 왔던 탓으로, 아테네에서 소피스테스로서 명성을 얻을 기회를 가질 수 있었다. 그는 기원전 5세기 후반에 소피스테스로서 활동했다. 특히 '낱말들의 정확성(orthothēs onomatōn)'을, 곧 비슷한 낱말들의 의미를 엄격히 구분하여 정확히 사용할 것을 강조했던 것으로 알려져 있다. 그는 가르침의 대가로 고액의 사례금을 받은 까닭으로도 유명하다. 《프로타고라스》 편에서는 실제 대화자로 등장하며, 특히 339e~341e에서는 소크라테스가 프로타고라스와의 대화 중에 그의 어의론적인 조언을 구하는 장면이 보인다. 그 밖의 대화편들에서도 그는 여러 번 언급되고 있는데, 《라케스》 편 197d에서는 낱말들의 정확한 구별과 관련된 언급이 보이며, 《크라틸로스》 편 384b에서는 소크라테스가 프로디코스의 50드라크메짜리 강연은 듣지 못하고, 1드라크메짜리 강연만 들어서 아쉬웠던 듯이 말을 하고 있다.

163e

“저로서는 그럽니다.” 그가 대답했네.

“그렇다면 나쁜 것들을 행하는 자는 절제가 없으나, 좋은 것들을 행하는 자는 절제가 있소?”

“아, 선생님께는 그리 생각되지 않으십니까?” 그가 물었네.

“그건 상관치 마시오. 내게 어떻게 생각되는지는 우리가 고찰하지 말고, 그대가 지금 말하는 걸 고찰합시다.” 내가 말했네.

“저로서는 좋은 것들이 아니라 나쁜 것들을 만드는 자는 절제가 없다고 말하지만, 좋은 것들을 만들되 나쁜 것들은 만들지 않는 자는 절제가 있다고 말합니다. 실은 좋은 것들의 행함이 절제라고 명확히 의미 규정을 선생님께 해 드립니다.” 그가 말했네.

“어쨌든 그대가 진실을 말하는 걸 막을 것은 아마도 아무것도 없을 164a
것이오. 하지만 이건 내가 의아해하고 있소. 절제 있는 사람들이 자신들이 절제 있다는 사실을 모르고 있다는 생각을 그대가 한다면 말이오.” 내가 말했네.

“하지만 저는 그리 생각지 않습니다.” 그가 말했네.

“그대는 좀 전에 장인들이 남들의 것들을 만듦으로써 또한 절제 있음을 막을 것은 아무것도 없다고 스스로 말하지 않았소?” 내가 물었네.

“실은 그리 말했죠. 하지만 그건 왜죠?” 그가 반문했네.

“아무것도 아니오. 하지만 말해 주시오. 어떤 의사가 누군가를 건강
하게 만듦으로써, 저 자신을 위해서도 그리고 그가 치료한 사람을 위
해서도 유익한 일을 한 걸로 그대에게는 생각되는지?” b

“제겐 그리 생각됩니다.”

“그러니까 어쨌든 이를 행하는 자는 마땅히 해야 하는 것들(ta deonta)을 행하는 게 아니오?”

164b

"네."

"마땅히 해야만 하는 것들을 행하는 자는 절제가 있지 않소?"

"실상 절제가 있죠."

"그렇다면 의사로서는 언제 유익하게 치료하며 언제 그렇지 않은지를 알 게 필연적이지 않소? 장인들로서도 언제 저마다 자기가 행하게 될 일로 해서 이득을 보게 될 것이며 언제 그러지 못할지를 알 게 필연적이지 않겠소?"

"아마도 그렇지는 않겠습니다."

"그러고 보면 의사는 때로는 유익하게 또는 유해하게 행하고서도
c 자신이 어떻게 행하였는지 알지 못하오.[52] 비록 유익하게 행하였더라
도, 그대의 말처럼, 절제 있게 행하였더라도 말이오. 그렇게 말하지
않았던가요?" 내가 말했네.

"저야 그랬죠."

"그러니까, 그리 여겨지다시피, 그는 때로는 유익하게 행함으로써 절제 있게 행하고 절제가 있겠지만, 자신이 절제 있음은 모르지 않겠소?"

"하지만, 소크라테스 님, 이는 결코 일어나지 않을 일입니다. 만약
에 제가 앞서 동의한 것들에서 이 결론이 나오는 게 필연적이라고 선
생님께서 생각하신다면, 그것들 중의 어떤 건 제가 차라리 취소하겠
d 으며, 제가 옳지 않게 말한 게 아닌지 시인하는 걸 부끄러워하지 않을
것입니다. 사람이 때로는 제 자신이 절제 있음을 모른다는 데 동의하
기보다는 오히려 말입니다. 어쩌면 바로 이게 곧 '제 자신을 아는 것

---

52) 이를테면 많은 사람을 죽였거나 죽이게 될 사람을 치료했다면, 결과적으로 그의 악행을 돕게 되는 셈이 되겠기 때문이다.

164d

(to gignōskein heauton)'이 절제라고 저로서는 말하겠으며, 델피에 그런 명문[53]을 바친 사람과 같은 마음입니다. 왜냐하면 이것은 신전으로 들어서는 사람들에 대해, '카이레!'[54] 대신에 하는 바로 신의 인사로서, 이 반김의 인사하기는 옳지 않다고 해서, 그런 인사는 하지 말고, 절제할 것을 서로 권유하게 되어야 한다는 그런 뜻으로 이 명문이 e
바쳐진 것으로 제게는 생각되기 때문이기도 합니다. 그러니까 이 신은 신전으로 들어서는 사람들에게 이처럼 인간들과는 다른 식으로 인사를 건네는데, 제게 그리 생각되듯, 그런 생각을 하고서 이 명문을 바친 사람이 그리한 것입니다. 언제고 들어서는 사람을 향해서 다른 건 말하지 않고, '절제하라'고 말하는 거죠. '너 자신을 알라(Gnōthi sauton)'는 것과 '절제하라(Sōphronei)'는 것은, 그 명문들이 말하듯 또한 저도 그러듯, 같은 것이죠. 그러나 아마도 누군가는 다른 것이라 165a
고 생각할 수도 있겠는데, 이는 '그 어떤 것도 지나치지 않게(Mēden agan)' 그리고 '보증 곧 화가 닥쳤느니라(Engyē para d' atē)'는 명문

53) 여기에서 '명문(銘文)'으로 옮긴 것의 원어는 gramma(새긴 글)이다. 실제로는 이 내용의 명문 표현은 Gnōthi sauton(너 자신을 알라!)으로 된 명령형이다.

54) Khaire! 이는 영어로 Welcome! 우리 식으로 "어서 오십시오!" 또는 "반갑습니다!" 하고 반길 때나, 헤어질 때 안녕을 빌며 하는 표현이다. 인간들 사이에나 하는 이런 식의 인사법이니, 아폴론 신전으로 들어서는 인간들에게 아폴론이 하는 인사 방식으로는 물론 격식에 맞지 않는 것이겠다. 아폴론 신전(naos, neōs)으로 들어가는 통로 구실을 하는 공간(pronaos) 벽에 새겨진 명문들 중에서 맨 먼저 맞는 것이 Gnōthi sauton(너 자신을 알라!)이었고, 나머지 것들은 훗날 추가된 명문들이었다고 보아야 할 것들이겠다. 이와 관련해서 더 알고 싶은 독자는 인터넷으로 '대한민국학술원' 홈페이지에 접속해서, 『대한민국학술원통신』 352호(2022. 11. 1.)에서 역자의 「델피 이야기」 6쪽을 참조하길 권한다.

165a

들을 바친 사람들이 그리 느끼는 경우로 제게는 생각됩니다. 그리고 이들은 '너 자신을 알라'는 건 충고이지, 신전에 들어서는 사람들에 대한 신 쪽에서의 인사는 아닌 것으로 생각했을 것이기 때문입니다. 그래서 그들도 못지않게 유용한 충언들을 바치느라고, 이를 적어서 바친 겁니다. 그러니까, 소크라테스 님, 이 모든 걸 제가 말하고 있는 것은, 바로 이 때문입니다. 앞서의 모든 제 주장은 제가 선생님께
b 진 걸로 합니다. 아마도 이것들과 관련해서는 선생님께서 더 옳은 걸 말씀하셨을 것이기 때문이겠습니다만, 어쩌면 제가 그랬을 수도 있겠으나, 우리가 말한 것들 중에서 아주 명확한 것은 아무것도 없었습니다. 하지만 만약에 절제는 '스스로가 제 자신을 아는 것(to gignōskein auton heauton)'이라는 데 선생님께서 동의하지 않으신다면, 이에 대한 설명을 제가 선생님께 해 드리고 싶습니다."

"하지만, 크리티아스, 그대는 내가 묻는 것들과 관련해서 나는 알고 있다고 자처하는 사람인 듯이, 따라서 내가 원한다면, 그대에게 동의할 사람으로 나를 대하오. 하지만 그건 그렇지가 않고, 실은 자신이 알지 못함으로 해서, 제기되는 것을 언제나 그대와 함께 탐구하고 있
c 소. 따라서 검토해 보고서 내가 동의할지 말지를 말하고 싶소. 하니, 내가 검토를 할 동안까지는 기다리시오." 내가 말했네.

"그러면 검토해 보십시오." 그가 말했네.

"실은 검토하고 있소. 만약에 절제가 실은 뭔가를 아는 것이라면, 그것은 일종의 앎일 것이며 무엇인가에 대한 것인 게 명백하오. 그렇지 않소?" 내가 말했네.

"그야 제 자신에 대한 것[55]이죠." 그가 말했네.

55) 여기에서 '제 자신에 대한 것'으로 번역한 원문은 'heautou'로서 영어

165c

"그렇다면 의술도 건강함에 대한 앎(지식: epistēmē)이 아니겠소?" 내가 물었네.

"그야 물론입니다."

"그럼 이제 그대가 '건강함에 대한 앎인 의술은 우리에게 무슨 유용함이 있으며 무슨 일을 해내는가요?' 하고 내게 묻는다면, 내가 대답하겠죠. 그 유익함은 적지 않다고 나는 말할 것이오. 왜냐하면 그것은 d
우리에게 훌륭한 자산인 건강을 회복토록 하기 때문이오. 이를 인정한다면 말이오." 내가 말했네.

"인정합니다."

"이제 또 그대가 집짓기의 앎인 집짓는 기술[56]에 대해 묻기를, 이게 무슨 일을 해내는 것인지를 말하라고 한다면, 나는 집들을 짓는 것이라 대답할 것이오. 그 밖의 기술들의 경우 또한 마찬가지겠소. 따라서 그대가 절제를 '제 자신에 대한 앎'이라고 주장하는 터이니, 그대도 '절제'를 위해서 이런 질문을 받는 경우에 답할 수 있어야 할 것이오. '크리티아스여, 제 자신에 대한 앎인 절제는 우리를 위해 무슨 훌륭한 e
일을 해내며 그 이름값을 하나요?' 그러면 자, 말하시오."

"하지만, 소크라테스 님, 선생님께서는 옳게 탐구하고 계신 게 아닙니다. 이것은 그 성질이 다른 앎들과는 같지 않을뿐더러, 다른 앎들도

로는 'of himself'에 해당된다. 그러니까 내용상으로는 그 앞의 '앎(epistēmē)'이 사실상 생략된 형태 곧 [epistēmē] heautou이겠는데, 그 온전한 형태는 바로 아래(165d~e)에서 언급되는 '제 자신에 대한 앎(heautou epistēmē)'이다. 이게 엉뚱한 비약을 해서, 166b 이후의 논의에서 autē heautēs(epistēmēs) 곧 '앎의 앎' 문제로 논의가 옮겨 가게 되어, 모두가 당황스런 논의에 말려든다.

56) 여기에서처럼 '집짓기의 앎인 집짓는 기술'에서 보듯, 전문적인 '앎(epistēmē)'과 '기술(tekhnē)'이 다 같이 '전문적 지식'의 뜻으로도 쓰인다.

165e 어쨌든 서로 같지 않습니다. 그러나 선생님께서는 이것들이 같은 것들인 것처럼 탐구를 하고 계십니다. 그러니까 제게 말씀해 주세요. 산술이나 측량술의 경우에, 집짓기 기술의 집이나 직조 기술의 두름겉옷 또는 그 밖의 것들로, 누군가가 제시해 보일 수 있겠는 많은 기술
166a 들의 이런 제작물들과 같은 이런 결과물[57]이 무엇인지를요. 그러니 이런 것들의 이와 같은 어떤 결과물을 선생님이신들 제게 제시해 보이실 수가 있습니까? 하지만 그러실 수 없습니다." 그가 말했네.

그래서 내가 말했네. "그대가 하는 말은 정말이오. 그러나 이건 내가 그대에게 지적해 보일 수 있소. 이들 앎들의 각각은 '무엇인가의 앎(어떤 것에 대한 앎: tinos epistēmē)'이고, 이는 앎 자체(autē hē epistēmē)와는 다른 것이오. 이를테면, 산술은 아마도 짝수와 홀수, 이것들이 그것들 자체로는 그리고 서로 간의 관계에서는 그 수가 얼마인지에 대한 것이라 나는 생각하는데, 그렇지 않소?"

"그야 물론입니다." 그가 말했네.

"그러니까 홀수와 짝수는 산술 자체와는 다르지 않소?"

"어찌 다르지 않겠습니까?"

b "그러면 다시 계량 기술은 무겁고 가벼움의 저울질이오. 그러나 무겁고 가벼움은 계량 기술 자체와는 다르오. 동의하오?"

"저야 그러죠."

"그러면 말하시오. 절제도 어떤 것의(어떤 것에 대한) 앎이고, 이는 절제 자체와는 다른 것인지?"

"이게 그겁니다, 소크라테스 님! 선생님께서는 탐구를 하시다가 절

57) 여기에서 말하고 있는 '제작물'이나 '결과물'은 어떤 '일'의 결과물을 가리키는 것으로 다같이 ergon(163b의 해당 각주 참조)의 번역어이다.

166b

제가 다른 모든 앎들과 다를 수 있게 하는 바로 그것에 이르셨습니다.
하지만 선생님께서는 다른 것들과의 그것의 어떤 유사성을 찾고 계십
니다. 그러나 그것은 그렇지가 않고, 다른 모든 앎들은 다른 것에 대
한 앎이지, 제 자체에 대한 것은 아니지만, 이것만은 다른 앎들에 대 c
한 앎이면서 제 자체에 대한 앎(epistēmē heautēs)이기도 합니다. 그
리고 선생님께서는 몸소 하시지 않는다고 방금 말씀하신 것을 하시고
계신데, 이를 의식 못하시고 계시는 건 전혀 아닙니다. 선생님께서는
논의 대상인 문제는 내버려 두시고, 저를 논박하려고 드시니까요." 그
가 말했네.
"무슨 생각을 하고서 그러는 것이오? 만약에 내가 그대를 최대한
논박하고 있다면, 그 논박은 다른 어떤 이유 때문도 아니고, 내가 알
지도 못하면서, 나도 모르는 사이에 스스로 뭔가를 알고 있다고 생각
하지나 않을까 두려워서, 내가 무슨 말을 하고 있는지 내 자신까지도 d
면밀히 검토하는 것, 바로 이것 때문이오. 그러니까 바로 지금도 나는
누구보다도 나 자신을 위해서, 어쩌면 다른 가까운 친구들을 위해서
도 이 일을, 곧 논의의 검토를 하고 있는 것이오. 혹시 그대는 사물들
각각이 어떤 상태로 있는지가 명백해지는 것이 거의 모든 사람에게
공통으로 좋은 것이라고 생각지 않소?" 내가 물었네.
"저로서야 물론 좋은 것이라 생각합니다, 소크라테스 선생님!" 그가
대답했네.
"그러면, 친구여, 염려 말고, 질문받은 걸 그대에게 여겨지는 그대로
대답하되, 논박당하는 사람이 크리티아스인지 소크라테스인지는 상관 e
치 마시오. 그러나 논의 자체에 유의하면서, 논박됨으로써 도대체 그
귀결이 어떻게 될 것인지를 살피시오." 내가 말했네.
"그야 그럴 것입니다. 선생님께서 적절한 말씀을 하시는 것으로 제

166e

게는 생각되니까요." 그가 말했네.

"그러면 말하시오. 절제에 대해서 그대가 주장하는 게 어떤 것인지?" 내가 물었네.

"그러니까 저는 주장합니다. 모든 앎들 중에서도 이것만이 그것 자체의 앎이며 다른 앎들의 앎이라고." 그가 말했네.

"그렇다면 그것은 모름의 앎이기도 하지 않소? 그게 앎의 앎일진대 말이오." 내가 물었네.

"그야 물론입니다." 그가 대답했네.

167a "따라서 절제 있는(마음이 건전한) 사람만이 스스로가 스스로를 알 것이며 자신이 무엇을 알고 무엇을 모르는지도 검토할 수 있을 것이고 또한 다른 사람들도 마찬가지로 누가 무엇을 알며, 그가 정말로 알고 있을 경우에, 그가 그리 생각하고 있는지도, 그리고 다시 또 무언가를 스스로는 안다고 생각하지만, 실은 알지 못하고 있는지도 살필 수 있을 것이나,[58] 다른 사람들 중에서는 누구도 그럴 수 없을 것이오. 그러니까 이것이 절제 있음이며 절제이고 제 자신을 앎이며, 아는 것들과 알지 못하는 것들을 아는 것이오. 그러니까 이것들이 그대가 말하는 것들이오?"

"제가 주장하는 것들입니다." 그가 대답했네.

"그러면 다시 구원자를 위한 세 번째 잔을![59] 마치 시작부터 하듯,

58) 소크라테스가 말한 '무지의 무지'를 연상케 하는 말이다.

59) 연회에서는 술을 마시기 전에 신들에게 신주(神酒: spondē)를 따르되, 첫 잔은 올림포스의 제우스와 그곳 신들에게, 둘째 잔은 영웅들에게, 그리고 셋째 잔은 구원자 제우스(主神 제우스: Zeus Sōtēr)에게 따른다. 헬라스인들의 속담인 '구원자에게 따르는 셋째 잔' 또는 '구원자를 위한 세 번째 차례(to triton tōi sōtēri)'는 '행운의 세 번째'나 '결정적 차례인 세 번째'를 뜻한다. 칸의 지적대로(25쪽에서 밝힌 책. 193쪽 각주), 첫째

167a

첫째로 이게, 곧 자신이 아는 것들과 자신이 알지 못하는 것들을 안다 b
는 것이, 곧 자신이 안다는 것[60]과 자신이 알지 못한다는 것을 아는 것이 가능한지 아니면 불가능한지 검토합시다. 그 다음으로 이게 의당 가능하다면, 이를 아는 우리에게 무슨 이로움이 있겠는지를 검토하고요." 내가 말했네.

"그야 고찰해야죠." 그가 말했네.

"자, 그러면 크리티아스, 살펴보시오. 이것들과 관련해서 그대가 어떤 점에서 나보다도 좀 더 수월해 보이기라도 하는지. 나는 속수무책이어서요. 어떤 점에서 내가 속수무책인지 그대에게 말하리까?" 내가 물었네.

"물론입니다." 그가 대답했네.

"그러니까 이 모든 것은 다른 게 아니라, 만약에 그대가 방금 말한 바로 그것이 하나의 어떤 앎이라면, 이는 다른 어떤 것의 앎이 아니
고, 그것 자체의 그리고 다른 앎들의 앎이며, 같은 이 앎이 특히 알지 c
못함의 앎이기도 한 것이오?" 내가 물었네.

"물론입니다."

"그러고 보니, 친구여, 우리가 얼마나 이상한 걸 말하려 하고 있는지 보시오. 다른 경우들에 있어서 이 똑같은 것을 그대가 고찰한다면, 내가 생각하듯, 그대에게도 이는 아마도 불가능한 걸로 생각될 것이기 때문이오."

"어떻게 그리고 바로 어떤 경우죠?"

것에 해당하는 것은 제 할 일들로서의 '좋은 것들의 행함'(163e)이 해당되는 것이겠고, 둘째 것엔 '제 자신을 아는 것'이 해당되겠다.

60) 167b2에서 텍스트 읽기를 〈hoti oide kai〉의 괄호를 풀고, 살려서 읽었다.

167c

"이런 경우들에 있어서요. 다른 봄들이 대상으로 삼는 그런 것들의 봄[61]이 아니고, 봄 자체의 그리고 다른 봄들의 봄이며 마찬가지로 못 봄의 봄인 그런 어떤 봄이 있는 걸로 그대에겐 여겨지는지 생각해 보
d 시오. 봄이되 그 어떤 빛깔도 보지 않으나, 스스로를 그리고 다른 봄들을 보는 것이오. 그런 어떤 것이 있는 걸로 그대에게는 생각되오?"

"제게는 단연코 없는 걸로 생각되네요."

"어떤 소리도 듣지 않으면서, 스스로를 그리고 다른 들음들 그리고 듣지 못함들은 듣는 그런 들음은 어떻소?"

"그것 또한 없겠네요."

"그러니까 요컨대 모든 감각들에 대해 생각해 보시오. 감각들의 감각이며 스스로에 대한 감각이지만, 다른 감각들이 지각하는 것들은 전혀 지각하지 않는 그런 감각이 있는 걸로 그대에겐 생각되는지?"

"저로서는 전혀."

e "하지만 그 어떤 즐거움의 욕구도 아니나, 욕구 자체의 그리고 다른 모든 욕구들의 어떤 욕구가 있는 걸로 그대에게는 생각되오?"

"분명히 없습니다."

"원함 또한, 내가 생각하듯, 아무런 좋은 것도 원하지 않고, 원함 자체 그리고 다른 원함들을 원하는 원함은 없을 것이오."

"실상 없으니까요."

"한데, 이런 어떤 사랑은 있다고 주장하겠소? 그 어떤 아름다운 것에 대한 사랑도 아니면서, 그것 자체 그리고 다른 사랑들에 대한 사랑인 것이 말이오."

---

61) 여기에서 '봄'으로 옮긴 것의 원어는 opsis(=seeing)이다. 경우에 따라 '시각'을 뜻하기도 한다.

167e

"저로서는 없다고 합니다."

"그대는 일찍이 이런 두려움을 알아차린 적이 있소? 두려움 자체를 그리고 다른 두려움들은 두려워하면서도, 실제로 두려운 것들 중의 어떤 것도 두려워하지 않는 경우 말이오." 168a

"그런 적이 없습니다." 그가 대답했네.

"의견(doxa)들에 대한 의견 그리고 그것 자체에 대한 의견, 그러나 다른 의견들이 의견을 갖게 되는 대상들에 대해서는 아무런 의견도 갖지 않는 그런 의견은?"

"결코 없죠."

"하지만 앎은, 그리 보이듯, 이런 어떤 것이, 곧 그 어떤 배움(학문: mathēma)의 앎(지식: epistēmē)도 아니나, 그것 자체의 그리고 다른 앎들의 앎인 것이 있다고 우리는 말하오?"[62]

"우리는 실상 그리 말하고 있습니다."

"그러니까 만약에 그런 것이 정말로 있기까지 하다면, 이상하지 않소? 하지만 그런 것이 없다고 우리가 단언하지는 말고, 그런 게 있는지 더 살피도록 하죠."

"옳은 말씀입니다." b

"자, 그럼. 이 앎은 어떤 것의 앎이며, 어떤 것에 대한 힘(dynamis)일 수 있는 그런 힘을 지니고 있소?"

"물론입니다."

"더 큰 것도 이런 어떤 힘을, 곧 어떤 것보다는 더 큰 것이게 하는 힘을 지니고 있다고 우리가 말하나요?"

---

62) 실질적인 배움과 관련된 앎과 그런 것이 아닌 '앎 자체'를 구별해서 말하고 있는 것이다.

168b

"실상 그런 힘을 지니고 있죠."

"그렇다면, 더 커질 수 있으려면, 더 작은 것에 비해서겠소."

"필연적입니다."

"그러니까 만약에 우리가 더 큰 어떤 것, 곧 더 큰 것들 그리고 그것
자체보다는 더 크지만, 또 다른 더 큰 것들 중의 그 어떤 것보다 더 크
c 지는 않은 것을 발견할 수 있으려면, 그것에는, 이것이 정녕 이것 자
체보다도 크려면, 이것이 이것 자체보다도 더 작기도 함이 아마도 전
적으로 가능할 것이오. 아니 그렇소?"

"다분히 필연적입니다, 소크라테스 님!" 그가 말했네.

"따라서 또한, 만약에 다른 두 배 되는 것들의 두 배이고 그것 자체의 두 배인 어떤 것이 있다면, 그것은 그것 자체의 반이고 다른 두 배인 것들의 반일 게 틀림없을 것이오. 반 이외의 다른 어떤 것의 두 배는 없겠기 때문이오."

"정말입니다."

"그것 자체보다도 더한 것은 덜하게도 되겠으며, 더 무거운 것은 더
가볍게도, 더 나이 든 것은 더 젊게도, 그리고 그 밖의 모든 것이 마찬
d 가지로 되겠으니, 자기 자체에 대해 자체의 힘을 지니고 있는 것은 무
엇이거나, 그것의 힘이 대하는 이런 성질 또한 갖지 않겠소? 내가 말
하는 것은 이런 것이오. 이를테면, 들음은 소리 이외의 다른 어떤 것
의 들음도 아닌 걸로 우리는 말하고 있소. 아니 그렇소?"

"그렇습니다."

"따라서 만약에 들음이 그것 자체를 정녕 들으려면, 소리를 갖고 있는 자기 자체를 듣게 될 것이오. 달리는 듣지 못할 것이기 때문이오."

"다분히 필연적입니다."

"더할 수 없이 훌륭한 이여, 봄 또한 이것이 이것 자체를 정녕 보려

168d

면, 이것은 어떤 빛깔을 가져야만 하는 게 아마도 필연적일 것이오.
봄이 빛깔 없는 것은 아무것도 결코 볼 수 없겠기 때문이오." e

"못 보고말고요."

"그러면, 크리티아스, 그대는 우리가 살펴본 그 모든 것이, 그 일부
는 전적으로 불가능한 것들로 우리에겐 보이지만, 일부는 자체들에
대해 자체들의 힘을 결코 충분히 지니지 못하고 있지 않는가 하고 의
심스러워하게 되는 것들이오. 크기들과 양들 그리고 이와 같은 것들
은 전적으로 그게 불가능하기 때문이오. 그렇지 않소?"

"물론입니다."

"다시 들음과 봄 그리고 더 나아가 운동도 자체가 자체를 운동케 하
며, 열도 열을 내게 하거니와, 다시 이와 같은 것들 모두가 어떤 사람
들에겐 불신을 초래하겠지만, 반면에 어떤 사람들에겐 아마도 그러
지 않을 것이오. 친구여, 그야말로 큰 인물이 요구되오. 누구든 이 문 169a
제를 모든 것과 관련해서 충분히 가려 줄 인물이 말이오. 사물들 중에
서 그 어떤 것도 그것 자체가 자체에 대해서 자체의 힘을 천성으로 지
니고 있지 못하고, 다른 것에 대해서만 그 힘을 지니고 있는지, 또는
일부는 그 힘을 지니고 있지만, 일부는 그렇지 못한지를 가려 줄 인물
말이오. 그리고 다시, 만약에 무엇들이건 그것들 자체가 그것들 자체
에 대해 그런 힘을 지니고 있는 것들이 있다면, 이것들 중에 앎이 포
함될 것이니, 바로 이것을 우리가 절제(건전한 마음 상태)라 말하오.
나로서는 이 문제들을 스스로가 능히 결정할 수 있다고 확신하지 못
하오. 이 때문에 앎의 앎이 있을 수 있겠는지에 대해 나는 장담할 수
없으며, 설령 그게 응당 가능하다고 할지라도, 이게 절제인 걸로 받아 b
들이지도 못하오. 이런 것인 어떤 것이 우리를 이롭게 할지 아니 할지
를 우리가 검토하기 전에는 말이오. 그야 물론 절제야말로 유익하고

169b

좋은 것이라 나는 예측하기 때문이오. 그러니, 칼라이스크로스의 자
제여, 그대는 절제를 이것이라, 곧 앎의 앎이며 더 나아가 알지 못함
의 앎이라 간주했기에, 첫째로 지금 내가 말한 것이 가능함을, 그 다
c 음으로 그 가능함에 더해 유익하기도 함을 증명해 보이시오. 그러면
절제와 관련해서 그것이 무엇인지를 그대가 옳게 말하는 것으로 나도
아마 만족시킬 것이오."

크리티아스도 이를 듣기도 하고 또한 당혹스러워하고 있는 나를 보
기도 하고선, 마치 하품하는 사람들을 마주 보게 된 사람들이 똑같은
이 사태를 겪듯, 그 또한 당혹스러워하는 나로 해서 당혹감(aporia)에
사로잡힌 걸로 내게는 여겨졌네. 그는 언제고 명성을 누려 온 터라,
함께 있던 사람들한테 부끄러움을 느끼고선, 내가 그에게 제의한 것
d 들을 결정할 수 없다는 데 내게 동의하려고도 하지 않으며, 당혹감을
감추면서, 아무런 명확한 것도 말하지 않았네. 그래서 우리의 논의가
진행될 수 있도록 하느라고 내가 말했네. "하지만, 크리티아스, 만약
에 그러는 게 좋다면, 이제 이에 대해서, 곧 '앎의 앎이 생길 수 있다'
는 데 동의하도록 해요. 그러나 그게 과연 그런지 아닌지는 다시 우리
가 검토할 것이오. 자, 그래서 이게 의당 가능하다 하더라도, 누군가
가 자신이 아는 것들과 알지 못하는 것들을 아는 것, 그 이상 무엇을
더 알 수 있겠소? 실은 이를 우리가 스스로를 알게 됨이고 절제 있음
(건전한 마음 상태임: sōphronein)이라 말했소. 아니 그렇소?"

"물론입니다. 결론도 아마 그렇게 날 것입니다, 소크라테스 님! 만
e 약에 누군가가 그것 자체가 그것 자체를 알게 되는 앎[63]을 지니고 있
다면, 그는 그 앎을 지니고 있는 바로 그런 부류의 사람일 것이기 때

63) 곧 '앎의 앎'을 가리킨다.

169e

문입니다. 마치 누군가가 속도를 지니고 있으면, 빠르고, 아름다움을 지니고 있으면, 아름다우며, 앎을 지니고 있으면, 알듯, 이번에는 누군가가 앎의 앎 자체를 지니고 있을 때, 그때에는 아마도 자신이 스스로를 알고 있게 될 것입니다." 그가 말했네.

"내가 반론을 하고 있는 것은, 누군가가 그것 자체를 알고 있는 상태에 있는 것을 지니고 있을 때는, 이 사람이 스스로를 알게 될 것이라는 게 아니고, 이를 지니고 있는 사람이 자신이 아는 것들 그리고 자신이 알지 못하는 것들을 아는 게 필연적인 것인가 하는 것이오." 내가 말했네.

"소크라테스 님, 이는 그것[64]과 같은 것이니까요." 170a

"어쩌면. 그러나 나는 늘 같은 상태인 것 같소. 그게 누군가가 아는 것들을 안다는 것 그리고 모르는 것들을 안다는 것과 어떻게 같다는 것인지를 나는 역시 이해하지 못하겠기 때문이오." 내가 말했네.

"어떻게 하시는 말씀이신지?" 그가 물었네.

"이런 것이오. 가령 앎의 앎이 있다면, 이는 이것들 중에서 한쪽 것은 앎이지만, 다른 쪽 것은 앎이 아니라는 것을 구별할 수 있게 하는 것 이상이겠소?"[65] 내가 말했네.

"아닙니다. 그 정도의 것입니다."

"그러면 건강함의 앎과 그것의 모름이, 그리고 올바름의 앎과 이것의 모름이 같은 것이오?" b

---

64) '이는'은 바로 앞에서 말한 '자신이 아는 것들을 알며 자신이 알지 못하는 것들을 아는 것'을 가리키고, '그것'은 그 앞(b~e)에서 말하고 있는 '앎의 앎'을 각기 가리키고 있다.

65) 곧 '앎의 앎(epistēmē tēs epistēmēs)'에서 앞의 앎은 앎이지만, 뒤의 앎은 앞의 앎의 대상일 뿐이다.

170b

"결코 아닙니다."

"하지만 그 하나는 의술(iatrikē)이고, 다른 하나는 치술(治術: politikē)이며, 또 다른 하나[66]는 앎 이외의 다른 어떤 것도 아니오."

"실상 어찌 아니겠습니까?"

"그러니까 만약에 누군가가 건강함과 올바름은 추가로 알지 못하고, 앎만을 안다면, 그는 이것에 대한 앎만을 지니고 있기에, 자신과 관련해서도 다른 사람들과 관련해서도 뭔가를 알고 있다는 것과 일종의 앎을 지니고 있다는 것 정도는 아마 알 것이오. 안 그렇겠소?"

"그렇습니다."

"그러나 자기가 알고 있다는 걸, 이 앎에 의해서 어떻게 알게 되겠
c 소? 왜냐하면 건강함을 알게 되는 것은 의술에 의해서지 절제에 의해서가 아니기 때문이고, 화성도 음악에 의해서지 절제에 의해서가 아니며, 건축에 숙달함도 건축술에 의해서지 절제에 의해서가 아니기 때문이고, 모든 게 이러하기 때문이오. 그렇지 않소?"

"그런 것 같습니다."

"하지만 절제가 앎들의 앎일 뿐이라면, 그가 건강함을 알게 되거나 또는 건축에 숙달함을 알게 되는 걸 어떻게 그가 절제에 의해서 알게 되겠소?"

"결코 그러지 못합니다."

"그러니까 이를 모르는 자는 자기가 무엇을 아는지는 모를 것이나, 자기가 알고 있다는 것만 알 것이오."

"그런 것 같습니다."

d "따라서 절제 있음도 절제도 이것, 곧 무엇들을 자기가 알고 무엇들

66) 이 또한 '앎의 앎'을 가리킨다.

170d

은 알지 못하는지를 아는 것이 아니라, 자기가 안다는 것과 자기가 모른다는 것만을 알 뿐인 것 같소."

"그럴 것 같습니다."

"그렇다면 이 사람은 뭔가를 알고 있다고 주장하는 다른 사람을 가려낼 수도 없을 것이오. 그가 알고 있는 것으로 말하는 걸 실제로 알고 있는지 또는 알지 못하고 있는지 말이오. 그는 다만 이 정도만 알 것으로 보이오. 그가 어떤 앎은 지니고 있지만, 그게 정작 무엇에 대한 앎인지는 절제가 그로 하여금 알도록 만들지는 않을 정도로 말이오."

"그 이상은 아닐 것으로 보이는군요."

"따라서 그는 의사가 아니면서, 의사인 체하는 사람과 진짜로 의 e
사인 사람을 판별할 수도 없을 것이며, 다른 전문가들의 경우에도 누
가 전문가이고 누가 아닌지도 판별할 수 없을 것이오. 하니 이렇게 고
찰합시다. 만약에 절제 있는 사람이나 누구든 다른 사람이 진짜로 의
사인 사람과 의사가 아닌 사람을 판별하려고 한다면, 이런 식으로 하
지 않겠소? 그는 이 사람과 의술과 관련해서는 대화를 하지 않을 것
이오. 우리가 말했듯, 의사는 건강함과 질병 상태를 제외한 어떤 것에
있어서도 제대로 알지 못하기 때문이오. 안 그렇소?"

"예, 그렇습니다."

"하지만 앎과 관련해서는 그는 아무것도 모르오. 이를 우리가 절제에만 부여했기 때문이오."

"예."

"그러니 의술에 능한 사람이 의술 [자체]에 대해서는 알지 못하오.
의술 [자체]는 앎이기 때문이오." 171a

"정말입니다."

171a

“그러니까 의사가 어떤 앎을 지니고 있다는 사실은 절제 있는 사람이 알 것이오. 그러나 그게 무슨 앎인지를 파악하려고 시도할 필요가 있다면, 그게 무엇들의 앎인지를 고찰하게 되는 것 이외의 다른 게 있겠소? 각각의 앎은 그게 ‘앎이다’라는 것만으로는 규정되지 않고, ‘무슨 앎인가’ 곧 ‘무엇들의 앎인가’에 의해서 규정되지 않소?”

“실상 그것에 의해서 규정됩니다.”

“바로 의술 또한 다른 앎들과 구별되는 것은 건강함과 질병 상태의 앎임으로 해서요.”

“예.”

“따라서 의술을 고찰하고자 하는 사람은 그것이 종사하는 것들에서
b 하는 게 필수적이오. 그것이 종사하지 않는 외곽에서 할 것은 어쨌든 아닐 게 명백하기 때문이 아니겠소?”

“그건 명백히 아닙니다.”

“그러니까 옳게 고찰을 하는 사람은 건강한 경우들과 질병 상태의 경우들에 있어서 의사를, 의사다운 관점에서, 검토할 것이오.”

“그럴 것 같습니다.”

“그러면 이처럼 말하고 행하는 것들에 있어서 말하는 것들이 진실을 말하는 것인지, 행하는 것들이 옳게 행하여지는지 살피면서 말이오?”

“그야 필연적입니다.”

“그러면 정말로 의술 없이도 누군가가 이들 언행 중의 어느 것인들 따라잡을 수 있겠소?”

“못할 것이 분명합니다.”

c “의사를 제외하면, 다른 누구도 그럴 것 같지 않소. 물론 절제 있는 사람도 그러지 못할 것이오. 그로서는 절제에 더해 의사여야 할 테

171c

니까."

"그건 그렇습니다."

"따라서 무엇보다도, 절제가 앎과 알지 못함의 앎일 뿐이라면, 그것은 의술에 속하는 것들을 아는 자일 의사와 그런 것들은 모르면서도 아는 체하거나 안다고 생각하는 자를 판별할 수 없으며, 그 밖의 그 어떤 전문적인 앎을 가진 자도 판별할 수 없소. 적어도 자신과 같은 전문 분야의 기술인을 제외하고서는 말이오. 마치 다른 분야의 장인들처럼 말이오."

"그리 보이네요." 그가 말했네.

그래서 내가 말했네. "그러면, 크리티아스, 이와 같은 것인 절제로 d
해서 무슨 이로움이 우리에게 아직도 있겠소? 우리가 처음에 가정했
던[67] 바로서, 절제 있는 자는 자기가 아는 것들과 자기가 모르는 것들
을 알았기에, 한쪽은 알지만, 다른 쪽은 모른다는 것을 알고 있다면,
그리고 똑같은 처지에 있는 다른 사람을 고찰할 수 있게 되었다면, 우
리로선 절제 있다는 것이 엄청나게 이로운 것이었다고 말하겠소. 왜
냐하면 절제를 갖춘 우리 자신들도 그리고 우리의 다스림을 받는 모
든 사람도 실수 없이 삶을 살 것이기 때문이오. 우리 자신들이 알지 e
못하는 것들은 스스로 행하려 들지 않고, 아는 자들을 찾아내서, 이들
에게 넘겨주겠으며, 또한 우리가 다스리는 다른 사람들에게도, 이들
이 행할 경우에 옳게 행하게 될 것들 이외에, 다른 것을 맡기지도 않
을 것이오. 이건 그들이 그것에 대한 앎을 가졌던 것일 것이오. 또한
바로 이처럼 절제에 의해 경영되는 가정도 훌륭하게 경영될 것이며,
나라 또한 그리 다스려지고, 그 밖의 모든 것도 절제가 지배하는 것들

67) 166e~167a 참조.

171e

172a 은 그럴 것이오. 실수는 제거되고 정확성이 인도하면, 그런 처지에 있는 사람들은 모든 행위에 있어서 훌륭하디훌륭하게 행할 게 필연적이지만, 훌륭하게 행하는 자들은 행복할 게 또한 필연적일 것이기 때문이오." 그리고선 내가 물었네. "크리티아스, 누군가가 아는 것과 알지 못하는 것을 아는 것이 얼마나 좋은 것인지를 말하면서, 절제(건전한 마음 상태)와 관련해서 우리가 이렇게 말하지 않았소?"

"물론, 그렇게 말했죠." 그가 대답했네.

"그러나 실상 그런 앎은 어디에서도 모습을 드러내지 않았음을 그대가 확인했소." 내가 말했네.

"확인했습니다." 그가 말했네.

b "그러면 절제 곧 '앎과 모름을 아는 것'으로 이제 우리가 깨닫게 된 것인 것이 지닌 좋은 점은 이것이오? 이 앎을 갖게 된 자는, 다른 무엇을 배우든, 더 쉽게 배우게 되며 모든 것이 더 분명하게 드러나 보이는데, 이는 무엇을 배우게 되건, 그 각각에 더해 그 앎을 추가해서 알아보기 때문이오? 또한 자신도 배우는 것과 관련해서 물론 남들을 더 잘 검토하게 되겠지만, 이것 없이 검토하는 자들은 더 허약하고 신통찮게 이를 하게 되겠소? 이보시오, 이런 것들이 절제로 해서 혜택

c 을 입을 것들이겠지만, 우리는 이게 실제인 것보다도 더 큰 어떤 것인 걸로 바라보고선, 더 큰 어떤 것인 걸로서 찾고 있는 것이오?" 내가 물었네.

"아마도 그렇겠습니다." 그가 말했네.

"아마도. 하지만 아마도 우리는 전혀 쓸데없는 것을 찾고 있었던 것이오. 만약에 절제가 이런 것이라면, 이것과 관련해서 이상한 것들이 내게는 명백해지고 있다고 나는 판단하고 있소. 그러니까, 원한다면, 봅시다. 앎을 알게 됨이 가능하다고 동의하고서, 처음에 우리가 아는

172c

것과 모르는 것을 아는 것이 절제라고 가정했던 걸 철회하지 말고, 인
정합시다. 그리고 이것들 모두를 인정하고서, 그게 그런 것이면서 그 d
러니까 어떤 점에서 우리도 이롭게 할 것인지 더 잘 고찰토록 합시다. 절제가 만약에 그런 것이어서, 가정과 나라의 경영을 이끈다면, 얼마나 크게 좋은 것일까 하고 방금 우리가 말했던 것들은, 크리티아스, 우리가 동의한 것이 훌륭하게 한 게 아니라고 내게는 생각되오." 내가 말했네.

"어째서죠?" 그가 물었네.

"그건 만약에 우리 각자가 자신이 아는 것들은 하지만, 모르는 것들은 아는 자들인 남들에게 넘긴다면, 크게 좋은 것이라고 우리가 쉽게 동의했기 때문이오." 내가 말했네.

"그러니까 훌륭하게 우리가 동의한 게 아닌가요?" 그가 물었네. e

"내게는 그리 생각되지 않소." 내가 대답했네.

"참으로 이상한 말씀을 하십니다, 소크라테스 님!" 그가 말했네.

"맹세코,[68] 실은 내게도 그리 생각되오. 이 대목에서도 방금 이상한

---

68) 여기에서 '맹세코'로 옮긴 것의 원문은 'nē ton kyna'인데, 이를 직역하면, '개에 맹세코'로 된다. 이 개는 이집트의 Anubis 신을 가리키는데, 이 신이 개의 머리, 즉 자칼(jackal)의 모습을 하고 있기 때문이다. 플라톤의 《고르기아스》 편 482b에 이 개가 무엇을 가리키는지를 분명히 밝히고 있다. 거기에는 '이집트의 신인 개에게 맹세코(ma ton kyna ton Aigyptiōn theon)'로 되어 있다. 이 신은 헬라스 신화의 Hermēs에 해당되는 신으로서, 죽은 사람의 영혼을 저승으로 안내한다. 때로 Hermanubis라 한 것도 그 때문이다. 한데, '개에 맹세코'라는 소크라테스의 이 맹세는 《소크라테스의 변론》 편 22a 및 《국가(정체)》 편 399e 및 592a에도 보인다. 헬라스인들이 가장 흔하게 하는 맹세는 대개 '제우스에 맹세코(ma ton Dia, ma Dia, nē Dia, nē ton Dia)'이지만, 헤라 여신(nē tēn Hēran)이나 그 밖의 올림포스의 다른 신들을 걸고 맹세를 하는 일도 흔

172e

점들이 내게 드러나는 걸 보게 되어, 우리가 옳지 못하게 고찰하고 있는 게 아닐까 두렵다는 걸 말했던 것이오. 설령 절제가 그런 것이라 할지라도, 정말이지 그게 우리를 이롭게 할 것이라고는 전혀 명백한
173a 것으로 내겐 생각되지가 않기 때문이오." 내가 말했네.

"어째서죠? 선생님께서 말씀하시는 바를 저희도 알 수 있도록 말씀해 주세요." 그가 말했네.

"내가 허튼소리를 하고 있는 걸로 생각하오. 그렇더라도 어쨌든 그리 보이는 것은 고찰해야지, 함부로 지나쳐 버려서는 아니 되오. 누군가가 적어도 스스로를 조금이라도 보살피는 자라면 말이오." 내가 말했네.

"실인즉 훌륭한 말씀을 하십니다." 그가 말했네.

"그럼 내 꿈 이야길 들으시오. 그게 뿔을 통해서 들어온 것인지 또는 상아를 통해서 들어온 것인지를.[69] 만약에 절제(마음이 건전한 상

하다. 그러나 때로는 엄숙함을 피해서 거위(khēn) 따위의 동물이나 버즘나무(platanos), 심지어는 양배추(krambē)와 같은 채소를 걸고 하는 경우도 있었는데, 이런 종류의 맹세는 '라다만티스식 맹세(Rhadamanthyos horkos)'로 불리었다. 라다만티스(Rhadamanthys)는 크레테의 신화적 인물로 사후에 저승에서 사자(死者)들을 심판하는 심판관들 중의 하나로 되었다고 하는데, 전하는 바에 따르면, "그 누구든 신들을 걸고 맹세하는 것을 허용하지 말되, 거위나 개, 양 등과 같은 것들을 걸고 맹세하도록 그가 법령으로 지시했다"고 한다. E. R. Dodds, *Plato: Gorgias*, (Oxford, 1959)의 262~3쪽 참조.

69) 호메로스의 《오디세이아》 19권 562~567(아래에 우리말로 옮긴 부분)에 나오는 꿈 이야기에 빗댄 언급이다. 이는 거지꼴의 나그네로 제 궁전에 나타나 머물고 있던 오디세우스에게 페넬로페가 제 꿈 이야기를 들려주고 해몽을 부탁하는 장면(535~569) 중의 일부이다. "덧없는 꿈들의 문들은 둘이 있죠./한쪽 문짝들은 뿔로,/다른 쪽 것들은 상아로 만들어졌으니까요./그것들 중에서 톱질한 상아를 통해 들어오는 것들은/낙담

173a

태)가, 우리가 지금 정의하고 있는 그런 것으로서, 우리를 확실히 지
배한다면, 다른 것들 모두가 앎들에 따라 행하여질 것이오. 또한 조타 b
수가 아니면서 그렇다고 주장하는 누군가가 우리를 속이지도 못할 것
이며, 의사도 장군도 그 밖의 누구도 자기가 알지 못하는 무언가를 아
는 체하고서도 눈치 채이지 않을 수는 없을 것이오. 이것들이 바로 이
러하기에, 우리에게 있어서 이렇게밖에 달리 될 수 있겠소? 몸들은
지금보다 더 건강해지고, 바다에서나 전쟁에서 위험에 처한 자들은
구제되고, 또한 도구들과 의복 그리고 일체의 신발들과 우리를 위해 c
기술적으로 만들어진 물건들과 진짜 장인들을 이용함으로써 만들어
진 그 밖의 모든 것들이 있게 되는 것이 말이오? 만약에 그대가 원한
다면, 예언술도 장차 있게 될 것의 앎인 걸로 인정합시다. 또한 이를
관할하는 절제가 인 체하는 가짜들을 물리치되, 참된 예언자들을 우리
를 위해 미래의 일들을 예측하는 자들로 삼도록 동의합시다. 그래서
이처럼 인류가 준비를 하게 된다면, 앎을 갖추고서 행하고 살 것이라
나는 이해하오. 왜냐하면 절제가 지키고 있어서, 알지 못함이 살며시 d
들어와서 우리의 공범자가 되는 걸 허용하지 않을 것이기 때문이오.
그러나 앎을 갖추고서 행하게 되면, 우리가 훌륭하게 행하고 행복할
것인지, 하지만 아직은 이를 우리가 터득할 수가 없소, 크리티아스!"
내가 말했네.

"하지만 사실은, 만약에 앎을 갖추고서 행하는 걸 선생님께서 무시하신다면, 훌륭하게 행함의 다른 어떤 목적을 쉽게 찾지 못하실 겁니다." 그가 말했네.

케 하는데, 이루어지지도 않는 걸 전해서예요./하지만 광이 나는 뿔의 문으로 들어오는 것들은 진실을 이루어 주고요."

173d

"그러니까 사소한 것을 덧붙여 내게 가르쳐 주구려. 앎을 갖추고서 라고 말하는데, 무엇에 대한 것이오? 혹시 신발의 가죽 재단에 대한 것이오?" 내가 물었네.

e "맹세코, 저로서는 단연코 아닙니다."

"하면 청동을 다루는 작업이오?"

"전혀 아닙니다."

"하지만 모나 목재 또는 그런 류의 다른 어떤 걸 다루는 작업인지?"

"물론 아닙니다."

"그렇다면 우리는 앎을 갖추고서 사는 자는 행복하다는 주장을 아
직도 지키고 있는 게 아니오. 왜냐하면 이들이 앎을 갖추고서 살고
는 있지만, 이들이 그대한테서는 행복한 사람들이라는 동의를 얻지
못하고 있기 때문인데, 그대는 어떤 [특별한] 것들과 관련해서 앎을
갖추고서 살고 있는 자를 행복한 사람으로 규정하고 있는 것으로 내
게는 생각되오. 그리고 아마도 그대는 내가 방금 말한 사람을, 곧 장
차 일어날 일들 모두를 아는 사람 곧 예언자를 말하고 있는 것 같
174a 소. 이 사람 아니면 다른 어떤 사람을 그대는 말하고 있소?" 내가 물
었네.

"저로서는 이 사람과 또 다른 사람을 말하고 있습니다." 그가 대답했네.

"누구를? 만약에 누군가가 앞으로 일어날 일들에 더해 이미 일어난 모든 일들 그리고 지금 있는 것들을 알고 또한 아무 것이든 모르는 게 없다면, 그런 사람 아니겠소? 이런 어떤 사람이 있다고 가정합시다. 이 사람보다도 더 앎을 갖춘 사람으로서 아직 살고 있는 사람은 어쨌든 아무도 없다고 그대가 말할 것이라고 나는 생각하고 있으니까." 내가 말했네.

174a

“확실히 없습니다.”

“바로 이것도 추가로 알고 싶소. 앎들 중에서도 무엇(무슨 앎)이 그를 행복하게 만드오? 모든 앎들은 마찬가진가요?”

“결코 마찬가지가 아닙니다.” 그가 대답했네.

“그러면 특히 무슨 앎이 그러오? 그 앎에 의해서 현재와 과거 그리 b
고 미래의 무엇을 그가 아오? 그것에 의해서 그가 장기놀이라도 아는 건지?[70]”

“무슨 장기놀이를?” 그가 반문했네.

“그럼, 그것에 의해서 셈을?”

“결단코 아닙니다.”

“하면, 그것에 의해서 건강함을?”

“그게 더 낫네요.” 그가 말했네.

“그러나 내가 특히 묻는 그 앎은 ‘그것에 의해서 그가 무엇을 아는가?’ 하는 것이오.” 내가 말했네.

“그것에 의해서 좋음과 나쁨을 압니다.” 그가 대답했네.

“원, 고약한 사람 같으니라고! 방금 그대는 나를 빙빙 돌리며 끌고

---

70) 원문은 “ἆρά γε ᾗ τὸ πεττευτικόν ;”이다. 이를 이렇게 우리말로 옮겼다. 이 경우의 ἆρά는 굳이 상대방의 응답을 요구하고 있는 것이 아니라, 혼잣말처럼 하는 경우의 것으로 역자는 읽었고, γε는 “…라도”로 옮겼다. 이른바 ‘서양장기(checkers, draughts)’로 불리는 것의 헬라스어는 petteia(pesseia)이다. 이를 이용하는 놀이가 petteutikon이겠다. 이 놀이판에서 쓰이는 말들을 psēphoi(단수는 psēphos)라 했던 걸로 미루어, 아마도 마노(瑪瑙)나 고운 색깔의 조약돌이었던 것 같다. 이 장기판은 여러 영역으로 나뉘고, 그 각각은 ‘나라(polis)’로 불리었으며, 이를 기반으로 영토 빼앗기의 싸움판이 벌어졌던 것 같다. 이 놀이에 대한 언급들로는 《국가(정체)》에서만 해도 세 곳(333b, 422e, 487b)이나 되며, 《정치가》 편 292e 및 《고르기아스》 편 450d에도 보인다.

174b

다닌 것이오. 앎을 갖추고서 사는 것이 훌륭하게(잘) 행하(살)고[71] 행
c 복하도록(eudaimonein) 만들지는 않으며, 이는 다른 일체의 앎들의 소관도 아니고, 다만 좋음과 나쁨에 관한 이 하나만인 앎의 소관이라는 사실은 숨기고서 말이오. 크리티아스여, 만약에 그대가 이 앎을 다른 앎들에서 제외한다면, 의술은 뭔가를 조금이라도 덜 건강하게 만들 것이며, 제화 기술도, 직조 기술도 제대로 된 수준에 조금이라 덜 미치는 것으로 생산물을 만들 것이고, 조타 기술도 바다에서 사망하는 걸 그리고 장군의 전술도 전쟁에서 사망하는 걸 조금이라도 덜 막겠죠?"

"적지 않게 그러겠죠." 그가 말했게.

"하지만, 친애하는 크리티아스여, 만약에 이 앎이 없다면, 이것들 각각이 잘(훌륭하게) 그리고 유익하게 되는 일이 우리에게는 없게 될
d 것이오."

"진실을 말씀하십니다."

"어쨌든 이 앎은 절제인 것 같지는 않고, 그 기능이 우리를 이롭게 하는 것이오. 왜냐하면 그것은 앎들과 알지 못함들의 앎이 아니라, 좋음과 나쁨의 앎이기 때문이오. 그래서 만약에 이것이 유익하다면, 절제는 우리에게 다른 어떤 것일 것이오."

"하지만 절제가 왜 이롭지 않습니까? 만약에 절제가 무엇보다도 앎
e 들의 앎이며, 다른 앎들을 주재한다면, 좋음에 관한 이 앎도 물론 관

---

71) 이의 원어 [to] eu prattein에서 eu는 '잘' 또는 '훌륭하게'를 뜻하고, prattein은 '행함', '지냄', '처신함', '처리' 등을 뜻한다. 따라서 eu prattein은 '잘 지냄', '훌륭하게 행함', '훌륭하게 처신함', 더 나가서는 '잘(훌륭하게) 삶' 등을 뜻한다. 우리말로 '잘살다'로 말하는 걸 '잘 살다'로 떼어서 읽으면, 그 뜻이 좀 더 잘 전달되겠다. 이 역주서에 함께 수록된 〈서한 7〉 등에서 보듯, 플라톤은 서한에서 문안 인사에 이 표현을 썼고, 이는 아카데미아에서의 공식적인 표현이었다고 한다.

174e

장하며 우리를 이롭게 할 것입니다." 그가 말했네.

"설령 그게 건강하게 만든다고 할지라도, 의술은 그러지 않소? 또한 다른 기술들의 다른 일들도 그것이 하고, 다른 기술들은 그 각각이 제 일을 못하오? 우리는 바로 전에 그것은 앎의 앎이며 알지 못함의 앎일 뿐이고, 다른 어떤 것의 앎도 아니라고 단언하지 않았소, 안 그랬소?" 그가 말했네.

"어쨌든 그랬던 것 같습니다."

"그러니까 그게 건강의 장인 노릇을 하는 것은 아니겠구먼?"

"물론 아닙니다."

"건강은 다른 기술에 속하기 때문이오. 안 그렇소?" 175a

"다른 기술에 속합니다."

"그러면 그것은 유익함의 장인 노릇을 하는 것도 아닐 것이오, 친구여! 우리가 이 일도 방금 다른 기술에 다시 부여했기 때문이오. 그렇지 않소?"

"물론입니다."

"그렇다면 절제가 그 어떤 유익함의 장인 노릇을 하는 것도 아닐진대, 그것이 어떻게 유익하겠소?"

"결코 어떻게도 유익하지 않을 것 같네요, 소크라테스 님!"

"그러니까, 크리티아스, 그대는 내가 앞서부터 두려워한 것이 그럴 만했었고, 절제에 대해서 내가 아무런 쓸모 있는 고찰도 하지 못하고 있다고 자책하고 있었던 것을 아시오? 만약에 내가 훌륭하게 고찰을 하는 데 뭔가 도움이 되었던들, 어쨌든 뭣보다도 가장 훌륭한 것이라고 합의를 보고 있던 이것이 우리에게 아마도 아무런 이로움도 없는 b
것으로 보이게 되지는 않았을 것이기 때문이오. 그러나 지금 우리는 실상 모든 면에서 좌절당한 상태에 있거니와, 도대체 입법자가 사물

175b

들 중에서 무엇에다 '절제(마음이 건전한 상태)'라는 이 이름을 정해
주었는지[72] 우리는 알아낼 수가 없소. 하지만 우리는 우리의 논의에서
추론될 수 없는 많은 것들에 어쨌든 동의를 했소. 왜냐하면 우리는 앎
의 앎이 있다고도 동의했기 때문이오. 논의가 허용하지도 않고 주장
이 성립하지도 않았는데도 말이오. 그리고 또 이 앎이 다른 앎들의 일
c 들도 아는 것으로 동의했었소. 논의가 이를 허용하지 않았는데도, 절
제 있는 자가 자기가 아는 것들을 알고 모르는 것들은 모르는 걸로 되
게 하느라고 말이오. 그러니까 이를 우리는 아주 당당하게 동의했는
데, 누군가가 도무지 모르는 것들, 이것들은 어떤 식으로고 아는 것이
불가능함을 살피지도 못하고서였소. 우리의 그 동의는 알지 못하는
걸 안다고 말하는 것이기 때문이오. 하지만, 내가 생각하듯, 이보다도
더 불합리해 보이는 것은 없을 것 같소. 그런데도 순순하고 경직되지
d 않은 우리의 탐구가 진실을 더 찾아낼 수 있도록 해 주는 것이라곤 아
무것도 없었소. 오히려 그것은 그만큼 진실을 비웃었으니, 따라서 우
리가 앞서 동의하며 꾸며 엮어서 절제라고 채택했던 것, 이것은 우리
에게 아주 막되게 무용한 것으로 판명되었소. 그래도 나로서야 덜 속
상하오. 그렇지만, 카르미데스여, 자네를 위해서는 아주 속상하네. 자
e 네가 그런 외모인데다 그 혼도 더할 수 없이 절제 있는 터에, 이 절제
로 해서는 아무런 이로움도 얻지 못한다면, 또한 이걸 간직하고 있는
데도, 그것이 자네의 인생에서 아무것도 자넬 이롭도록 해 주지 않는
다면 말일세. 그러나 한결 더 속상하는 것은 내가 그 트라케인에게서
배운 주문 때문일세. 내가 큰 열의를 갖고 배운 그것이 아무런 가치도

72) 대화편《크라틸로스》(388e~389d)에서 사물들에 대한 합당한 작명가(onomatourgos)로 입법자(nomothethēs)를 들고 있는데, 그 이유는 입법자가 그 이름인 것 그것 자체를 바라보며 이름을 짓기 때문이라고 한다.

175e

없다면 말일세. 그야 어쨌든 이게 결코 이런 것이라고는 생각지 않고,
내가 신통찮은 탐구자인 걸로 생각하네. 어쨌거나 절제는 크게 좋은
것이기에, 자네가 정녕 이를 지니고 있다면, 자네는 축복받은 걸세.
하지만 보게나. 그걸 자네가 정작 지니고 있어서 주문이 전혀 필요 없 176a
는지 말일세. 실은 자네가 그걸 지니고 있다면, 나로서 자네에게 조언
하고 싶은 것은 나를 공연한 짓을 하며 논의를 통해 뭔가를 탐구할 수
도 없는 사람으로 보되, 자네가 더 절제가 있을수록, 그만큼 더 행복
한 것으로 생각하라는 것일세."

그리고 카르미데스가 말했네. "하지만, 맹세코, 소크라테스 선생님!
저로서는 제가 그걸 지니고 있는지도 지니고 있지 않는지도 모릅니
다. 사실, 선생님께서 말씀하시듯, 두 분께서조차도 그게 도대체 무엇
인지 알아내실 수 없으신 것을 제가 어떻게 알겠습니까? 그렇지만 저 b
는 선생님 말씀을 도저히 믿지 못하겠습니다, 소크라테스 선생님! 저
는 그 주문이 절실히 필요한 걸로 생각하며, 제 처지로는 허구한 날
선생님에 의해 주문에 걸리는 걸 막을 일이 없습니다. 선생님께서 충
분한 걸로 말씀하실 때까지는 말입니다."

"됐어. 하지만, 카르미데스, 만약에 네가 이를 한다면, 이건 네가 절제 있다는 증거가 적어도 내게는 될 것이야. 만약에 소크라테스 님께 주문을 외도록 맡기고서, 대소 간에 이에 부족함이 없도록 한다면 말이야." 크리티아스가 말했네.

"따를 사람으로서의 그리고 그것에 부족함이 없을 사람으로서의 증
거죠. 만약 제가 보호자이신 형께 복종하지도 않고 지시하시는 바를 하
지 않는다면, 제가 끔찍한 짓을 하는 게 될 테니까요." 그가 말했네. c

"그렇고말고. 내가 지시하지."

"그러면 제가 할 것입니다. 바로 오늘부터 시작해서."

"이 사람들 둘이서 무슨 일을 하려고 궁리를 하고 있는 건지?"

"아무것도 아닙니다. 하지만 저희는 이미 끝냈는데요." 카르미데스가 말했네.

"그러니까 무슨 억지를 부리려고. 그래 송사 내용 확인[73]도 내게 허락지 않을 것인지?" 내가 물었네.

"강제당해섭니다. 이 형님이 명령을 해서예요. 이에 대해서 이번에는 선생님께서 무엇을 하실지 궁리를 하세요." 그가 말했네.

d "하지만 아무 궁리도 남은 게 없네. 자네가 뭐든 하려고 꾀하고 억지를 부린들, 그 누구도 거스르려 할 수가 없을 테니까." 내가 말했네.

"그러면 선생님께서도 맞서지 마세요." 그가 말했네.

"이젠 맞서지 않을 걸세." 내가 말했네.

---

73) anakrisis를 이렇게 번역해 보았다. 솔론이 아르콘(Arkhōn)이었을 때(594/3)만 해도 그 권력이 막강했으나, 487년 이후 아테네는 매년 추첨에 의해서 먼저 3명의 아르콘들(arkhontes), 곧 arkhōn basileus(종교적인 제례 및 살인 사건 재판의 주재가 그 중요 임무임)와 polemarkhos 그리고 arkhōn epōnymos(그의 이름을 따 '아무개의 해'로 됨)이 선출되고, 이들 아래의 하위직인 6명의 '테스모테테스들(thesmothetai)'이 또한 선출되었는데, 이들의 임무는 여러 유형의 재판을 주재하는 것이었다. 이 '테스모테테스'가 개인들 간의 송사에서 소송 당사자들을 정식 재판에 들어가기에 앞서 함께 불러서, 원고와 피고 간에 소송과 관련된 사실들의 내용을 서로가 정확히 알게 하고 확인하는 절차를 밟는 걸 '아나크리시스'라 한 것이다. 말하자면 일종의 '예비 심문' 비슷한 것이겠다.

《크리티아스》 편
(또는 '아틀란티스 이야기')

《크리티아스》 편(*Kritias*) 해제

《국가(政體)》 편은 소크라테스가 전날 아테네의 외항(外港) 피레우스에서 가졌던 기나긴 대화의 내용을 누군가에게 들려주는 형식으로 되어 있다. 그런데 이 대화편에서 언급된 내용의 일부(주로 제2권 369～제5권 471의 내용) 요지를 소크라테스가 다시 상기시키는 형식으로 《티마이오스》 편이 시작되고 있을뿐더러 이를 바로 전날 소크라테스가 들려주었던 것으로 말하고 있다. 그래서 《티마이오스》 편은 자칫 《국가》 편에 바로 이어지는 대화편이고, 《국가》 편에서 익명 상태로 소크라테스의 이야기를 듣는 것으로 되어 있던 그 '누군가'는 바로 《티마이오스》 편에 등장하는 소크라테스의 대화 상대자들인 걸로 받아들이기 쉽다.

그러나 이들 두 대화편에서 언급되고 있는 두 축제는 서로 다른 것들이기 때문에, 똑같이 언급되고 있는 '전날'도 각기 다른 시기의 것이다. 《국가》 편 제1권의 327a 및 354a에서 언급되고 있는 축제는 '벤디스 여신의 축제(Bendideia)'이고, 이는 당시의 아테네 달력(음력)으로는 타르겔리온 달(Thargēliōn : 4월에서 5월에 걸친 달)의 19일에 있었다. 반면에 《티마이오스》 편(21a, 26e)에서는 아테나 여신의 탄생을 기리는 판아테나이아(Panathēnaia) 축제가 언급되고 있는데, 이 축제는 새해의 시작인 헤카톰바이온 달(Hekatombaiōn[1]: 6월에서 7월에 걸친 달)의 28일에 열렸다.

따라서 우리는 《국가》 편에서 제시된 이상적인 '훌륭한 나라(agathē polis)' 또는 '아름다운 나라(kallipolis)'의 체제에 대한 소크라테스의 언급을 다만 1회적인 것으로 국한시킬 필요도 없겠지만, 그 내용이 연상(聯想)에 의해서 《티마이오스》 편 및 《크리티아스》 편으로 어쩌면 자연스럽게 연결되도록 하는 구상을 굳이 차단할 이유도 없겠다. 아니, 오히려 이 대화편을 독자들이 그런 맥락에서 읽도록 적극적으로 돕기 위해서, 역자가 이 대화편 끝에 《티마이오스》 편의 관련된 부분(17a~27b)을 부록 성격의 것으로 덧붙여 실었으니, 이 대화편을 읽기 전에 이 부분을 먼저 읽는 것도 좋겠다. 게다가 이 대화편은 《티마이오스》 편에 바로 이어지는 후기 대화편이기도 하다.

솔론(Solōn: 약 640~약 560/559)이 '아르콘'(594/3)으로서 아테네의 민주화를 위한 토대를 마련한 개혁적인 입법을 한 뒤에, 이에 대한 시비를 잠재우기 위해 10년 간 예정의 국외 여행을 떠났다가, 옛날의 대홍수나 큰 지진들로 해서 아테네인들이 조상들로부터 제대로 된 기록을 전수받지 못한 자신들의 과거에 대한 지식을 뜻밖에도 이집트의 승려에게서 얻어듣게 되었다는 것이다. 그런 경위로 듣게 된 9천 년 전의 아테네와 관련된 이야기가 이 대화편에서 접하게 되는 것이다. 그때 지브롤터 해협의 양쪽에 하나씩 세워져 있었다는 헤라클레스 두 기둥 밖에 거주했던 아틀란티스 사람들과 그 안쪽인 지중해 연안을 주된 거주지로 삼았던 사람들 간에 큰 전쟁이 벌어졌는데, 그 안쪽 거

1) 하지(6월 21일경) 이후의 신월에서 다음 신월까지의 기간에 걸친 달.

주민들은 아테네가 주도하여 그 전쟁을 치렀다는 것이다. 반면에 다른 쪽 거주민들은 아틀란티스섬의 왕들이 다스렸는데, 이들이 다스린 이 섬은 아프리카의 서북부 리비아 쪽에서 이집트와 아랍 및 소아시아 일부를 합친 것보다도 더 컸다고 한다. 그러나 그 섬은 이 전쟁에서의 패배와 함께 "지진들로 해서 가라앉아서 이곳에서부터 온 대양으로 항해해 나가는 이들에게는 통과할 수 없는 진흙이 되어, 더는 통행할 수 없는 방해물로 되었다."고 한다.

그런데 이 대화편에서는 정작 이들이 지중해 안쪽으로 침공해 들어온 것을 제우스가 유도한 것으로 말하고 있다. 말하자면, 아틀란티스의 세력을 제우스가 멸망으로 이끈 것이라는 이야기이다. '그들 지역에서 그토록 막강했던 이 세력을 제우스가 집결시켜' 헬라스 지역으로 인도했는데, 그 동기는 이런 것이었다고 한다. 처음에는 포세이돈의 자손들인 그들도 신적인 성향을 지니고 있었으나, 그런 성분이 인간적인 성품의 우세와 함께 추하게 변질되어 가고, '옳지 못한 탐욕과 힘(pleonexia adikos kai dynamis)으로 넘치다 보니', 그 추한 꼴을 더 이상 보고만 있을 수 없게 된 제우스가 신들을 모아 놓고, 벌을 내릴 결정을 하게 되었다는 것이다.

물론 이 아틀란티스 이야기는 설화를 넘어서는 허구이고, 상징적인 것이다. 직설적으로 말하자면, 그 상징성은 페르시아와의 마라톤 전투와 살라미스 앞바다에서의 전투, 그리고 플라타이아 전투를 주도적으로 막아냈던 아테네의 영광스러운 행적을 연상케 하는 내용의 교훈적인 성격의 것이다. 그것은 페르시아의 '히브리스(hybris)' 곧 그 오만 또는 교만 또는 오만 방자함에 대한 역사적 징벌의 교훈을 되새기게 하는 것이기도 하지만, 더 나아가 그것은 제국(arkhē)화되어간 아테네의 '히브리스'에 대한 플라톤의 큰 나무람이기도 했던 것이다.

그러면 이 9천 년 전의 큰 지진 자체와 관련해서는 우리가 무슨 말을 할 수 있을까? 텍스트 읽기도 벅찬 터에, 그 많은 추측들을 경청할 만큼 한가롭지도 않은 게 독자들의 실상일 것이다. 따라서 다만 앞에서 말한 이 허구의 대화를 구성하는 데 플라톤이 이용했음 직한 대화산 폭발이 기원전 1,520년경에 실제로 있었다는 이야기나 하나 하고 말겠다. 아테네와 크레테 사이의 '에게해'에 여러 섬들이 둥글게 배치된 상태로 모여 있는 섬들의 무리를 일컬어 '키클라데스 군도(hai Kyklades nēsoi)'라 하는데, 그 최남단에 있는, 따라서 크레테섬과는 가장 가까운 섬이 테라(Thēra: 오늘날의 발음으론 '띠라')이고, 이게 다름 아닌 '산토리니(현지 발음으론 '산도리니': Santorini)'로 널리 알려진 섬이다. 지금의 이 섬은 원래의 그 섬이 화산으로 폭발한 뒤에 형성된 형태의 것이다.

이 '9천 년'을 1/10로 압축하는 형태로 환산하면, 900년이 되는데, 이는 이 테라섬의 화산 폭발과 솔론의 여행 시점이 거의 비슷하게 맞아떨어지는 셈인 것이다. 이후 1,200년경까지 이 섬에는 사람이 살지 않았고, 훗날 이 섬의 정상에 있는 아크로티리(Akrotiri) 발굴을 통해서 1,600년경의 공동체 생활의 유적들과 유물들이 드러났으며, 이곳엔 그곳 나름의 박물관이 있고, 중요 유물들은 아테네의 '국립고고학박물관'에 전시되어 있다.

목 차

대화자들

티마이오스(Timaios): 실존 인물인지는 분명치 않으나, 이 대화편에서 그는 남이탈리아에 있던 로크리스(Lokris)의 부유한 귀족 가문 출신이며, 최고의 관직에 있었고, 철학 등의 학문에, 특히 천문학에 밝은 학자인 것으로 언급되어 있다.

크리티아스(Kritias): 이 대화편에서 대화를 주도하게 되는 이 크리티아스는 앞의 《카르미데스》 편에 등장하는 '크리티아스 IV세'(약 460~403)가 아니고, 그의 조부가 되는 크리티아스 III세(약 520~429)로 보아야 옳을 것 같다. 그 결정적인 단서는 대화 참석자들에게 들려주는 아틀란티스(Atlantis) 이야기를 정작 자신이 듣게 된 경위를 《티마이오스》 편(20e~22b)에서 그가 밝히고 있는 데서 확인된다. 이와 관련해서는 이 대화편의 '부록' 형태로 끝에 실린 《티마이오스》 편(17a~27b)에서 해당 부분을 참조할 것.

소크라테스(Sōkratēs, 469~399): 대화 시기의 설정을 대화자의 한 사람으로 등장하는 헤르모크라테스의 역정을 고려하여 430년경으로

잡는다면, 이때의 소크라테스의 나이는 40세 가까웠을 때가 되겠다. 그의 대화 상대자들에 대한 말투는 서로 정중하게 공대말을 쓰는 것으로 정했다.

헤르모크라테스(Hermokratēs, 407년에 사망): 시라쿠사이의 정치가이며 장군이다. 그는 기원전 424년에 시켈리아(시칠리아)의 겔라(Gela)에서 있었던 평화 협의회에서 장차 있을지도 모를 아테네의 침략에 대비하도록 범(汎)시켈리아인 전선을 구축하도록 촉구하였다. 현실로 닥친 아테네 원정대의 시켈리아 침공(415~413)을 격퇴함에 있어서 그의 전략이 큰 몫을 한 것으로 알려져 있다. 따라서 그가 아테네를 방문했던 것은 425년 이전의 일로 보인다.

티마이오스: 아, 소크라테스 님, 마치 긴 여정을 마치고 쉬게라도 106a
된 듯, 이제야 이처럼 담론의 여정에서 간신히 자유롭게 되니, 얼마나 기쁜지요! 실제로는 옛날 옛적에 탄생했지만, 이제 막 담론을 통해 탄생된 신[1]께 기원하옵건대, 언급된 것들 중에서 적절하게 언급된 것들은 저희에게 보존토록 당신께서 해 주시되, 혹시라도 그것들과 관련
해서 뜻하지 않게 격조에 어긋나게[2] 뭔가를 저희가 말하기라도 했다 b

1) 여기에서 '신(theos)'으로 지칭된 것은, 《티마이오스》의 마지막 문단인 92c에서 우주의 탄생에 대한 담론을 끝내고서, 그리 지칭하고 있듯, 우주(to pan, kosmos) 또는 천구(ouranos)를 가리킨다. 또한 신화시대의 헬라스인들에게는 태양(Hēlios)도 달(Selēnē)도 그리고 하늘(Ouranos)과 땅(대지: Gaia)조차도 신들로 지칭되기도 했다.

2) 원어는 para melos이다. melos(노래, 노랫가락)는 노랫말(가사: logos)+리듬(rhythmos)+선법(harmonia)의 총합이다. 그런데 헬라스인들의 경우에, 호메로스의 서사시도, 비극도, 요컨대, 모든 문학 작품들은 시가(詩歌: mousikē)의 범주 안에 든다. 그런 관점에서 본다면, 《티마이오스》 편에서의 우주론도, 《크리티아스》 편에서 하게 될 아틀란티스 이야기도 일종의 대서사시로 간주될 수도 있는 일이다. 따라서 이런 서술에는 이에 어울리는 격조(格調)가 요구되는 게 당연하다고 할 것이다. 이런 경

106b

면, 적절한 벌을 내리시길. 하지만 격조를 갖추지 못한 것에 대한 벌은 격조를 갖춘 것이도록 만들어 주시는 것이옵니다. 그러니 이후로 신들의 탄생에 대한 담론을 저희가 옳게 할 수 있도록, 신께서 저희에게 처방들 중에서도 가장 완벽하고 최선의 처방[3]인 앎(epistēmē)을 주시길 저희가 기원합니다. 일단 기원을 하고서는, 우리의 합의[4]에 따라, 크리티아스 님께 이후의 발언을 우리가 넘길 것입니다.

크리티아스: 그러면, 티마이오스 님, 받기는 합니다만, 선생님께서
c 도 처음에 그리하셨던 것처럼, 중대한 것들에 대해 말씀하시게 될 것이라 해서 양해를 구하신 것[5]과 똑같은 이 간청을 이제 저 또한 합니
107a 다. 아니, 이제 말하게 될 것들과 관련해서는 그것보다도 한층 더 큰

우에 여기처럼 '격조에 어긋나게' 또는 '엉뚱하게'를 para melos(out of tune, incorrectly), 이어서 '격조를 갖추지 못한'은 plēmmelēs(out of tune), 그리고 '격조를 갖춘'은 emmelēs(in tune, harmonious)로 말하고 있다.

3) 원어는 pharmakon인데, 약, 독약, 미약, 물감 등을 뜻하나, 비유적인 뜻으로 방책이나 대책 또는 비방(祕方) 등을 뜻하기도 한다. 헬라스어로 약초를 이것저것 잘라서 씀을 pharmakon temnein이라 하는데, 이는 '처방을 씀'을 뜻하는 말이지만, 《법률》 편 836b3, 919b4에서 보듯, 비유적인 뜻으로서 '처방을 씀'을 뜻하기도 한다.

4) 여기에서 말하는 합의란 소크라테스가 《국가(정체)》 편에서 다루어진 '아름다운 나라(kallipolis)'와 관련된 일부 내용을 대화 상대자들인 티마이오스와 크리티아스, 헤르모크라테스 그리고 이름이 밝혀지지 않은 다른 한 사람에게 이야기로 들려준 데 대한 보답의 명분으로, 이들도 이 순서에 따라 차례로 담론을 주도하기로 한 '합의'를 가리킨다. 이 순서에 따라 티마이오스가 《티마이오스》 편의 담론을, 크리티아스는 이 《크리티아스》 편의 담론을 주도하게 된다. 그러나 이 대화편에서도 곧 언급하게 되는 헤르모크라테스가 주도하게 되어 있는 대화편은 끝내 씌지 않았다. 《티마이오스》 편 27a~b 참조.

5) 《티마이오스》 편 29c~d 참조.

107a

양해를 구합니다. 제가 비록 몹시도 경쟁적인 청을 그리고 정도 이상으로 무례한 편인 간청을 하려고 한다는 걸 알고는 있습니다만, 그렇더라도 말해야만 하겠군요. 누군들 제정신이고서야 이런 말을 하려 들겠습니까? 선생님께서 말씀하신 것들이 훌륭히 하신 게 아니라고 말입니다. 하지만, 제가 말하게 될 것들은 한결 더 어려운 것들이기에, 더 큰 양해가 요구된다는 사실을, 이 점을 어떻게든 설명해 드리도록 해야만 하겠습니다. 왜냐하면, 티마이오스 님, 사람들을 상대로 신들에 관해서 뭔가를 충분히 말하기가 우리를 상대로 죽게 마련인
자들인 인간들에 관해서 말하기보다도 더 쉽기 때문입니다. 듣는 이 b
들의 무경험과 지극한 무지는 그런 상태에 있는 것들과 관련해서 뭔가를 말하려는 사람에게는 퍽 용이함을 가능케 해 주니까요. 그러니까 신들에 관해서 우리가 어떤 처지에 있는지는 우리가 알고 있습니다. 제가 말하고 있는 바를 더 명확히 설명하기 위해서니, 이런 식으로 저를 따라와 주십시오. 그야 우리 모두가 말하게 된 것들은 모방과 묘사가 되는 게[6] 아마도 필연적이겠기 때문입니다. 신과 인간의 몸들

---

6) 《법률》 편 668b~c에도 이런 언급이 보인다. "시가와 관련된 모든 창작물(poiēmata)은 모방(mimēsis)이며 묘사(apeikasia)이다." 그리고 그 시대의 헬라스인들은 《국가(정체)》 편 373b에서 보듯, 모든 예술가를 모방자(mimētēs) 또는 모방가로 말하고 있다. 한데, 예술을 모방 또는 모방 행위(mimēsis)로 보는 가장 직접적인 설명을 우리는 같은 대화편 392d~394b에서 얻을 수 있다. 이를테면, 호메로스의 서사시는 사건들과 관련된 시인 자신의 이야기하기(이야기 진행: diēgēsis=narration)와 등장 인물(또는 신)들 자신들의 말하기(발언: rhēsis)로 이루어진다. 가인(歌人: aoidos)이나 음송인(rhapsōdos)의 음송(吟誦)은 그런 인물들이나 신들의 목소리와 말투 그리고 몸짓 등을 최대한 실감나게 흉내 내며 말하는 것이었을 것은 뻔한 일이다. 호메로스의 서사시에서도 등장인물들이나 신들의 말하기는 이들의 말하기와 행동 양태를 본뜨는 것이니, 이는

107b

c 과 관련된 화가들의 영상 제작(eidōlopoiia)이 이루어지는 건, 그 쉬움
과 어려움에 관련해서, 보는 사람들의 판단에 비추어 충분히 모방된
것으로 우리는 봅니다. 또한 우리는 땅과 산하들, 숲, 온 하늘 그리고
여기에 있으면서 운행하는 것들을 누군가가 그것들과의 유사성의 관
점에서 뭔가 약간이나마 모방해낼 수 있다면, 우선 우리가 흡족해 하
는 걸 목격하게 될 것입니다. 게다가 이에 더해서, 이와 같은 것들에
대해서는 아무것도 그 정확한 것을 모르기 때문에, 그 그림들을 우리
d 는 면밀히 검토하지도 망신스런 것으로 만들지도 않고, 이것들에 대
해 불명하고 속게 하는 음영화[7]로 대합니다. 반면에 누군가가 우리 자
신들의 몸들을 묘사하려 꾀할 때는, 우리는 언제나 함께 해 온 관찰로
해서 빠진 것을 날카롭게 지각들 하고서는, 모든 유사성들을 다 묘사
하지 못한 자에 대해 까다로운 비판자들이 됩니다. 바로 똑같은 사태
가 담론의 경우에도 일어남을 알아보게 되어야만 합니다. 곧, 천상의
신적인 것들은 조금만 그럼직한 말을 해도 우리는 만족해하지만, 죽
게 마련인 인간들의 것들은 엄밀하게 검토한다는 걸 말입니다. 지금
e 바로 당장에 말하게 되는 것들이 모든 면에서 적절함을 제공하지 못
하는 것일지라도 양해를 해야만 합니다. 왜냐하면 죽게 마련인 것들

흉내 내기요 모방이라 말하는 것이 옳겠다. 한데, 자연이나 사물들을 본뜨며 묘사하는 그 밖의 예술 활동도 넓은 의미의 모방이기는 마찬가지라고 보아도 될 것이다. 《국가(정체)》 제10권에서는 그 전반부에 해당하는 608b까지에 걸쳐 이 모방 행위와 관련된 예술 일반에 대한 언급을 하고 있다.

7) 원어는 skiagraphia이다. skia는 '그림자'를 뜻한다. 그림자를 이용해서 입체감을 살리는 음영화(법)가 사물들을 '불명하고 속게' 하는 것으로, 그래서 가짜를 진짜로 착각하는 효과를 낳는 것으로 언급하고 있다. 이런 음영화(법)에 대한 언급은 《국가(정체)》 편 523b, 602d 및 《법률》 편 663c 등에도 보인다.

107e

은 사람들의 기대에 맞추어 묘사하기가 쉽지 않고 어렵다는 걸 고려 해야만 하겠기 때문입니다. 바로 이 점들을 여러분께 일깨우고자 해 108a
서, 또한 제가 말하려고 하는 것들과 관련해서 결코 덜하지 않고 더 큰 양해를 구하고자 해서, 이 모든 걸 제가 말한 겁니다, 소크라테스 님! 제가 이런 특혜를 구함이 정녕 정당해 보인다면, 여러분께서는 기꺼이 베풀어 주십시오.

소크라테스: 아, 크리티아스 님, 왜 우리가 그리해 드리지 않겠습니까? 그뿐더러 셋째 분이신 헤르모크라테스 님께도 똑같은 이 특혜는 우리가 드리는 걸로 하죠. 조금 뒤에, 이분께서 발언을 해야 할 때도, 여러분께서 하셨듯이, 간청을 하시게 될 게 명백하니까요.[8] 따라서 또 b
다른 시작을 꾀하면서 똑같은 걸 말하게 되는 일이 없도록, 이분께는 그때 양해가 되어 있는 걸로 말해 두죠. 그렇긴 하나, 친애하는 크리티아스 님, 선생님께 듣는 사람들[9]의 생각을 제가 미리 말씀드리죠. 이 자리에서 앞서 발표하신 작가께서는 놀랍도록 좋은 평가를 받았기에, 선생님께서 이를 넘겨받을 수 있게 되자면, 선생님께는 아주 많은 양해가 필요할 것이라는 점을 말씀입니다.

헤르모크라테스: 소크라테스 님, 실은 이분께 알려 주시는 것과 똑같은 걸 제게도 알려 주시는군요. 하지만 기개가 없는 사람들은 결코 c
전승비를 세우지 못했습니다, 크리티아스 님! 그러니 용감하게 선생

---

8) 106b에서 '합의'와 관련된 주석을 참조할 것.

9) 원어는 [to] theatron인데, 이는 극 공연을 보는 극장 또는 집회장 그리고 공연에서 배우들이나 합창 가무단의 시가 형태의 가무를 들으며 보는 청중 곧 관람자들(hoi theatai)을 뜻한다. 여기에서 이 낱말은 주인공이 주도하는 이야기를 듣게 되는 나머지 세 사람을 가리켜 말하고, '이야기를 하는 사람'을 '이야기를 지은 사람(poiētēs: 작가, 시인)'에 빗대어 곧 이어서 말하고 있다.

108c

님의 이야기로 나아가야만 합니다. 또한 파이온과 무사 여신들을 부르시고서,[10] 옛날의 훌륭했던 [아테네] 시민들[11]을 떠올려 보이고서

10) 파이온 또는 파이안(Paiōn, Paian)은 원래 병을 낫게 해 주는 신으로서, 훗날 아폴론과 동일시하게도 되었는데, 그에게 바치는 노래에 대한 이름이기도 하다. 그런데 《투키디데스》 7권 75. 7에는 아테네의 군대가 415년에 시켈리아 원정을 떠날 때, 기원 그리고 '파이안'과 함께 그들의 함대가 항해하여 떠났다는 언급이 보인다. 이를 미루어, 어쩌면 소기의 성취 곧 '승리'와 무탈함을 기원하는 의식일 수도 있겠다. 또한 《법률》 편 653e에서는 아폴론을 '무사 여신들(Mousai=Muses)의 선도자(Mousēgetēs)'로도 일컫고 있으니, 이는 그의 별칭이기도 하다. 그런데 헬라스인들은 시인들이 시를 짓는 것은 시적 영감(epinoia)에 힘입어서고, 더 나아가 시가와 춤 그리고 철학 등의 모든 지적 탐구를 관장하는 Mousa 여신들에 의한 감흥의 소산이라 생각했다. 곧 '무사들(Mousai)에 의한 사로잡힘(katokōkhē)' 덕분이라는 것이다. 이들은 제우스와 Mnēmosynē 사이에 난 딸들이라 한다. 시가와 춤 그리고 철학이나 천문학 등 모든 지적 탐구도 이들의 소관사이다. 시가 또는 음악을 의미하는 헬라스어 mousikē [tekhnē]는 Mousa가 관장하는 기예(技藝: tekhnē)라는 뜻이다. 헬라스의 시인들은 Mousa에 의한 감흥 없이 시를 짓는다는 불가능한 이로 여겼다. 그래서 호메로스의 《일리아스》 첫 줄은 이렇게 시작한다. "여신이시여(thea), 펠레우스의 아들 아킬레우스의 분노를 노래하소서." 이 여신은 무사 여신을 지칭한 것이다. 그의 《오디세이아》 첫머리 두 줄에서는 아예 무사(mousa)로 여신을 부르고, 무사가 이야길 들려줄 것을 청하기는 마찬가지다. 헤시오도스의 경우에도 이는 마찬가지이다. 그의 《일과 역일》의 첫머리는 이렇게 시작한다. "노래들로 영광스럽도록 하시는 피에리아의 무사들이시여,/이리로 오셔서, 그대들의 아버지 제우스에 대해 말씀하시고, 찬미하소서." Pieria는 무사들이 자주 출몰했다는 곳으로 마케도니아 남서쪽에 있다. 그리고 그의 《신들의 계보》에서는 무사 여신들이 등장해서 노래하게 되는 모습을 10행까지 언급하고서는, 여신들이 다른 신들을 그리고 신들의 탄생을 노래하는 형태로 전개된다. 또한 30~34에서는 이 여신들이 월계수의 단단한 가지를 꺾어 자기에게 지팡이로 삼도록 주고서는 신이 내리는 말씀들을 제게 영감으로 불어넣었다(enepneusan)고 하며, 일어날 일들과 이전에 있었던 일들 그리고 축복받

108c

찬양해야만 합니다.

크리티아스: 아, 친애하는 헤르모크라테스 님, 선생님께선 뒤의 순서를 배정받으셔서, 앞에 다른 사람을 두신 터라, 아직은 담대하십니다. 그러니까 이게 어떤 것인지, 그 사정은 선생님의 경우에도 곧 밝혀질 것입니다. 그야 어쨌든, 용기도 북돋아 주시고 격려도 해 주신
선생님을 따라야만 하겠으며, 말씀하신 신들에 더해 다른 신들도, d
특히 뭣보다도 므네모시네 여신[12]을 불러야만 하겠습니다. 왜냐하면 우리 이야기의 거의 대부분이 모두 이 여신에 달려 있기 때문입니다. 언젠가 그 성직자들이 말한 것들로 솔론께서 이리로 갖고 오셨던 그 이야기들이 충분히 기억되어 보고된다면, 여기 이 듣는 분들께는 제 임무가 거의 적절히 수행된 걸로 제가 알 테니까요. 그러니 이를 바로 이제 해야만 하거니와, 더 이상 단연코 지체해서도 안 됩니다.

그러니 뭣보다도 맨 먼저 기억합시다. 그게 도합 9천 년이었다는 e
것입니다.[13] 헤라클레스 기둥들[14] 밖에 거주했던 사람들과 그 안에 거

은 신들의 이야기를 노래하도록 일렀다고 한다. 그럴뿐더러 《티마이오스》 편 27b~d에서도 볼 수 있듯이, 누구나 모든 일을 시작할 때는 항상 신을 불러내서, 도움을 청하는 것이 그들의 관습임을 환기시키고 있다.

11) 《티마이오스》 편 27b 참조.

12) Mnēmosynē는 '기억의 신'으로서, 앞의 각주에서 언급한 아홉 자매들인 무사 여신들(Mousai)의 어머니이며 그들의 아버지는 제우스이다.

13) 《티마이오스》 편, 23d~e에서 이집트의 성직자가 솔론에게 들려준 이야기에 따르면, 아테나 여신이 아테네인들의 선조들이 나라를 세우도록 해 준 것이 이집트보다 1,000년이 앞서고, 이집트를 세우도록 해 준 것이 8,000년이라는 기록이 있으니, 그 전쟁은 도합 9,000년 전에 있은 것이 된다. 그런데 솔론이 594/3년에 아르콘(Arkhōn)이 되어, 귀족들과 하층민들 간의 어느 쪽에도 치우치지 않은 절충적 방식으로 아테네의 민주화를 위한 토대를 마련했던 대대적인 개혁적 입법을 한 뒤에, 이해 당사자들이 이를 고칠 수 없게 하느라, 10년 간 해외여행을 떠났다. 이집트를

108e

주했던 모든 사람들 간의 전쟁이 일어나고서, 알려지게 된 지가 말씀입니다. 그 전쟁을 이제 소상히 말해야만 하는 겁니다. 한데 그 안쪽 거주민들은 이 나라가 다스리며 전체 전쟁도 수행해냈다고 합니다. 반면에 다른 쪽 거주민들은 아틀란티스섬의 왕들이 다스렸는데, 옛날에 이 섬은 리비아와 아시아[15]를 합친 것보다도 더 큰 걸로 우리가 말했습니다. 그러나 지금은 지진들로 해서 가라앉아서 이곳에서부터 온
109a 대양으로 항해해 나가는 이들에게는 통과할 수 없는 진흙이 되어, 더는 통행할 수 없는 방해물로 된 겁니다. 그런데 이민족들도 많았고, 헬라스인들의 종족들도 그때는 많았었는데, 그들 각각에 대해서는 이야기의 진행이 펼쳐지는 대로 그 경우마다 닥뜨리게 되는 걸 밝히게 될 것입니다. 당시 아테네인들과 이들과 전쟁을 치렀던 상대들의 사정을 그 시작부터 먼저 설명해야만 되겠네요. 그들 각각의 힘과 그 정치체제들 말씀입니다. 그러나 이것들 중에서도 이곳 것들[16]을 말하는 게 우선이어야겠습니다.

b 그런데 옛날에 신들은 전체 땅을 할당받기를 지역들에 따라서 했지, 다툼으로 해서는 아니었답니다. 왜냐하면 신들이 자기들 각자에게 적절한 것들을 모른다는 것은, 또한 다른 이들에게 더 적합한 이

찾은 것은 그때였을 테니까, 그때와 이 대화 시점 간에도 160년이 넘는 시간 간격이 있는 셈이니, 이 또한 합산에 더 보태야 된다는 이야기가 되겠다.

14) 원어는 Hērakleiai stēlai로서, 지브롤터 해협에 세워졌다는 두 기둥을 가리킨다. 옛날에는 이 기둥에 "더 이상 가지 말라(ne plus ultra)"는 경고가 새겨져 있었던 것으로 전한다.

15) 당시에 리비아는 서북부 아프리카를, 아시아는 소아시아를 가리키는 지명이었다.

16) 곧 아테네인들의 경우를 뜻한다.

109b

걸 알고서도, 남들과의 다툼을 통해서 자신들의 것으로 소유하려 든
다는 것은 옳은 이치가 아니기 때문입니다.[17] 바로 정당한 추첨에 의
해서 사랑스런 것을 할당받아, 그 지역들을 정착지로 삼게 되었으며,
정착한 다음에는, 이를테면 목부들이 가축 떼를 그러듯, 우리를 양육
했답니다. 자신들의 노예들이나 사육동물들처럼 말씀입니다. 하지만,
마치 목부들이 가축 떼를 매질로 목초지로 내몰듯, 신체적으로 강압 c
하는 일이란 없이, 더할 수 없이 몸을 유연하게 돌리는 동물을 다루는
방식으로, 마치 배의 키로써 조종하듯, 혼을 설득으로써 휘어잡고서
는, 자신들의 생각에 따라 이처럼 모든 죽게 마련인 부류를 이끌며 조
종했다는 겁니다. 실상 신들은 저마다 다른 지역들을 추첨으로 배정
받아서는 그걸 가꾸었습니다. 그러나 헤파이스토스와 아테나는 공통
된 성향을 지니고 있는데다, 같은 아버지에게서 난 오누이이고, 또한
지혜사랑과 기술에 대한 사랑으로 해서 그 취향도 같아, 이처럼 둘이
이 지역을 자신들 고유의 그리고 자연적으로 용기[18]와 지혜에 어울리

17) 그러나 꼭 그랬던 것만은 아니었던 것 같다. 이를테면, 아테네(Athē-nai)의 경우는 특별해서 그랬는지는 모르나, 이 나라의 주권 신(수호신) 지위를 놓고 아테나(Athēnaia의 단축형 Athēna)와 포세이돈(Poseidōn)이 서로 다투었다는 설화가 있으니 말이다. 바다와 지진을 관장하는 포세이돈이 전체가 하나의 바윗덩어리인 아크로폴리스의 바위를 그의 삼지창으로 치니, 소금물이 솟아올랐다고 한다. 아테나 여신 또한 창으로 바위를 치니, 올리브나무(elaia)의 싹이 트며 돋아 오르는데, 열매들까지 주렁주렁 달고 있었다고 한다. 제우스가 중재토록 임명한 12신들은 감탄하며 아테나를 선택했다는 전설이다. 아테네의 은화에 여신과 함께 올리브 나뭇가지가 새겨져 있는 것은 그 때문이기도 하다.

18) 여기에서 '용기'로 옮긴 것의 원어는 aretē이다. 이 시대에는 훗날의 '[사람으로서의] 훌륭함'의 개념에는 아직 이르지 못한 때였겠기 때문이다. 그러나 이들의 경우에는, 그 선진적인 지혜를 고려해서, '[사람으로서의] 훌륭함'으로 옮겨도 될 것 같다. 바로 다음(e)에서의 '용맹스런 일

d 는 땅을 추첨에 의한 할당으로 갖게 된 것이죠.[19] 그래서 훌륭한 사람들을 토착민들로 태어나게 해서 나라체제의 질서에 대한 구상을 하게 한 것입니다. 그들의 이름들은 보존되고 있지만, 그 행적들은 그 전승자들의 소멸과 오랜 세월로 해서 사라졌습니다. 왜냐하면 언제나 생존하게 된 부류는, 앞서도 말했다시피, 산악지대의 문맹인 부류여

들'은 이의 복수 형태인 aretai이다. 호메로스의 《일리아스》와 《오디세이아》에서는 훗날 '용기'를 뜻하게 되는 andreia라는 낱말을 따로 찾아볼 수 없는 것도 그런 까닭에서일 것이다. 이와 관련해서는 이전에 출간된 역주자의 다른 책들에서 자세한 주석을 참조할 것. 그리고 이어지는 곳의 '지혜'의 원어는 phronēsis이다.

19) 제우스는 첫 아내 메티스(Mētis: 지혜 및 충고의 여신)와의 사이에서 태어나는 소생들이 위험할 정도로 똑똑할 것이라는 충고를 가이아와 우라노스에게서 듣고서, 있을 수 있는 위협이 두려워, 그만 아내를 삼켜 버렸는데, 그 태아의 출산일이 되어, 어쩔 수 없이, 헤파이스토스(Hēphaistos)가 도끼로 제우스의 머리를 열자, 아테나가 완전 무장을 갖춘 상태로 전쟁의 함성을 지르며 나왔다고 한다. 그래서 아테나의 지혜는 제우스의 지혜와 메티스에게서 유래된 것이라는 이야기이기도 하다. 그리고 불과 온갖 기술의 신인 헤파이스토스는 제우스와 헤라 사이에서 난 아들이다. 둘이 오누이 사이이기도 하니, 아테네에 대한 그들의 인연과 애정도 각별할 수밖에 없겠다. 앞의 각주에서 이미 언급했듯, 아테나의 각별한 지위 때문에, 아크로폴리스의 파르테논 신전에는 아테나의 거대한 신상이 모셔져 있기는 했지만, 아고라에 인접한 Kolonos Agoraios 언덕에 오늘날까지 그 아름다운 자태를 보여 주며 우뚝 서 있는 '헤파이스토스 신전(Hephaisteion)'은 이들 두 신을 함께 기리기 위한 건물이다. 이는 449년에서 444년 사이에 세워진 것으로 추정된다고 한다. 한데, 112b에서도 이들 두 신을 기리는 신전에 대한 언급이 보이는데, 현존하는 '헤파이스토스 신전'이 설화 속의 그 신전의 복원인지, 아니면 이를 갖고서 플라톤이 옛날 것을 상상해서 이런 말을 한 것인지는 아무도 모를 일이다. 참고문헌: H. A. Thompson & R. E. Wycherley, *The Agora of Athens*, The American School of Classical Studies at Athens, (Princeton, New Jersey, 1972.) pp. 140~9.

109d

서,[20] 그 지역에서의 권력자들의 이름들만 들었을 뿐, 이들에 더한 행
적들에 대한 것은 별것 아닌 것들이었기 때문입니다. 그들은 실상 후
손들에게 이름들을 남겨주는 걸 좋아했지만, 조상들의 용맹스런 일들 e
이나 법률은 알지 못했던 거죠. 각각의 경우들에 대한 어떤 불명한 소
문들을 제외하고는 말씀입니다. 이들은 자신들도 자식들도 여러 세대
에 걸쳐 필수품들의 궁핍 상태에 처하여 있어서, 이것들에 마음을 뺏 110a
긴 채로 어찌할 바를 몰라 하며, 이것들과 관련된 말들이나 했지, 앞
선 세대나 옛날 옛적에 일어난 일들에 대해서는 무관심했습니다. 설
화(mythologia) 그리고 옛날 것들에 대한 탐구는 여가와 함께 나라들
에 이르니까요. 이는 사람들에게 이미 생필품들이 마련되었음을 보
게 되었을 때이지, 그 이전엔 아닙니다. 바로 이렇게 되어서, 옛날 사
람들의 이름들이, 행적들은 빠진 채로, 보존되었던 겁니다. 이를 증
명하는 것으로 제가 말씀드리죠. 케크로프스와 에레크테우스, 에리
크토니오스, 에리시크톤 그리고 또 다른 분들로, 테세우스 이전의 분 b
들[21] 대부분의 이름들 각각이 기록으로 남게 된 것은 그때의 전쟁을

20) 여기서 언급하고 있는 옛날 아테네에서 잦았다는 홍수와 관련된 이야기는《티마이오스》편 23a～c에서 언급되고 있다.

21) Kekrops는 아테네의 설화 속 최초의 왕이었다. 흙에서 태어났다는 토착인들에 속하지만, 반은 사람이고 허리 아래는 뱀(용?)의 모습이었다고 한다. 아티케 곧 아테네의 관할권을 두고 아테나와 포세이돈이 다툰 경합에서, 올리브나무를 선물한 아테네를 편든 것이 그였다고 한다. Erekhtheus도 설화 속의 아테네 왕이었으며, 아테나가 자신의 신전에 모시게 하였다고 한다. 곧잘 에리크토니오스와 혼동되기도 한다. 그와 관련된 주된 설화는 엘레우시스(Eleusis)와의 전쟁과 관련된 것이다. 엘레우시스인들과 포세이돈의 아들인 트라케인 에우몰포스(Eumolpos)가 아티케(Attikē)를 침공했을 때, 그가 델피 신탁을 물었더니, 그의 딸들 중에서 하나를 제물로 바침으로써만 승리할 수 있다고 해서, 이를 이행함으로써

110b

그 성직자들이 이야기하는 가운데 든 것들이라고 솔론께서는 말씀하셨답니다. 여자들의 이름들의 경우도 마찬가지였습니다. 특히 여신의 모습과 상(像)은, 전쟁과 관련된 당시의 습속이 남녀에 공통되었듯,[22] 그처럼 봉헌된 그 입상은 당시의 사람들에게는 그 관습에 따라 무장

엘레우시스인들에게 패배를 안기고, 에우몰포스는 죽이게 되니, 그는 이에 화가 난 포세이돈의 삼지창에 맞아 죽게 된다. Erikhthonios에 대한 설화는 다음과 같다. 헤파이스토스가 아테나를 겁탈하려다가, 정액을 여신의 가랑이에 흘리고 말아, 여신이 이를 모직 조각으로 닦아내다가, 땅바닥에 떨어트렸는데, 대지(Gaia)가 그걸 받아서, 그를 잉태했다가 출산한 뒤에 아테나에게 넘겨주었다. 여신은 이 아이를 상자 속에 감춘 다음, 이를 케크로프스의 딸들에게 넘겨주면서 결코 상자 속을 들여다보지 말라고 일렀으나, 이를 어기고, 그 속을 들여다보았다가 기겁을 하고선, 아크로폴리스에서 몸을 던져 죽었다고들 한다. 뱀들이 함께 있어서였다는 건지, 뱀의 모습을 하고 있어서 그랬다는 건지, 뭐 그런 이야기이다. 어쨌거나, 설화에서는 그가 아테네의 영웅 그리고 왕이었다고 한다. Erysikhthōn은 케크로프스의 아들들 중의 하나로, 젊어서 죽었다. 같은 이름의 다른 인물은 데메테르의 성역인 작은 숲 나무들을 베어버린 벌로, 채워지지 않는 배고픔의 벌을 받아, 자신도 온 집안도 몰락하게 되었다 한다. 마지막으로 언급할 차례인 Thēseus는 플루타르코스의 《대비 열전》 첫머리에 실릴 정도의 전설적 인물이며 아테네인들의 국민적 영웅이다. 그만큼 그와 관련된 설화도 많아서, 이를 여기에서 자세하게 언급할 수는 없는 일이어서, 간략히 언급하는 걸로 끝맺겠다. 아테네의 왕 아이게우스(Aigeus)의 아들이다. 성년이 되어, 아버지를 찾아가서, 친자 확인을 하게 되기까지의 모험담, 크레테의 미노스 왕에게 해마다 조공으로 바치던 일곱 쌍의 청년과 처녀를 미노타우로스의 제물로 보내는 일을 중단케 하는 모험담, 귀향의 깃발 바꾸기를 잊어버리는 통에 빚어지는 부왕의 자결 등, 기나긴 이야기의 주인공이다. 마침내 왕이 되어, 열두 부족 단위의 나라들을 하나의 '같은 나라(to auto)' 곧 복수 형태인 Athēnai로의 통합(synoikisia, synoikismos)을 이룬다. 이후의 모험들과 망명 등에 얽힌 이야기는 참으로 길디길다.

22) 《티마이오스》 18c 참조.

110b

을 하게 된 것입니다.[23] 이는 암컷들이건 수컷들이건, 함께 사는 모든 것들은 모두가 각 부류에 합당한 훌륭함(aretē)[24]을 함께 추구할 수 있 c
는 성향을 타고 났다는 증거이고요.

그렇지만 그때의 이 땅에는 제작기술들 및 땅에서 얻는 양식과 관련되는 여러 부류의 시민들이 거주하고 있었지만, 초기에 신과도 같은 사람들[25]로 해서 분리되었던 전사의 부류는 따로 거주했습니다.[26] 이 부류는 생계유지와 교육에 적절한 모든 것을 갖되, 이들 중의 그 누구도 사적인 것은 아무것도 소유하지 못하지만, 자신들의 모든 것 d
은 모두가 공유하는 것으로 여기고서, 생계유지에 충분한 정도 이상의 것은 아무것도 다른 시민들에게서 받겠다고 요구하지 않았답니다. 가정해 보게 되었던 수호자들과 관련해서 어서께 언급하게 되었던 그 모든 관행들을 이들은 수행한 겁니다.[27] 특히 우리의 영토와 관련된 것으로 말한 것은 신빙성이 있고 참인 것입니다. 그 경계들로는, 첫째로 이 영토는 당시에 이스트모스[28] 쪽에서 경계를 지어 가졌으며, 본토

---

23) 아테네의 수호자(Athēna Polias)로서의 여신은 전쟁을 좋아하였는데, 파르테논 신전에 모셔진 여신의 거대한 입상은 완전 무장을 갖춘 것이었던 것 같다.

24) 앞선 각주에서는 aretē를 '용기'로 번역했었는데, 이 경우에는 모든 종류 나름의 '훌륭함', 곧 그 '훌륭한 상태(goodness)'라는 그 참된 본뜻을 가장 잘 드러내는 용례가 되는 것이겠다.

25) 영웅시대의 영웅들을 가리킨다.

26) 《티마이오스》 24b 참조.

27) 《티마이오스》 17d~18b 참조.

28) 여기서 말하는 이스트모스(Isthmos)란 '코린토스(Korinthos)의 이스트모스'를 가리킨다. 일반적 의미의 '이스트모스(isthmos)'란 '지협(地峽)'을 뜻하는데, 코린토스 지협은 헬라스 본토와 펠로폰네소스 반도를 연결하는 지협으로서, 그 양쪽에는 내륙 쪽의 코린토스만과 바로 에게해로 연결되는 사로니카만이 있다. 펠로폰네소스 반도를 빙 돌아 서쪽으로

110d

e 쪽으론 키타이론산과 파르네스산[29]의 정상까지이지만, 그 경계들이 이들 산을 내려와서는 오른쪽으로는 오로피아 지역[30]을, 왼쪽으로는 바다 쪽으로 아소포스강[31]을 경계로 하였습니다. 그런데 이곳 토양이 그 빼어남[32]으로 해서 그 어떤 땅도 능가해서, 농사일은 하지 않은 대군을 당시에 이 고장이 능히 부양할 수도 있었던 겁니다. 그 빼어남의 증거는 강력하죠. 지금도 잔존하여 있는 그것의 부분은 온갖 것을 산출하며 잘 수확케 하고 또한 모든 가축들에도 잘 방목케 해 줌으로써

111a 그 어떤 고장과도 경합할 수 있기 때문입니다. 또한 그때는 그것들이 그 양질에 더해 아주 많은 양을 생산했습니다. 그러면 이를 어떻게 믿

부터 코린토스만으로 진입하는 것은 너무 시간이 오래 걸리는 터라, 옛날에는 이 지협을 가로질러 배를 '끌어가는 길(diolkos)'이 있었으나, 오늘날엔 그 길옆으로 운하를 뚫었다. 사로니카만 쪽의 이 운하 옆에 이스트미아(Isthmia)라는 지명을 가진 곳이 있다. '이스트미아'는 포세이돈(Poseidōn) 신을 모시는 신전이 있던 곳을 가리키기도 하고, 이 신을 기리는 축제(heortē)를 가리키기도 한다. 코린토스가 관장한 이 축제는 6세기(582년 무렵)부터 범(汎)헬라스적인 축제의 일환으로 2년마다 4, 5월에 열렸다.

29) Kithairōn(오늘날의 발음으로는 Kitheron, 최고 1408미터)산은 아테네의 서북쪽으로, 그리고 Parnēs(오늘날의 명칭으로는 Parnitha, 최고 1413미터)산은 아테네의 북쪽에 있다.

30) Ōrōpia는 파르네스산 너머의 북쪽 지역으로, 이곳에는 Ōrōpos라는 이름의 나라가 있었다고 한다.

31) Asōpos는 보이오티아(Boiōtia)의 레우크트라(Leuktra) 지역에서 발원하여 키타이론 산록을 끼고 흘러, 오로피아 북쪽에서 에우보이아(Euboia) 섬과의 사이의 에우리포스(Euripos) 해협으로 흘러드는 강이다.

32) 원어는 aretē인데, 이 경우에는 특정한 땅의 비옥함을 가리켜 하는 말이므로, '빼어남(excellence)'으로 옮겼다. 앞선 각주에서는 같은 낱말이 어떤 부류에 따른 공통성 내지 보편성을 지칭하는 경우의 것이므로, '훌륭함(훌륭한 상태)'으로 옮겼었다.

111a

을 수 있겠으며, 그때 땅의 무슨 잔존 부분을 갖고 그렇게 말하는 게
옳을까요? 본토 쪽에서부터 길게 바다 속으로 뻗은 땅은 마치 곶처럼
자리 잡고 있죠. 이 둘레의 바다 분지는 아주 깊고요. 그러니까 9천
년 동안에 여러 차례의 대홍수가 일어났던 거죠.—그때부터 지금까
지에 이른 햇수가 그만큼 되니까요.—이 시기들 및 이 사태들에서 고 b
지대로부터 흘러내린 흙은, 다른 지역들에서처럼, 이렇다 할 퇴적물도
아니었고, 언제나 빙빙 돌아 흘러서 바다 깊이 사라지게 된 겁니다. 그
래서 작은 섬들의 경우에서처럼, 그때에 비해서 지금은 병든 몸의 뼈
마냥, 그렇게도 비옥하고 보드라웠던 토양이 씻겨 내려서 그 지역의
앙상한 덩치만 남은 꼴인 거죠. 그러나 그때는 이 지역이 손상을 입
지 않아서, 산들은 높다란 흙 언덕을 가졌었으며, 지금은 펠레우스[33] c
로 불리는 곳도 비옥한 토양으로 가득한 들판을 가졌었고, 산들에도
아주 많은 목재 나무가 있었는데,[34] 그 명백한 증거들은 지금도 아직
있습니다. 지금은 벌들에게만 영양물을 공급할 뿐인 산들 중에서도,
아주 오래전은 아닌 때에, 큰 건축물들을 위한 지붕용 목재들[35]로 이
곳에서 잘려 나갔었는데, 아직도 그 지붕들로 건재하고 있으니까요.

---

33) Phelleus는 보통명사로서는 '돌밭 땅'을 뜻하나, 고유명사로서는 아티케의 한 바위투성이 지역의 지명을 지칭한다고 한다.

34) 곧 산들이 삼림을 이루고 있었다는 이야기이겠다. 그리고 여기에서 '목재 나무'로 옮긴 것의 원어는 hylē이다. 이는 목재 자체도 뜻한다. 아리스토텔레스가 말한 '질료'도 이것이다. 반면에 유실수는, 바로 다음에 나오는 dendra이다. 그런데 dendra는 유실수 이외에도 '키 큰 나무'를, 그래서 '돛대 나무'를 뜻하기도 한다. 여기에서는 dendra가 지붕을 받치는 긴 '서까래'로 이용되고 있음을 말하고 있다.

35) 원문 텍스트에서 dendrōn 다음에 낱말 원어의 탈락을 알리는 † 표시가 있다. 그렇더라도 이 경우에는 그 탈락어가 이 문장의 원문 해독에 타격을 줄 만큼의 것은 아닌 것 같다.

111c

그런가 하면 다른 가꾼 키 큰 나무들도 많이 있었는데, 이것들은 가축들에 엄청난 사료를 제공했습니다. 특히 제우스께서 보내시는 해마다

d 의 물을 거두어,[36] 지금처럼 헐벗은 땅에서 바다로 흘려보내 버리지 않고, 흙 속으로 많은 양을 받아 갖고서 보존하는 도토에 저장해 둠으로써, 높은 곳들 어디에선가로부터의 물은 우묵한 곳들로 보내졌다가 도처에 풍부한 샘물들과 강물들을 제공했습니다. 이전에 샘이었던 곳들에 지금도 아직껏 남아 있는 신전들이 이 고장에 대해 방금 이야기한 것이 진실이라는 증좌들입니다.

e 실상 다른 지역의 자연 상태도 이러했거니와, 진실하며 바로 이 농사일을 하면서 아름다운 것들을 사랑하며 훌륭한 성품을 지닌 농부들에 기대되는 방식 그대로 운영되었으며, 최선의 농토와 최대로 풍족한 물을 가졌었으며, 농토를 위한 최적 상태로 혼화된 기후[37]를 가졌었습니다. 그때 그들이 정착하게 된 도심[38]은 다음과 같았습니다. 첫

36) 비를 제우스가 내리는 것으로 말하는 신화시대의 버릇 탓에, 이런 표현을 썼다. 그래서 그들은 "제우스께서 비를 내리셨다(Zeus hye)"고 말했다. 그냥 자연현상으로 "비가 내린다(hyei)"고 말하기 시작한 것은 훗날의 일이겠다.

37) 여기에서 '최적 상태로 혼화된 기후'의 원어는 hōras metriōtata kekramenas이다. 기후를 혼화된 것으로 본다는 것은 무슨 뜻인가? 헬라스인들은 '좋은 기후(eukrasia)'를 온도와 습도가 적절한 정도(적도: to metrion)로 혼합을 이룬 상태 곧 훌륭하게(eu) 혼화(krasis)를 이룬 현상으로 보았다. 그래서 옛날에 헬라스인들은 새 영토를 찾아 이주를 할 때도, 그런 지중해 날씨를 제공하는 곳들을 골라서 갔다.

38) 원어는 asty이다. 국명으로서의 아테네와 이를 도성으로 갖는 전체 영토로서의 아티케(Attikē=Atthis)를 구별할 경우, '도심'을 뺀 그 변두리 지역, 곧 농촌 지역 및 외항 피레우스 및 팔레론(Phalēron)과 대비한 지칭이겠다. 흔히 우리가 '시내'라고 지칭하는 뜻에 가깝다고 할 수 있겠다.

111e

째로, 그때의 아크로폴리스[39]의 상황은 지금과는 같지 않았죠. 이제 112a
는 비 내린 단 하룻밤이 이곳을 완연히 흙이 씻겨 나가게 만들어 버린 상태니까요. 데우칼리온 때의 파멸[40] 이전에 지진들과 함께 세 번째의 엄청난 홍수가 났었답니다. 이전의 다른 시기의 그 규모는 에리다노스와 일리소스[41]에 이르렀고, 그 안에 프닉스[42]를 감싸고 있었

---

39) akropolis는 원래 한 나라(polis)에서 그 정상(to akron)을 차지한 곳, 곧 그 '성채'를 뜻하지만, 여기에서는 고유명사처럼 된 아테네의 Akropolis를 가리킨다. 이곳의 주된 신전이 처녀 여신([hē] Parthenos) 아테나를 모신 '파르테논 신전(Parthenōn)'이다.

40) 《창세기》에 나오는 노아(Noah)의 방주와 비슷한 이야기가 헬라스 신화에도 있다. 청동기 시대의 인류의 죄악들에 대해 분노한 제우스가 지구에 대홍수가 나게 했는데, 프로메테우스는 제 아들인 Deukalion과 며느리 피라(Pyrrha)에게 방주(larnax)를 만들어 살아남게 했다. 이들은 이 방주에서 아흐레 밤낮을 지낸 뒤에 홍수가 잦아들어 테살리아 지역에 표착한다. 이들 둘 사이에서 태어난 아들이 헬렌(Hellēn)이다. 이 헬렌의 아들들로 도로스(Dōros), 크수토스(Xouthos), 아이올로스(Aiolos)가 있었는데, 도로스의 후손이 도리스(Dōris) 부족([hoi] Dōrieis, Dōriees, Dōriēs)으로, 아이올로스의 후손이 아이올리스(Aiolis) 부족([hoi] Aiolees, Aioleis, Aioleēs)으로 되나, 크수토스의 두 아들 아카이오스(Akhaios) 및 이온(Iōn)에게서는 이들의 후손 아카이아(Akhaia) 부족([hoi] Akhaioi)과 이오니아(Iōnia) 부족([hoi] Iōnes)이 생겨나게 된다. 훗날 이들 모두를 합쳐 '헬렌의 후손들(Hellēnes)'이라 일컫게 되고, 이 후손들이 살게 된 지역 전체를 헬라스라 부르게 된 것이다.

41) 옛날부터 아테네 도성 가까이로(테미스토클레스 성벽 밖으로) 두 개의 강이 흐르고, 개천 하나가 도성(성벽) 안을 통과하며 흐른다. 아테네의 북쪽 연산인 파르네스(Parnēs. 110e의 각주 참조)에서 발원해서 서쪽으로 흘러, 엘레우시스(Eleusis)를 거쳐, 아카데미아 김나시온 근처를 지나 피레우스의 팔레론만으로 흘러드는 것이 케피소스(Kēphis[s]os)강이다. 여기서 말하는 Ilis[s]os는 아테네의 남동쪽에 있는 히메토스(Hymēttos, 오늘날의 발음으로는 Imitos, 최고 1026미터)에서 발원해서 동쪽으로 흐르다가 서쪽으로 와서 올림피에이온(Olympieion) 근처로 흐르다가

으며, 리카베토스[43]를 프닉스 맞은편의 경계로 삼고 있었는데, 그 지
b 표면은 작은 부분을 제외하고는 전체가 흙의 평지였죠. 그 바깥쪽의 그 비탈 아래에는 장인들과 그 가까이에서 농사를 짓던 사람들이 거주했고요. 그보다 높은 지대에는 전사들 자체만의 부류가 아테나와 헤파이스토스의 신전[44] 근처에 정주해 있었습니다. 한 집의 정원처럼 빙 둘러 담이 쳐져 있는 형상으로요. 그 북쪽에 공동주택들과 겨울철 공동식당들을 마련했으며, 또한 공동의 시민생활에 적합한 일체의 것
c 들이 자신들의 주거들과 신전들을 통해서 갖추어져 있어서, 금도 은도 이들에겐 없었습니다. 그들은 그 어디에도 이것들을 이용하지 않

케피소스강 하류에서 합류한다. 또한 이 성벽 밖(요즘엔 시내)에 가까운 거리에 있는 리카베토스산(Lykabēttos, 277.3미터. 오늘날의 발음으론 Likavitos)에서 발원하는 개천인 에리다노스(Ēridanos)는 도기 구역이었다가 나중에 공동묘지 구역으로 된 케라메이코스(Kerameikos)를 지나, 엘레우시스로 가는 성도(聖道: hiera hodos)를 따라가다가 이 또한 케피소스강으로 흘러든다. 오늘날엔 '케라미코스' 유적지에서 실개천에 가까운 형태로 남아 있으며, 우기가 아닌 때는 물마저 흐르는 걸 보기 힘들다.

42) Pnyx는 460년경 이후로 민회(ekklēsia)의 전용 집회장이었다. 아크로폴리스에서 서쪽으로 400미터 남짓의 거리에 그 공터가 보인다. 오늘날엔 신축된 아크로폴리스 박물관에서 접근하기도 쉽고, 주변이 잘 정리되어 있다.

43) Lykabēttos에 대해서는 앞의 각주 41에서 부분적으로 언급했다. 아테네 시내에서는 제일 높은 곳이라 아크로폴리스에서 북동쪽으로 가깝게 빤히 보인다. 여기에 오르면, 아테네 전체와 피레우스항과 그 앞바다의 조망도 가능하다. 아카데미아 유적지에서도 선명히 보인다. 오늘날엔 공중 케이블(Teleferik)을 이용해서 오르거나, 택시로 산마루 공터까지 가서, 마지막 계단으로 오르는 길도 있다. 이 공터 옆의 '리카비토스 극장'에서는 여름철엔 고전 연극이 공연되기도 한다.

44) 109c의 각주에서 '헤파이스토스 신전(Hephaisteion)'에 대한 언급을 참조할 것.

112c

고, 호화와 궁색의 중간을 추구하면서 절도 있는 주거생활을 영위했으며, 이런 주거에서 이들 스스로도 자식들의 자식들도 늙어 가면서 다음 세대의 닮은 사람들에게 이것들을 언제나 물려주었으니까요. 반면에 여름에는 정원들과 김나시온들[45] 그리고 공동식당들도 내버려두고, 그 남쪽을 바로 이 목적들에 이용했습니다. 그런데 지금의 아크로폴리스의 자리에는 샘 하나가 있었는데, 지진들로 해서 사라져 버 d
리고서, 이제는 작은 물줄기가 그 둘레에 남아 있을 뿐이지만, 그때는 모두에게 풍부한 수량을 제공했는데, 겨울이고 여름이고 알맞은 온도의 것이었답니다. 바로 이런 식으로 그들은 거주하고 있었으니, 한편으로는 자신들의 시민들의 수호자들로서, 다른 한편으론 자발적인 다른 헬라스인들의 지도자들로서 말입니다. 그들은 그 규모도 지켜냈습니다. 항시적으로 자신들을 남녀 공히 최대한 똑같은 상태로 유지해서, 지금껏도 그랬지만 앞으로도 여전히 능히 전투를 할 수 있는 상태이게 하고서, 최대한 약 2만 명이게 한 겁니다. e

그렇게 해서 이들은 스스로도 그런 사람들이며 또한 언제나 그런 방식으로 자신들의 나라도 헬라스도 올바르게 관리함으로써, 온 유럽과 아시아에서 신체적인 아름다움의 면에서도 혼의 온갖 빼어남의 면

45) gymnasion은 원래 [웃통을] '벗은 상태로(gymnos)' 신체 단련을 하는 곳을 의미하는 말이다. 김나시온은 주로 청소년들의 신체 단련을 위해 대개 도성 외곽의 냇물이 흐르는 곳에 마련된 공공시설이다. 육상 경기를 위한 트랙, 레슬링 도장(palaistra), 목욕 시설, 탈의실 등을 갖추었고, 규모가 클 경우에는 승마 연습장, 투창이나 원반던지기, 권투 연습장 등의 시설과 숲을 또한 갖고 있었다. 플라톤이 한 옆에 그의 학원을 세웠던 Akadēmeia나 아리스토텔레스가 역시 한 옆에 그의 학원을 세웠던 Lykeion도 그런 큰 규모의 김나시온이 있던 곳에 인접해서 지은 학원이었다.

112e

에서도 존경받았으며 당시의 모든 사람들 중에서도 가장 이름났었답니다. 그런데 이들과 맞서 싸웠던 사람들[46]의 사정은 어떠했으며 또 처음에 어떻게 일이 벌어졌는지, 우리가 아직 아이들이었을 때 들었던 것들에 대한 기억을 우리가 잃지 않는다면, 친구들인 여러분에게는 공유의 것으로 공개적으로 제공할 것입니다.

113a 제 이야기에 앞서 밝혀야 할 간단한 것이 아직 있습니다. 이방인들의 헬라스 이름들을 여러 번 들으시고서 놀라지는 마시라는 겁니다. 그 까닭은 여러분께서 듣게 되실 테니까요. 솔론께서는 그 이야기를 자신의 시작(詩作: poiēsis)에 이용하실 의도를 갖고 계셨으므로, 그 이름들의 뜻을 탐문하시다가, 최초의 그들 이집트인들이 이것들을 자신들의 언어로 옮겨 적었음을 알아내시고선, 그 자신도 그 각각의 이
b 름의 뜻을 우리 언어로 되옮겨 적으셨던 겁니다. 한데 바로 이 기록물들이 저희 할아버지께 있었으며, 지금은 제게 아직 있어서, 제가 아이였을 때부터 부지런히 익혀 오게 되었죠. 따라서 이곳에서의 이름들과도 같은 그런 이름들을 들으시더라도, 여러분께서 놀라시는 일은 전혀 없도록 하시죠. 그 까닭은 여러분이 아시니까요. 그러니까 그때의 긴 이야기의 시작은 이런 것이었습니다.

앞서 신들의 추첨에 의한 할당과 관련해서 언급되었듯,[47] 그들은 온 지구를 어떤 곳에서는 한결 큰 것들로, 또 어떤 곳에서는 한결 작은
c 것들로도 나눠 받아서는, 스스로를 위해 신전을 마련하고 제례를 올렸는데, 바로 이처럼 포세이돈도 아틀란티스섬을 추첨으로 받아서, 죽게 마련인 여인에게서 태어난 제 자식들을 이 섬의 이런 어떤 지역

46) 곧 이야기하게 될 '아틀란티스 사람들'을 가리킨다.
47) 109b～c에서.

113c

에 정착시켰습니다. 바다 쪽이지만, 전체 섬 중앙에는 들판이 있었는데, 이것이야말로 모든 들판들 중에서도 그 빼어남으로 해서 더할 수 없이 훌륭하고 더할 나위 없는 것이 되었다는데, 다시 이 들판 가까이로 그 중간 지점에서[48] 약 50스타디아(약 9.25킬로미터)[49] 떨어져서 모든 방향으로 야트막한 산이 있었답니다. 이 산에는 그 지역 최초의 흙에서 태어난 사람들 중에서 이름이 에우에노르라는 사람이 살고 있 d
었는데, 레우키페라는 아내와 함께 살았고, 클레이토(Kleito)가 하나뿐인 딸로 태어났답니다. 이 딸이 이미 혼기에 접어들었을 때, 어머니가 그리고 아버지도 죽었는데, 포세이돈이 이 처녀에 대해 욕정을 갖게 되어 교접하고선, 여인이 살던 언덕을 빙 둘러 방벽을 잘 쳐서, 외부와 차단하였답니다. 그리고선 환상(環狀) 띠 모양의 작고 큰 바다와 육지가 교대되게 만들되, 두 개의 육지와 세 개의 바다가 섬 중심에서 선반(旋盤)이 도는 꼴인데, 모든 방향으로 같은 거리로 떨어져 있어서, 사람들은 접근할 수가 없었답니다. 그때는 배도 없었고 항해 e

48) 여기에서 말하는 '중간 지점'이란 장방형의 이 들판(pedion)이 바다 쪽으로 접한 면인 긴 쪽의 중간 지점을 뜻한다.

49) stadion(복수는 stadia 또는 stadioi)은 헬라스의 길이 단위로서, 600 podes(=600피트: 포데스는 헬라스의 거리 단위로서, 단수는 pous(foot)이며, 복수는 영어 feet와 같은 뜻임)인데, 그 길이는 지역과 시대에 따라 다르기는 하나, 대체로 175미터에서 200미터이다. 아테네의 경우에는 약 185미터인 반면에 올림피아에서는 약 192.3(192.27)미터에 해당한다고 한다. 올림피아 경기장의 달리기 코스 길이는 이 단위에 맞춘 것이다. stadion을 라틴어로 음역하면 stadium으로 되는데, 오늘날 우리가 육상 경기장 따위를 그렇게 일컫는 것도 이에서 연유한다. 여기에서 미터 단위로 환산한 '스타디온'의 수치는 아테네의 그 길이(약 185미터)를 기준으로 한 것이다. 참고 문헌: K. Ziegler, W. Sontheimer und H. Gärtner, *Kleine Pauly: Lexikon der Antike*, Deutscher Taschenbuch Verlag, 1979.

113e

라곤 할 수도 없었으니까요. 그는 몸소 중심의 섬을 신이 쉽게 할 수 있는 그런 것들로 꾸몄습니다. 땅 밑에서 두 개의 샘이 솟게 했는데, 한쪽 샘에서는 따뜻한 물이, 다른 샘에선 찬물이 흘러나오게 하였으며, 토양에서는 갖은 먹을거리를 충분히 제공케 했답니다. 그런데 그는 사내자식들로 다섯 쌍의 쌍둥이들을 낳아 키워서는, 전체 아틀란티스섬을 열 개 부분으로 나누고서, 제일 나이 든 한 쌍의 쌍둥이 중

114a 에서 먼저 태어난 자식에게 어머니의 거처와 가장 크고 가장 좋은 그 둘레의 배당 토지를 나눠주고서, 다른 자식들의 왕으로 앉혔습니다. 반면에 다른 자식들은 통치자들로 임명하고서, 각자에게 많은 사람들과 넓은 면적의 지역에 대한 통치권을 부여했고요. 그는 이들 모두에게 이름을 정해 주었죠. 제일 연장자이며 왕인 자식에게는, 섬 전체(아틀란티스섬)와 그 바다도 따 갖게 된 이름인 '아틀란티스 대양(to Atlantikon pelagos)'이라는 것의 본 이름인 아틀라스(Atlas)[50]가 그때

b 최초로 왕으로서 통치하던 그에 대한 이름이었습니다. 그 다음에 태어난 그의 쌍둥이 짝에게 추첨으로 할당된 것은 헤라클레스의 기둥들 쪽인 섬 끝 쪽으로 지금은 그 지역 이름을 따라 가데이라로 불리는 지역에 이르는 곳으로, [그에 대한 이름은] 헬라스어로 에우멜로스이지만, 본고장 이름으론 가데이로스[51]입니다. 바로 이게 이 지역에 대한 지칭이기도 해서, 그 이름을 제공한 것일 수 있겠네요. 두 번째로 태어난 쌍의 쌍둥이들 중에서는 하나를 암페레스로, 다른 하나는

50) 물론 이 아틀라스는 헤시오도스의 《신들의 계보》 517~520에서 말하는, 거인족(Titanes)의 일원인 이아페토스(Iapetos)의 아들로서 프로메테우스와 형제간이며, 지구의 경계에 서서 하늘을 머리와 팔로 떠받치고 있다는 그 아틀라스와는 다른, 인간일 뿐인 자다.

51) Gadeiros는 스페인의 Cadix(Cadiz)를 지칭하는 것으로 추정됨.

에우아이몬으로 불렀답니다. 세 번째 것들의 경우에는 먼저 난 것에게는 므네세우스라, 그 다음 것에게는 아우토크톤이라 이름을 정해 주었고요. 네 번째 것들 중에서 먼저 것은 엘라시포스로, 나중 것은 c 메스토르로 불렀답니다. 다섯째 것들의 경우에는, 먼저 태어난 것에 아자에스라는 이름을, 뒤에 태어난 것에는 디아프레페스라는 이름을 정해 준 겁니다. 이들 모두는 그들 자신들도 그리고 이들의 소생들도 여러 세대에 걸쳐서 대양의 섬들을 따라 다른 여러 다른 섬들도 다스리며 살았는데, 앞에서도 언급했듯, 이쪽 안쪽의 이집트와 티레니아[52]까지도 지배하게 된 것입니다.[53] 그래서 아틀라스의 일족은 각별 d 하고 영예로운 가문을 이루게 되고, 맏이인 왕은 언제나 후손들 중에서도 맏이인 자에게 넘겨줌으로써, 여러 세대에 걸쳐서 왕국을 보존해 갔습니다. 엄청난 부를 갖게 되었는데, 그 정도는 일찍이 어느 왕조에서도 그만큼은 되지 못했으며 또한 이후로도 쉽게 그리 될 수는 없을 정도였답니다. 도성에서고 다른 지역에서고 준비해 둘 필요가 있는 것들은 모두 이들에게 갖추어져 있었답니다. 그 지배력으로 그들에게는 많은 것들이 외부에서 수입되었으며, 생활필수품들은 그 섬 e 자체가 대부분 제공했기 때문이었답니다. 첫째로, 채광으로 해서 하고많은 고형 및 가용성의 광물들이 채광되었으며, 지금은 이름뿐인 것이지만, 그때는 이름 이상의 것이었던 황동의 종류도 그 섬의 여러 지역에 걸쳐 땅에서 채굴되었는데, 당시에는 금을 제하고는 가장 귀한 것이었습니다. 또한 목수들의 일거리를 마련해 주는 하고많은 숲들은 모든 것을 풍족하게 제공해서, 가축들과 야생 동물들을 먹여 살

52) '이쪽 안쪽'이란 '헤라클레스의 기둥' 안쪽 곧 지중해 쪽을, 그리고 Tyrrhēnia는 Etruria 곧 지금의 Toscana를 지칭함.

53) 《티마이오스》 편 25a~b 참조.

114e

렸고요. 특히 코끼리 가족이 이곳에는 아주 많았답니다. 목초는 다른 동물들을 위한 것이기도 했는데, 늪지대의 풀밭과 호수들 그리고 강
115a 들에, 또한 산들과 그리고 또 들판들에서 방목되고 있는 그 모두에 충분했습니다. 이는 천생으로 덩치가 엄청 크고 엄청나게 대식하는 이 동물[54]의 경우에도 마찬가지였습니다. 이것들에 더해, 오늘날에도 어디선가는 흙이 키우는 가지가지 향기로운 것들, 뿌리들이나 허브들 또는 나무들, 또는 꽃들이나 열매들을 짜서 똑똑 떨어트려 모은 액즙의 이들 향기로운 것들을 자라게 했으며, 또한 잘 자라게 했답니다. 또한 더 나아가, 재배 열매와 우리에게 양식이 되는 것인 건조지 열매와 우리가 곡물로 추가로 이용하는 것들—이 부류 모두를 콩류라 우
b 리가 일컫습니다만—그리고 나무에서 얻는 음료들과 먹을거리들 및 기름들을 제공하는 온갖 것들, 또한 놀이와 즐거움을 위한 것이 되지만 나무 윗가지들에 열리는 껍질은 단단하되 저장은 어려운 과일류들, 그리고 또 충족감을 주는 것으로 지친 자에게 사랑받는 디저트로 우리가 제공하는 것들, 이것들 모두를 그때의 태양 아래 있던 이 신성한 섬이 훌륭하고 놀라운 것들로 그 양도 한없이 제공했답니다. 따라
c 서 이 모든 것들을 땅에서 받아 갖고서, 신전들과 왕궁들 그리고 항구들과 선거들 및 다른 모든 지역들을 다음과 같이 질서 있게 통할했다는 겁니다.

옛 모(母)도성(mētropolis)을 에워쌌던 환상 띠 모양의 바다들에 먼저 다리를 놓았는데, 왕궁에서 밖으로 나오거나 왕궁으로 향하는 길이 조성된 겁니다. 그런데 그 신[55]과 조상들의 이 거처에는 처음부터

---

54) 바로 앞에서 말한 코끼리를 가리켜 하는 말이다.

55) 포세이돈을 가리킨다.

115c

곧 바로 그들이 왕궁을 만들었지만, 다음 왕이 선왕에게서 물려받게 되면서, 장식된 것들을 또 장식함으로써, 늘 능력껏 선대왕을 능가하게 되어, 그 성과의 규모와 아름다움에 있어서 그 거처를 보기에 경악 d
케 할 정도로 만들었답니다. 왜냐하면 그들은 바다 쪽에서 시작해서 맨 바깥쪽의 환상 띠 모양의 바다에 이르기까지 운하를 팠는데, 그 폭이 3플레트라(약 96미터),[56] 깊이는 100피트, 길이가 50스타디아(약 9.25킬로미터)였으며, 이런 식으로 바다로부터 그것으로, 항구로 들어오듯, 거슬러 오르는 물길을 텄는데, 가장 큰 배들조차도 들어오기에 충분할 만큼 입구를 넓혔으니까요. 특히 환상 띠 모양의 바다들을 보호해 주는 같은 띠 모양의 땅들[57]은 다리를 따라, 삼단 노 전함[58]이 e
차례로 운항해 들어감이 가능할 만큼, 잘라 파내고선, 그 위로 덮개를 씌우고서 그 아래로 배의 운항길이 있게 했답니다. 환상 띠 모양의 육지의 가장자리들은 바다보다 높을 만큼 충분한 높이를 유지하고 있었으니까요. 환상 띠 모양의 것들 중에서 바다로 파진 것으로서, 가장

56) plethron(복수는 plethra)은 100피트(포데스) 곧 1/6스타디온에 해당된다. 113c에서 '포데스(=feet)' 및 '스타디온(복수는 stadia)'과 관련된 각주를 참조할 것.

57) 113d 끝 쪽 내용을 참조할 것.

58) 원어는 triērēs이다. 길이 35~37미터에 너비 3.5~5미터 크기의 전함으로, 전체 승선 인원은 200명 이상에 노 젓는 사람들이 170명이었다. 당시엔 가장 빠른 전함이었으며, 순항 속력은 7~8노트이나, 10분 또는 20분 동안 낼 수 있는 순간 최대 속력은 13노트였다고 한다. 이 배의 강력한 무기는 전함 이물의 흘수선 아래에 달린 놋쇠 충각(衝角: embolē)이다. 적선의 배 옆구리를 이것으로 들이받을 수 있기 위해서는 유리한 위치 확보와 함께 기민한 방향 조종과 속도 조절이 요구된다. 480년의 살라미스 해전 때, 아테네가 보유했던 이 전함의 수는 200척이었고, 이후 아테네는 이를 기반으로 한 작전을 통해 해양 강국의 기반을 다지게 되었다.

115e

큰 것은 그 폭이 3스타디아(약 555미터)였으며, 이에 다음으로 이어
진 환상 띠 모양의 육지도 그것과 폭은 같았습니다. 둘째 것들 중에서
바닷물의 그것은 폭이 2스타디아(약 370미터)였고, 마른 땅의 그것
도 이번에도 앞의 바닷물의 그것과 역시 같았답니다. 한데 중심에 있
116a 는 섬 자체를 에워싼 바닷물의 그것은 폭이 1스타디온이었고요. 반면
에 왕궁이 있던 섬의 직경은 5스타디아였답니다.[59] 이 섬과 환상의 띠
들 그리고 그 폭이 1플레트론(약 32미터)인 다리는 이쪽저쪽으로 석
벽을 둘러쳤으며, 바다의 통로를 따라 다리 위에는 양쪽으로 탑과 관
문들을 세웠습니다. 그 돌은 중심의 섬 밑에서 빙 둘러 그리고 환상의
띠들 안팎 밑에서 채석했는데, 일부는 흰색이었고 일부는 검은색 또
b 일부는 붉은색이었답니다. 그들은 채석을 함과 동시에 안쪽으로 파인
이중의 조선소를 만들게도 되었는데, 바로 바위가 그 지붕이 된 겁니
다. 그리고 건축물들 중에서 일부는 단색의 단순한 것들이었지만, 다
른 것들은 재미삼아 돌들을 섞어서 다채로운 것들로 엮어, 건물들에
자연스런 매력을 부여했습니다. 또한 가장 바깥쪽 환상의 띠 벽 전체
둘레는 청동으로 감쌌습니다. 페인트칠을 하듯 말입니다. 반면에 그
c 안쪽 벽은 주석을 녹여 입혔으되, 성채 자체의 성벽은 불처럼 빛을 내
는 황동으로 입혔답니다.

그렇지만 성채 안의 왕궁은 다음과 같은 식으로 구축되었습니다. 이곳 중앙에는 클레이토와 포세이돈의 접근할 수 없는 신성한 신전이 봉헌되어 있었는데, 이는 황금 보호벽으로 둘러싸였으며, 이곳에서 10명의 왕자들 일족이 처음으로 잉태되고 출산을 보게 된 것입니다. 또한 이곳에서 해마다 열 곳 모두의 할당 토지에서의 수확물을 가져

59) 이와 관련해서는 부록의 그림들을 참조할 것.

116c

와 그들 각각에 제례를 올렸습니다. 그런데 포세이돈 자신의 신전은
그 길이가 1스타디온(약 185미터)이었으며, 폭은 3플레트라(약 93미 d
터), 높이는 보기에 이것들과 균형을 이루는 것이었으나, 외관은 이국
풍을 갖게 된 것이었답니다. 신전 바깥쪽은, 박공벽들을 제외하고는,
전체를 은으로 감쌌지만, 박공벽의 조각상들이나 장식들은 금으로 입
혔답니다. 반면에 그 안쪽으로 그 상아색 천장은 보기에 온통 금과 은
그리고 황동으로 장식되었으나, 다른 모든 벽들과 기둥들 그리고 바
닥들은 황동으로 덮었고요. 그러고서 황금 조각상들을 그 안에 세웠
는데, 그 신[60]이 전차에 올라서서 여섯 필의 날개 달린 말들을 모는 모
습의 것은, 그 크기로 해서 천장 꼭대기에 그의 머리가 닿았는데, 둘 e
레에는 네레우스의 딸들[61] 백 명이 돌고래 등을 타고 원형을 이루었
답니다.—그때 사람들은 이들 딸들이 그만큼 많은 걸로 믿었으니까
요.—또한 그 안에는 사인들의 봉납물들인 그 밖의 다른 조각상들도
많이 있었습니다. 신전 바깥쪽 둘레로는 10대에 걸쳐 왕들로 되었던

60) 곧 포세이돈을 가리킨다.

61) Nēreus는 바다의 신으로, '바다의 어른(halios gerōn)'으로 곧잘 불리었다는데, 정직하고 점잖고 언제나 올바른 생각을 해서였다고 한다. 그는 지혜와 예언의 능력도 갖추었고, 여러 모습으로 스스로를 바꿀 수 있었다고도 한다. 헤시오도스의 《신들의 계보》 240~264에는 그가 오케아노스(Ōkeanos)의 딸 도리스(Dōris)와의 사이에 낳은 50명의 딸들 이름이 나열되어 있는데, 이들을 Nērēides(네레우스의 딸들)라 일컬었으며, 바다의 요정들(Nymphai. 단수는 Nymphē)이었다. 그의 다른 소생으로 이름난 Thetis가 있다. 이 테티스를 제우스가 사랑했으나, 둘이 결합할 경우, 그 소생이 아버지인 자기보다도 더 강할 것이라는 프로메테우스의 예언을 듣고, Pēleus와 혼인케 하였는데, 그 소생이 바로 호메로스의 《일리아스》의 영웅 아킬레우스(Akhilleus)이다. 이들의 이런 관계에 대해서는 앞에서 밝힌 헤시오도스의 같은 책 1003~1007에서 언급하고 있다.

116e

본인들과 그 아내들 모두의 금으로 된 상들이 서 있었으며, 그 밖에도 또한 다른 많은 거대한 봉헌물들이 있었는데, 왕들과 이 나라 출신의
117a 사인들 및 이 나라가 통치했던 외국 출신의 사인들의 것들이었던 거죠. 따라서 제단도 그 규모와 제작 솜씨가 이 설치물에 부응하는 것이었으며, 왕궁들 또한 마찬가지로 제국의 규모에 적절한 것이었으며, 신전들과 관련된 장식에도 적절한 것이었습니다. 그런데 찬물과 따뜻한 물의 두 샘은 그 수량이 풍부하면서도, 그 물맛과 빼어남으로 해서 그 각각의 이용의 측면에선 놀랍도록 자연스러워서, 이것들을 이용하
b 길, 건물들과 그 샘물들에 적합한 식목들로 에워쌌습니다. 또한 저수시설들로, 일부는 노천 시설들로 일부는 따뜻한 목욕을 위해 지붕을 덮은 겨울철 시설들도 주변으로 배치했습니다. 왕실용과 사인들이 이용하는 것들이 각기 따로따로였으며, 더 나아가 부인들을 위한 것들도 다른 것들이었고, 말들 그리고 짐을 끄는 짐승들을 위한 다른 것들도 있었는데, 각각의 것들에 그 치장에 어울리는 것을 배정한 것이었답니다. 이에서 흘러나오는 물은 포세이돈의 작은 숲으로 이끌었는데, 그 토양의 빼어남 덕에 온갖 나무들의 아름다움과 키는 놀라울 지경의 것이었으며, 또한 물은 물길을 통해 바깥쪽 환상(環狀)의 [두 육지]
c 띠들로 다리들 맞은편으로 이끌었습니다. 바로 이곳에는 여러 신들의 여러 신전들이 세워지기도 했지만, 많은 정원들과 많은 김나시온들도 세워졌는데, 이것들 중의 일부는 사람들의 이용을 위한 것들이었지만, 환상의 두 띠 섬들 각각에는 말들을 위한 것이 따로 있었답니다. 또한 다른 것들로, 이들 섬들 중에서 큰 쪽 중앙에는 말들의 경주로가 그것들에 지정되어 있었으며, 그 폭이 1스타디온이었고, 그 전체 둘레의 길이는 경마에 맡겨져 있었답니다. 이 경주로 둘레로는 이쪽저쪽
d 에 호위부대[62]를 위한 그 막사들이 있었고요. 그러나 더 믿을 만한 자

117d

들에게는 더 작은 환상 띠의 육지에서 더 성채 쪽인 곳에서의 수비 임
무가 배당되었으며, 모두 가운데서도 신뢰성이 가장 각별한 자들에게
는 성채 안 왕들 자신들 주변의 가옥들이 주어졌답니다. 그런가 하면,
조선소들은 삼단 노 전함들과 이들 전함들에 적합한 장비들로 가득했
으며, 모든 것들이 충분히 갖추어져 있었습니다. 사실인즉 왕들의 거
처 주변의 것들은 이처럼 갖추어져 있었습니다. 또한 셋인 바깥쪽 항
구들을 통과하게 되면, 바다에서 시작해서 원을 지으며 도는 벽을 만
나게 되는데, 이는 제일 큰 환상의 바다 띠 및 이 항구에서 모든 방향 e
으로 50스타디아(약 9.25킬로미터) 떨어진 거리의 것으로서, 운하의
입구와 바다의 입구가 같은 곳에서 맞물리게 된 겁니다. 이 벽은 그
위 전체에 걸쳐 많은 집들이 밀집한 상태였으며, 운하와 아주 큰 규
모의 항구는 배들과 팔방에서 도착한 상인들로 꽉 찼고, 무리들의 사
람 목소리와 떠드는 소리 및 온갖 소음들이 밤낮으로 끊이지 않았답
니다.

이렇게 해서 그 도심과 옛날의 주거와 관련된 것은 그때 듣게 된
대로 방금 거의 상기해내게 되었습니다. 그러나 다른 지역의 자연은
어떠했으며 그 조직 형태는 어떠했는지 상기해 보도록 해야겠습니 118a
다. 그러니까 첫째로, 그 지역 전체가 바다 쪽에서는 지대가 몹시 높
고 가팔랐으나, 도성 주변은 전체가 들판으로서, 그걸 에워쌌는데,
이 들판은 또 바다 쪽에 이르기까지 뻗친 산들로 둥글게 둘러싸여 있
었으며, 평평하디평평했답니다. 전체가 장방형이었고, 맞은편까지는
3,000스타디아(약 555킬로미터)였으며, 중간 지점에서 바다 쪽부터

62) 원어로는 '창병들([hoi] doryphoroi)로 이루어진 부대'를 뜻한다. 옛날 아테네의 '경찰'은 hoi toxotai로 불렸는데, 그 뜻은 '궁수들'이었다. 이들은 주로 스키티아의 노예들로 이루어졌다.

118a

b 의 상부는 2,000스타디아(약 370킬로미터)였습니다. 섬 전체의 이 지
역은, 북풍을 피해, 남쪽을 향한 겁니다. 그때 이 지역을 에워쌌던 산
들은, 오늘날 있는 그 모든 것들에 대비되어, 그 수와 크기 그리고 아
름다움으로 해서 찬양받았죠. 그것들은 여러 마을과 풍부한 근린 주
민들을 품고 있었으며, 강들과 호수들 그리고 모든 사육동물들이나
야생동물들을 위한 먹을거리를 제공하는 초원들, 그리고 또 일체의
목공 일을 위해 양과 종류에 있어서 다양한 목재를 그리고 각각의 용
도에 맞추어 풍부하게 갖추어 갖고 있었고요. 그런 터에 들판은 자연
c 적으로 또한 여러 대에 걸친 왕들에 의해 오랜 시간 동안의 노고로 다
음과 같이 이루어졌답니다. 애초에 들판은 그 대부분이 반듯한 네모
꼴의 장방형을 이룬 것이었으나, 이에 미치지 못한 것은 들판 둘레에
해자를 팜으로써 바로잡았습니다. 이 해자[63]의 깊이와 폭 그리고 길
이는 사람의 손으로 만들어진 것이라곤 듣고서도 믿기지 않는 그만
큼 엄청난 규모의 것을, 다른 힘들었을 일들에 더해, 어쨌거나 우리가
들은 바는 말해야만 하겠네요. 1플레트론의 깊이로, 모든 방향으로
d 1스타디온의 폭으로 파졌는데, 그 길이는, 전체 평야 둘레로 파졌으
니까, 1만 스타디아였답니다. 이 해자가 산에서 내려온 강물을 받아
들판을 돌게 한 다음, 도성 여기저기에 이르게 했다가, 이런 식으로
바다 쪽으로 흘러나가게 했답니다. 이에서 내륙 쪽으로는 폭 100피트
가량씩 들판을 따라 수로들이 곧게 구획되어 있어서, 다시 바다 쪽 해

63) 원어는 taphros이다. 이는 일반적으로는 도랑·개천·해자(垓子)를 뜻하는데, 여기에서 말하는 것은 '도랑'이라고 말하기엔 그 규모가 엄청난 '해자' 형태의 것인 셈이다. 해당하는 번역어를 찾지 못한 터라, 일단 '해자'로 옮기지만, 그 뜻은 '해자 형태의 수로 관개 시설'인 걸로 이해하면 되겠다.

118d

자로 내보내게 한 거죠. 이들 수로는 서로 간의 거리가 100스타디아
였답니다. 바로 이런 식으로 산들의 목재도 도심으로 떠내려 오게 했
으며, 그 해의 과일들도 선박들로 운반해 내렸고, 물길들을 가로질러 e
또는 옆으로 배를 몰며 도심으로 한 지역 한 지역 옮겨 갔던 겁니다.
또한 그들은 해마다 두 번씩이나 땅에서 수확을 했는데, 겨울에는 제
우스가 내리는 빗물을 이용해서며, 여름에는 땅이 제공하는 물을 수
로를 통해서 강물을 이끌어 와섭니다.[64] 또한 인력을 말하자면, 각각
의 추첨에 의한 할당 토지에서는 들판에서 전쟁에 대비해 복무할 수
있는 사람들의 지도자를 각기 한 사람씩 내도록 제도화했는데, 그 할 119a
당 토지의 크기는 10×10 스타디아였으되, 전체 할당 토지의 수는 6
만 개였답니다. 산들과 기타 지역들 출신의 인원들은 그 수가 한도 없
었지만, 지역과 마을에 따라 이들 할당 토지들과 그 지도자들에 모두
가 배치되었습니다. 따라서 각 지도자는 전쟁과 관련해서는 전차 한
대의 1/6 부분을 조달해서, 1만 대를 이룰 수 있게끔 지시받았으며,
말 두 필과 이에 올라탄 사람들, 더 나아가 전차는 없이 말 한 쌍, 또 b
한 말에서 내린 작은 방패를 가진 보병 하나, 한 쌍의 말을 번갈아 타
며 모는 자, 중장비 보병 2명, 궁수와 투석 전사 각각 2명, 경무장의
돌팔매질 병사와 창병 각각 3명, 1,200척의 함선 충원을 위한 4명의
수병을 동원토록 한 것입니다. 그러니까 왕도(王都)의 전쟁 훈련은 이
처럼 시행했습니다만, 나머지 아홉 도성들은 저마다 달리 대처했는
데, 이를 말하는 건 긴 시간이 걸리는 것일 겁니다.

그 통치들과 지위들은 처음부터 이런 식으로 규정되어 있었습니 c
다. 열 명의 왕들 각각은 제 영토의 제 나라에서 사람들과 법률 대부

64) 지중해성 기후는 겨울이 우기이고 여름은 건기이다.

119c 분을 지배했으니, 자신이 그러고 싶은 자를, 누구든 벌주고 죽이기도 했답니다. 그들 사이에서의 지배 관계와 공동 관계는 포세이돈의 지시들에 따른 것이었습니다. 법과 최초의 왕들에 의해 황동 비에 새겨
d 진 명문대로 말입니다. 이건 그 섬 중앙의 포세이돈 신전에 놓여 있었습니다. 바로 이리로 5년마다, 그러다가도 번갈아 6년마다 모이곤 했는데, 이는 짝수와 홀수를 똑같이 존중해서였답니다. 일단 모이게 되면, 공동의 일들과 관련해서 협의를 하고, 누가 무언가를 위반했는지 캐묻고, 재판을 했답니다. 그러나 재판을 하려 할 때는, 그들은 먼저 다음과 같은 서약을 서로 했답니다. 포세이돈 신전 안에는 황소들이 풀려 있고, 10명의 왕들만 있는데, 이들은 신을 흡족케 할 제물을
e 잡을 수 있게 해 달라고 기원을 하고서, 쇠붙이는 없이 나무와 올가미를 써서 사냥을 하되, 자기가 잡게 된 황소를 그 황동 비 쪽으로 이끌고 가서는 도살하는데, 황동 비의 머리 아래로 그 명문을 따라 아래로 피가 흘러내리게 했던 겁니다. 이 비에는 법률에 더해, 불복하는 자들에게 큰 저주들을 내려 줄 것을 기원하는 서약도 새겨져 있었답니다.
120a 그래서 자신들의 법률에 따라 제물을 바치고서, 황소의 사지들을 모두 축성했을 때, 포도주 혼합 용기[65]에 포도주를 희석한 다음, 그 핏덩이[66]를 각자를 위해 그 안에 던져 넣되, 그 나머지 것들은 불에 태

65) 원어는 kratēr(영어로는 mixing vessel or bowl)이다. 포도주와 물을 마시기 직전에 일정 비율로 혼합해서 희석하는 데 쓰이는 용기이다. 따라서 '[포도주] 희석 용기'로 번역하는 게 내용상으로는 더 정확한 표현이겠다. 그 혼합 비율은 가장 일반적인 것이 포도주 2에 물 3의 비율이지만, 갖가지 사정에 따라서 그 비율은 오락가락했다. 일상에서 물과 희석하지 않은(akratos, akrētos) 포도주(oinos akrētos)를 마심은 일종의 금기 사항이었던 셈이다.

66) 이는 제물로 희생된 황소의 핏덩이 조각을 뜻한다. 희석용 용기에서

120a

우려 가져갔습니다. 그 비를 두루 정화하고서죠. 그 다음으로는 혼합 용기에서 떠내[67] 담긴 그 포도주의 황금 잔들[68]로 불 위로 제주를 따르며 맹세를 했습니다. 만약에 누가 무엇인가 전에 선을 넘은 것이 있다면, 비에 새겨진 법률에 따라 재판을 하고서, 벌을 줄 것이라고. 또한 이후로도 그 명문들 중의 어떤 것도 고의로 위반하지는 않을 것이며, 그들 모두의 아버지의 법률에 따르지 않고 통치하지도 않을 것이고, 그것들에 따라 지시하는 자 이외의 어느 통치자를 따르지도 않을 것 b
이라고 말입니다. 이들 각자는 저마다 자신과 제 자손을 위해 이런 서약들을 하고서, 제 잔을 비우고서 그 신의 신전에 잔을 바치고선, 정찬과 필요한 일들로 소일했습니다. 그리고선 어둠이 내리고, 제물들 주변의 불도 사그라졌었을 때, 모두들 짙은 남색의 더할 수 없이 훌륭한 제례복을 입고서, 엄숙한 맹세를 하느라 바친 제물들의 재 위 땅바닥에 앉아서는, 밤중에 신전 주변의 일체 불을 다 끄고선, 만약에 그 c
들 중에서 누가 누군가를 뭔가 위반하였음을 고발할 경우에는, 재판을 하고 벌을 받았답니다. 날이 밝아지면, 그들은 재판을 한 일과 판

희석된 포도주에 제물의 목을 땄을 때 흐른 핏덩이 조각을 던져 넣어 섞은 포도주를 10명의 왕들이 각기 서약을 지키는 의식으로 나누어 마시는 절차를 밟는 것이겠다.

67) 포도주를 혼합 용기에서 정작 떠내는 데 쓰는 '국자'는 kyathos라 한다.

68) 여기에서 말하는 '잔'의 원어는 phialē이다. 실상 이 낱말로 지칭되는 그릇은 접시 모양의 그릇에서부터 술잔에 이르기까지 다양하다. 정식 포도주 잔을 지칭하는 kylix에는 양쪽 귀가 달린 손잡이가 있지만, 술잔 겸 제주를 따르기 위한 phialē에는 손잡이가 없다. 그 모양은 접시가 액체를 담을 수 있게끔 넓게 오목한 형태로 대접 모양을 갖추려다 만 납작한 꼴이다. 큰 것들은 직경이 좋이 20센티미터가 넘는데, 《향연》 편 223c를 보면, 소크라테스가 아가톤 및 아리스토파네스와 함께 새벽녘에 이 큰 잔으로 포도주를 돌아가며 마시면서 대화하고 있는 장면이 나온다.

120c

결 내용을 금판에 적고선 제례복과 함께 기념물들로 봉납했습니다. 또한 왕들 각각의 특권들과 관련해서는 다른 여러 가지 법률이 있었습니다. 그중에서도 가장 중요한 것들은, 결코 서로 전쟁을 일으키지 말 것이며, 만약에 이들 중에서 누군가가 어느 나라에서 왕족을 해체
d 시켜 버리려 꾀하기로 한다면, 그들의 선인들처럼, 전쟁 및 기타 대처 안건들과 관련된 협의를 하고, 주도권은 아틀라스 가문에 줌으로써 모두가 도와야 한다는 것입니다. 반면에 왕은 친족들 중의 누구에 대해서도, 그 10명의 절반 이상의 동의가 없을 경우에는, 처형의 권한이 없었답니다.

그때 그들 지역에서 그토록 막강했던 이런 세력을 신이 집결시켜 이번에는 우리의 이 지역으로 인도했는데, 이는 이런 동기에서였다는
e 이야기입니다. 신의 성분이 그들에게 충족했을 동안은, 여러 세대에 걸쳐 그들은 법률에 순종했으며 신의 핏줄인 친족에 대해서도 우호적이었습니다. 그들은 진실했고 모든 면에서 대단한 사려분별을 지녔었으며, 언제나 일어나는 우연들에 대해서 또한 서로에 대해서도 지혜와 함께 온건하게 대해 왔으니까요. 그 때문에 그들은 덕을 제외하고
121a 는, 소유하게 된 모든 것을 경시했으며, 황금의 짐과 그 밖의 소유물들의 무게를 가볍게 견디어 내되, 부로 인한 사치에 취해 자신들을 통제하지 못해 비틀거리는 일은 없었습니다. 오히려 그들은 맨정신으로 날카롭게 관찰하길, 이 모든 것도 덕을 수반한 공동의 우애로 해서는 증대되지만, 이것들에 대한 열렬함과 숭배는 이것들 자체를 감소시킬 뿐더러, 이것들과 함께 덕 또한 사라지게 한다는 점이었습니다. 바로 이런 헤아림으로 해서 그리고 신적인 성향이 그들에게 머물러 있는 동안은, 앞서 우리가 말한 그 모든 것이 증대되었습니다. 그러나 그들에게 있어서 신의 성분이 사라져 가게 되고 죽음을 면치 못하는 [인간

121a

의] 많은 성분과 여러 차례 섞이게 되어, 인간적인 성품이 우세하게 b
되니, 소유하게 된 모든 것을 그땐 이미 감당할 수 없게 되어 볼품없
는 꼴이 되었으며, 볼 수 있는 사람에게는 추한 자들로 보이게 되었던
겁니다. 가장 훌륭했던 것들이 가장 존중받던 것들에서 사라지게 되
었으니까요. 반면에 행복을 향한 진실한 삶을 볼 수 없는 자들에게는,
옳지 못한 탐욕과 힘으로 넘치다 보니, 이때야말로 자신들이 더할 수
없이 잘났고 행복한 걸로 여겼던 겁니다. 그러나 신들 중의 신인 제우
스는 율법으로 다스리는 이로서, 이런 것들을 간파할 수 있었기에, 훌
륭한 종족이 비참한 처지가 되어 있다는 생각을 하고서, 이들에게 벌
을 내리고자 했는데, 이는 이들이 건전한 마음을 지니게 됨으로써 한 c
결 합리적인 사람들로 되었으면 해서였습니다. 그래서 신들을 모두
이들의 가장 명예로운 거처로 모이게 했습니다. 이곳이야말로 전체
우주의 한가운데 자리 잡고 있어서 생성에 참여하는 일체의 것들을
굽어보는 곳이죠. 그들을 소집하게 되니, 제우스가 말했습니다. …[69]

69) 여기에서 이 대화편은 끝을 맺지 못하고, 중단되어 버린다.

그림 1

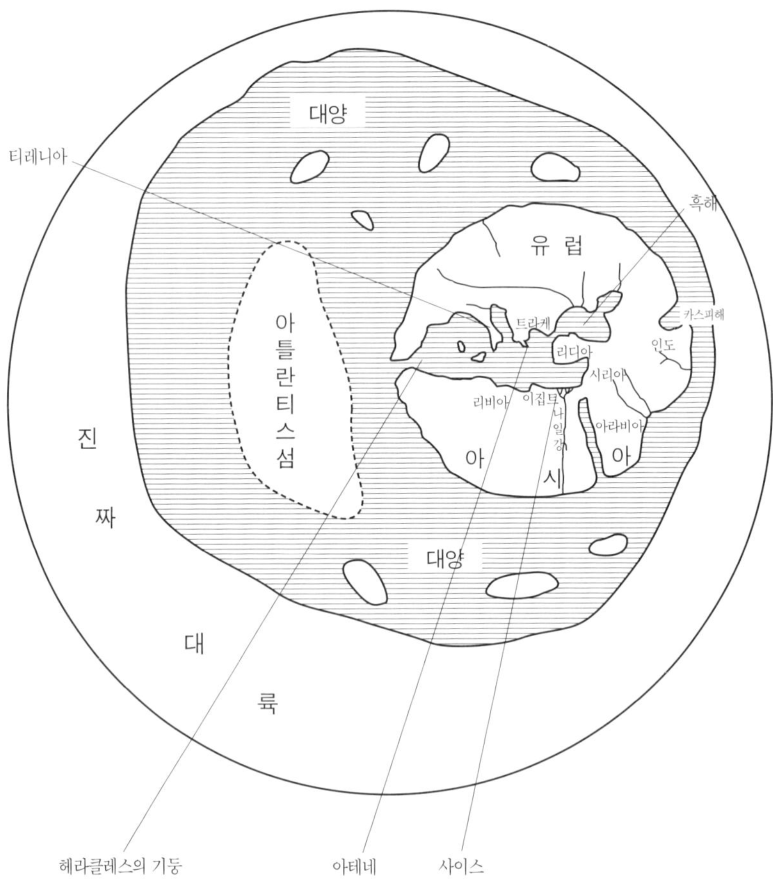
대양
티레니아
흑해
유 럽
아
틀
란
티
스
섬
트라케
카스피해
리디아
인도
시리아
리비아
이집트
나
일
강
아라비아
진
아
시
아
짜
대양
대
륙
헤라클레스의 기둥
아테네
사이스

그림 2

중앙의 섬

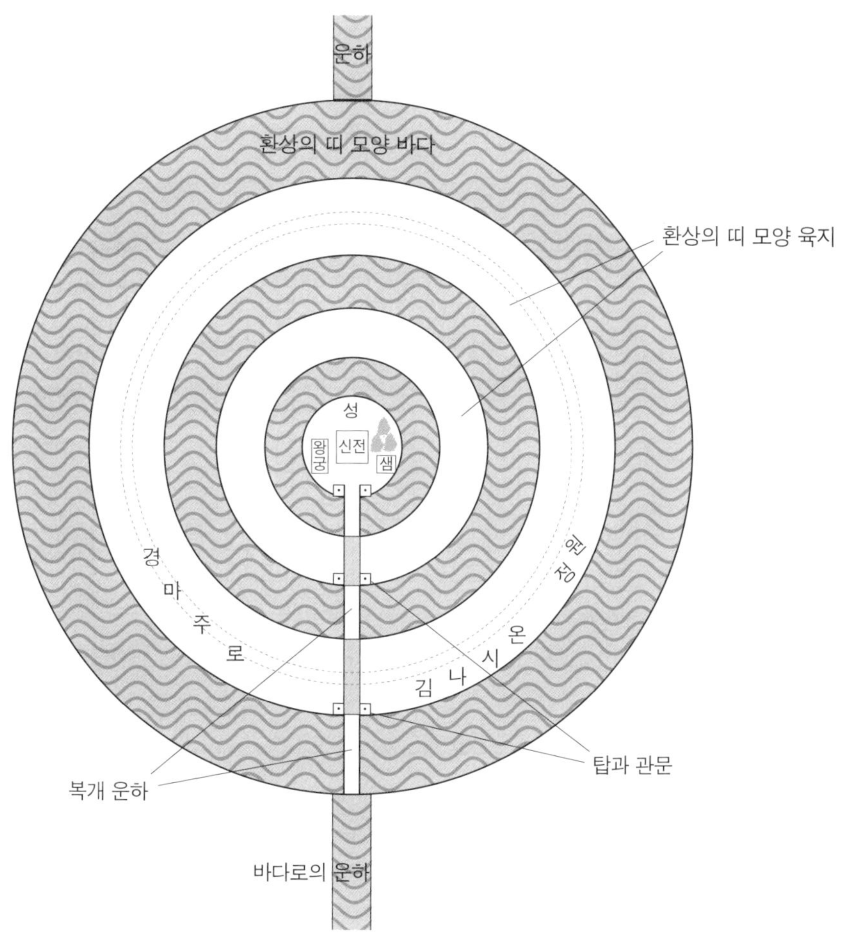

그림 3

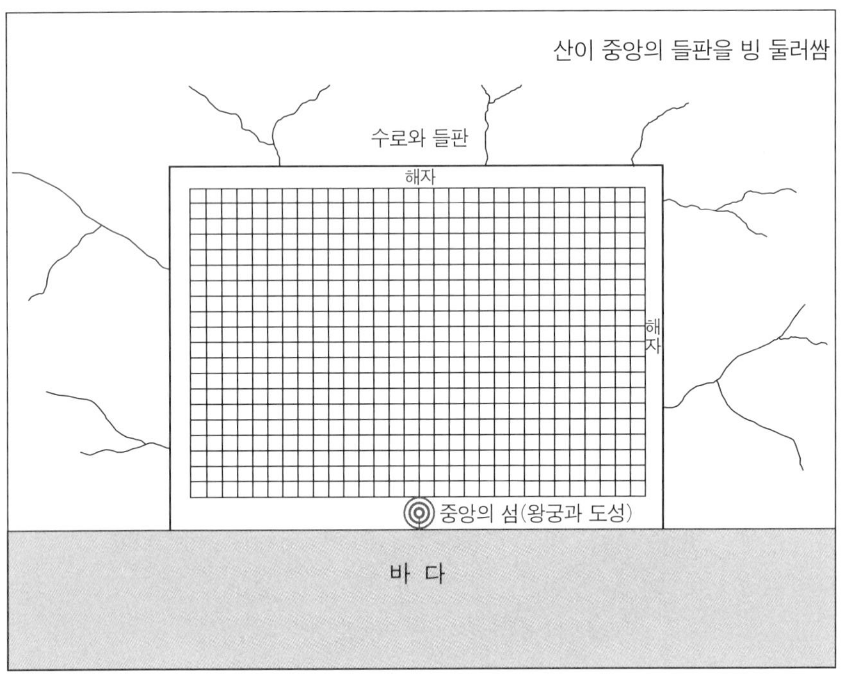

《크리티아스》 편 부록:
《티마이오스》 편 17a~27b

(17a) 소크라테스: 한 분, 두 분, 세 분. 한데, 보십시오, 티마이오스 님! 어제는 대접을 받은 손님이었으되, 이제는 손님을 대접하시게 될 네 번째 분은 어디에 계신가요?

티마이오스: 아, 소크라테스 님, 그분은 몸이 불편해졌겠죠. 그가 일부러 이 모임에 빠지지는 않았을 테니까요.

소크라테스: 나오지 않은 사람의 몫까지 채우는 것은 선생님과 여기 계신 분들의 일이 아니겠습니까?

(b) 티마이오스: 그야 물론입니다. 저희로서는 어쨌든 힘닿는 데까진 조금도 부족함이 없도록 할 것입니다. 어제 선생님한테서 손님 대접을 제대로 받고서는, 여기 남아 있는 저희가 선생님께 답례의 대접을 성심으로 하지 않는다면, 그건 온당치 못할 테니까요.

소크라테스: 그렇다면 여러분께서는 제가 여러분께 무엇과 관련해서 무엇 무엇을 말씀하시도록 일렀는지 기억하고들 계시겠군요?

티마이오스: 일부분은 기억하고 있습니다만, 기억하지 못하는 것들은 선생님께서 계시니 상기시켜 주시겠지요. 아니, 그보다는 선생님께 힘든 일이 아니라면, 그것들을 처음부터 다시 선생님께서 간결하

게 개괄해 주십시오. 그것들이 저희에게 한결 더 확실해질 수 있도록 말씀입니다.

(c) 소크라테스: 그럴 것입니다. 정체(政體: politeia)와 관련해서 어제께 했던 저의 언급의 요지는, 제 생각으로는, 아마도 어떤 것이 최선의 정체이며 또 그건 어떤 사람들로 이루어지는가 하는 것이었던 게 분명한 것 같습니다.

티마이오스: 뿐만 아니라, 소크라테스 님! 저희에게 말씀해 주신 정체는 모두의 마음에 들었습니다.

소크라테스: 그런데 우리는 이 나라에서 먼저 농부의 부류나 다른 기술 분야에 종사하는 모든 부류를 나라를 수호할 부류에서 분리하지 않았던가요?

티마이오스: 네.

소크라테스: 또한 바로 '성향에 따라서' 저마다 제게 알맞은 한 가지 일만을, (d) 즉 한 가지 기술만을 저마다에 할당하고서는, 우리가 말하기를, 나라 밖에서건 나라 안에서건 누군가가 이 나라를 해치려 들 경우에, 모두를 위해 싸워야만 하는 사람들도 따라서 오로지 나라의 수호자들(phylakes)로만 있어야 한다고 했으며, (18a) 자신들의 다스림을 받을 뿐만 아니라 자연적으로 친구 사이인 사람들에 대해서는 판결을 내림에 있어서도 온유하게 하되, 전투에서 조우하게 되는 적들에 대해서는 가차 없는 사람들이어야만 한다고 했습니다.

티마이오스: 전적으로 그랬습니다.

소크라테스: 이들의 마음(혼)의 성향이 각별히 격정적(thymoeides)인 동시에 지혜를 사랑하는 것(philosophos)이어야만 한다고 말한 걸로 생각합니다. 그건, 수호자들이 양쪽의 각각에 대해 옳게 온유하거나 가차 없도록 될 수 있기 위해서였습니다.

티마이오스: 그랬습니다.

소크라테스: 한데, 교육은 어떠했습니까? 이들은 체육과 시가(詩歌: mousikē) 및 이들에 어울리는 모든 학과목으로 교육을 받지 않았습니까?

티마이오스: 물론입니다.

(b) 소크라테스: 그러나 적어도 그렇게 교육받은 사람들은 금도 은도 또한 그 밖의 어떤 것도 자신들의 개인적인 소유물로 생각해서는 아니 되고, 이들에 의해 보호를 받는 사람들한테서 수호에 대한 보수를 보조자들로서 받되, 이 보수는 절제하는 사람들에게 적절한 만큼이어야 하고, 이의 사용도 공동으로 해야 하며, 공동 생활을 하면서 함께 살아가야만 한다고 말했을 것입니다. 일생을 통해서 '사람의 훌륭한 상태(훌륭함, 덕: aretē)'에 대해 관심을 갖되, 다른 일들에 대해서는 한가로운 태도를 취하면서 말씀입니다.

티마이오스: 그것들 또한 그런 식으로 언급되었습니다.

(c) 소크라테스: 또한 더 나아가 우리는 여성들과 관련해서도 남성들의 경우와 비슷한 그들의 성향이 조화를 이루도록 해야 하며, 또한 모든 여성에게도 전쟁에 있어서나 다른 일상생활에서 모든 일을 공통되게 부여해야만 한다고 언급했습니다.

티마이오스: 그런 식으로 그것들 또한 언급되었습니다.

소크라테스: 아이들의 출산과 관련된 일은 어떠했습니까? 그것은 언급된 것들의 생소함 때문에 잘 기억이 날 수 있는 것입니다. 그건 이런 것이었습니다. 우리는 모든 혼사와 자식들의 일을 모두에게 있어서 공동의 일로 정하여, 그들로 하여금, 그들 중에 누구도 결코 제 소생을 알아볼 수 없도록 하고, (d) 모두가 자기들 모두를 같은 가족으로 간주하여, 적정 연령 안에 드는 사람들이면 형제와 자매로, 그보

다 앞서거나 더 연상인 사람들은 부모나 조부모로, 반면에 그 아래에 드는 사람들은 자식들과 손자들로서 간주하도록 하는 방책을 고안케 했습니다.

티마이오스: 네, 그런 것들 또한 선생님께서 말씀하시는 대로 잘 기억이 납니다.

소크라테스: 그런데 성향에 있어서 최선의 인간들이 가능한 한 곧바로 생기도록 하기 위해서는 남녀 통치자들[1]이 추첨에 의한 혼인과 관련해서 비밀리에 (e) 이런 고안을 해야만 한다고 우리가 말했던 게 기억나지 않습니까? 즉 열등한 남자들과 우수한 남자들이 따로따로 자기들과 닮은 여자들과 짝을 짓는 추첨을 하게 하되, 이로 인하여 이들 사이에 어떤 적대감이 생기는 일이 없도록 하기 위해서는, 그 짝짓기 추첨 결과의 탓을 우연으로 여기게끔 해야 된다고 말씀입니다.

티마이오스: 저희는 기억하고 있습니다.

(19a) 소크라테스: 더 나아가 우수한 사람들의 자식들은 물론 교육을 받아야만 하지만, 열등한 사람들의 자식들은 다른 시민들 사이에 은밀히 분산시켜야만 한다고 우리가 말했던 것도 기억납니까? 그러나 그들이 자라는 동안 통치자들은 그들을 지켜보면서 그럴 만한 가치가 있는 자들은 언제나 다시 신분 상승을 시키되, 자신들 쪽의 무자격자들은 올라간 사람들의 자리로 이동시켜야만 한다고 한 것도?

티마이오스: 그랬었죠.

소크라테스: 그러면 이젠 우리가 요약해 다시 개괄해 보고자 해서 말한 것이 어제 말한 대로인지, 아니면, 보십시오, 티마이오스 님, 어

---

1) 플라톤은 《국가(정체)》편 제5권 454d~457c에서 '성향에 따라' 수립된 '아름다운 나라'에서는 여자들도 남자들과 똑같이 나라의 수호자들로 될 수 있음을 언급하고 있다.

제 언급된 것들 중에서 빠뜨린 것으로서 아직도 우리가 이야기할 필요가 있는 것이 있나요?

(b) 티마이오스: 전혀 없습니다. 소크라테스 님, 바로 그게 언급된 것들입니다.

소크라테스: 이제 우리가 서술한 정체와 관련해서, 제가 이에 대해 어떤 느낌을 갖고 있는지를 다음으로 여러분께서 들으셨으면 합니다. 제 느낌은 흡사 이런 것입니다. 가령 누군가가 아름다운 생물들을 보게 될 경우에, 그것들이 그림으로 되어 있는 것이건 또는 실은 살아 있으면서도 가만히 있는 것이건 간에, 그것들이 움직이는 걸 그리고 그 덩치에 어울릴 것으로 여겨지는 짓을 실제 싸움에서 겨루어 보이는 것을 보았으면 하는 욕구를 갖게 되는 경우 말씀입니다. (c) 같은 걸 저도 우리가 서술한 나라에 대해 느꼈습니다.[2] 저는 누군가가, 한 나라가 겨루게 될 싸움들에서, 이 나라가 다른 나라들에 대항해 싸움에 있어서 이 나라에 어울리게 전투에 임하고, 전투를 함에 있어서는 각 나라에 대한 실제 전쟁 수행의 면에서나 강화(講和) 담판의 면에서나 이 나라가 받은 교육과 양육에 어울리는 짓을 해 보여 주는 걸 충분히 이야기해 준다면, 그의 이야기를 즐겁게 듣고 싶기 때문입니다. 그러니, 크리티아스 님 그리고 헤르모크라테스 님! 이 점에서 (d) 제 자신이 이 나라와 이 나라 시민들을 충분히 찬양하기에는 결국 역부족이라는 판정을 스스로 내렸습니다. 저의 이 역부족도 전혀 놀

2) 《국가(정체)》 편에서 언급된 '아름다운 나라(kallipolis)'에 대한 소크라테스의 묘사는 본(paradeigma)을 위한 것이다. 여기서 이런 본으로서의 '아름다운 나라'가 살아 움직이는 것을 보고 싶다는 소크라테스의 언급은 그런 나라가 실제로 현실의 정치에 있어서 실현되는 모습을 보고 싶다는 의미일 것이다.

랄 일이 못 됩니다. 하지만 저는 옛날이나 오늘날의 시인들에 대해서도 똑같은 판단을 하고 있습니다. 이는 시인의 부류를 제가 경시해서가 아니라, 모방하는 무리[3]가 자신들이 그 속에서 자라온 정황들에 대해서는 가장 쉽게 그리고 가장 훌륭하게 모방(묘사)하게 될 것이나, 각자의 양육 테두리 밖에서 일어나는 것을 (e) 행위로써 훌륭히 모방하기는 힘들고, 더구나 말로써 훌륭히 모방하기는 한결 더 힘들다는 것은 누구에게나 명백하기에 드리는 말씀입니다. 반면에 소피스테스들의 부류는 많은 연설과 그 밖의 다른 훌륭한 것들에 대해 상당한 경험을 갖고 있는 것으로 제가 믿고 있지만, 그들은 이 나라 저 나라를 떠돌아다니느라, 어디에서도 자기들 자신의 거처에 정주하지 못하기 때문에, 지혜를 사랑하는 사람들(철학자들)이며 동시에 정치가인 사람들[4]에 대해서, 이들이 전쟁이나 전투에서 그리고 각각의 상대와 협상을 함에 있어서 언행을 통해서 어떤 일들을 얼마만큼 행하며 말하는지 가늠하지 못하지 않을까 염려됩니다. 그러니 여러분과 같은 그런 마음의 상태에 있는 부류가, (20a) 즉 성향과 교육에 의해 그 양쪽다[5]에 동시에 관여하게 된 부류가 남게 되었습니다. 여기 계신 티마이오스 님께서도 가장 훌륭한 법질서를 갖춘 나라로 이탈리아에 있는 로크리스 출신으로서, 재산이나 가문에 있어서 그곳 분들 중의 누구에게도 뒤지지 않으시며, 그 나라에서 최고의 관직과 명예를 누리

---

3) 플라톤은 시가나 그림을 통한 예술 활동을 '모방(mimēsis)' 행위로 규정하기 때문에 하는 말이다.

4) 플라톤은 《국가(정체)》 편 제5권 473c~e, 제6권 499b~c 및 501e만이 아니라 〈서한 7〉 326a~b에서도 '철인 치자'(哲人治者) 사상에 대해 언급하고 있는데, 이에 따르면 '아름다운 나라'는 현실적인 통치권과 참된 지혜가 같은 사람(들)에 있어서 통합되어 있을 때만 실현 가능하다.

5) 지혜를 사랑하는 사람들(철학자들)과 정치가들을 가리킨다.

셨을 뿐만 아니라, 또한 제 판단으로는 지혜를 사랑하는 모든 활동(철학)에서 정상에 이르셨습니다. 그런가 하면 크리티아스 님께서는 우리가 논의하고 있는 것들 중의 어떤 것에 있어서도 문외한이 아니시라는 걸 이곳 사람들인 우리 모두가 아마도 알고 있을 것입니다. 한데 이번에는 헤르모크라테스 님의 성향과 교육에 관해서 말씀드릴진대, 이 모든 것과 관련해서 충분히 자격을 갖추신 것으로 많은 사람이 증언하는 터이니, (b) 믿어야만 합니다. 그래서 어제도 저는, 여러분께서 정체에 관한 걸 자세히 말해 주도록 요구하셨을 때, 저대로 생각이 있어서, 열의를 갖고 응했습니다. 그건, 그다음의 이야기를, 여러분께서 하려고만 하신다면, 그 누구도 여러분보다 더 유능하게 해 주실 수는 없으리라는 것을 알았기 때문입니다. 요즘 사람들 중에서는 여러분께서만이 이 나라로 하여금 그것에 어울리는 전쟁을 하게 해서, 이 나라에 합당한 모든 것을 설명해 보여 주실 수 있을 것이기 때문입니다. 여러분께서 분부하신 것을 제가 말씀드린 터라, 제가 방금도 말씀드리고 있는 걸 여러분께 저대로 당부했던 것입니다. 어쨌든 여러분께서는 여러분끼리 함께 상의하시고서, (c) 이제부터 이야기의 잔치를 보답으로 제게 해 주시기로 합의하셨습니다. 그래서 저는 환대에 맞는 성장을 하고서 여기에 나와 있거니와, 대접을 받을 준비가 누구보다도 더 잘 되어 있습니다.

헤르모크라테스: 그리고 사실은, 소크라테스 님! 여기 계신 티마이오스 님께서 말씀드렸듯이, 실인즉 저희가 열의에 있어서 조금인들 부족함이 없을 것이며, 그걸 이행하지 않을 어떤 구실도 없습니다. 그래서 어제도 이곳에서 저희가 묵고 있는 크리티아스 님의 댁 객사에 도착하는 길로, 아니 그 이전에 거기로 가는 도중에도 바로 이 문제를 생각하고 있었답니다. (d) 그런데 이 분께서는 옛날에 들으신 바에 근

거하여 저희에게 이야기를 해 주셨습니다. 크리티아스 님, 그 이야기를 이제는 선생님께 해 드리십시오. 그 이야기가 선생님의 분부에 가당한지 가당치 않은지 함께 검토해 보시게 말씀입니다.

크리티아스: 그러도록 해야겠죠. 우리의 세 번째 동료인 티마이오스 님께서도 동의하신다면 말씀입니다.

티마이오스: 동의하고말고요.

크리티아스: 들어 보시죠, 소크라테스 님! 아주 이상한 이야기이긴 하지만, 일곱 현인 중에서도 가장 현명하신 솔론[6]께서 일찍이 말씀하셨듯, 이는 어쨌든 전적으로 사실인 것[7]입니다. (e) 그분께서는, 그분 스스로도 당신의 시(詩) 여러 군데에서 말씀하시고 있듯이, 저의 증조부 드로피데스(Drōpidēs)와는 친족이시며 아주 가까운 친구 사이였습니다. 증조부께서는 저의 조부이신 크리티아스께, 이 조부께서 노인이실 때에 기억하시고 계신 것을 저희에게 들려주시곤 했듯이, 이런 이야기를 해 주셨답니다. 옛날에 이 나라가 이룩한 행적들로서 세월과 사람들의 사멸로 인해 기억에서 사라져 버린 위대하고 놀라운 것들이 있었는데, 그 모든 것 중에서도 가장 위대한 한 가지를 (21a) 지금 우리가 상기하게 된다는 것은, 선생님께 사례를 하는 것도 되며, 또한 동시에 여신을 그 축제[8] 때에, 마치 찬송하는 이들이 하듯, 옳게

---

6) Solōn(약 640~약 560/559)은 헬라스의 일곱 현인 중의 한 사람이었으며, 아테네의 유명한 정치가요 시인이었다.

7) 크리티아스는 자신의 이야기가 허구가 아니라 진실임을 강조하고 있다. 그리고 소크라테스도 26e4~5에서 크리티아스의 이야기가 '지어낸 이야기(mythos)'가 아니라 '진짜 이야기(ho alēthinos logos)'임을 의심하지 않고 있다. 그러나 우리가 이를 근거로 '아틀란티스 설화'가 역사적 사실에 대한 이야기라고 생각할 필요는 없다.

8) 여기서 언급되고 있는 축제는 Panathēnaia 축제이다. Panathēnaia는 아

그리고 참으로 찬양하는 것이 되겠으니, 우리에겐 적절한 일일 것입니다.

소크라테스: 잘 말씀하셨습니다. 그러면, 솔론께서 들으신 대로 전해지지는 않고 있으나, 이 나라가 실제로 행하였다고 크리티아스 할아버지께서 이야기하신 그 옛날의 행적은 어떤 것이었습니까?

크리티아스: 제가 말씀드리죠. 이 옛날이야기를 제가 들은 것은 젊은 나이를 훨씬 지나신 분에게서였습니다. 사실 그때에 크리티아스 할아버지께서는, 스스로 말씀하셨듯이, (b) 춘추가 이미 거의 아흔에 가까우셨고, 저는 기껏해야 열 살가량이었습니다. 그날은 우리의 아파투리아(Apatouria) 축제 기간 중 '성년(成年)의 날(Koureōtis)'[9]이었습니다. 아이들에겐 축제의 관행이 늘 있었고, 그때도 있었습니다. 아버지들께서 우리에게 시 음송의 상을 내거셨기 때문이었죠. 실상 여러 시인의 많은 시도 음송되었지만, 그 당시로는 솔론의 시가 새로웠기 때문에 많은 아이가 그걸 노래했습니다. 어쨌든 문중 분들 가운데 한 분께서, 그분께 그때 실제로 그렇게 생각되셔서였든 혹은 크리티

테나 여신을 경배하기 위한 축제로서, 7월 중순에서 8월 중순에 열렸다(《국가(정체)》 편 제2권 378c의 각주 53을 참조할 것). 이 축제와 《국가(정체)》 편에서 언급되고 있는 Bendis 축제(같은 책, 제1권 327a의 각주 3을 참조할 것)의 관계에 대해서는 해제를 참조할 것.

9) 아테네의 경우에 10개의 지역민 단위를 각각 phylē라 하고, 이 하부 단위를 phratria(가문 집단)라 하는데, Apatouria는 매년 10월 중순에서 11월 중순에 걸친 달인 Pyanepsiōn 중에 3일 동안 계속된 아테네의 phratria 단위의 축제였고, 같은 부족인 이오니아 사람들도 이 축제를 가졌다. 이 축제는 일종의 통과 의례를 위한 것인데, 그 셋째 날은 Koureōtis라 불렸으며, 이날은 18세가 된 청년(ephēbos)들의 머리를 잘라 주는 성인식을 갖는 날이요, 그 본뜻도 '머리를 자르는 날'이지만, 기실은 '청년들의 날'이다.

아스 할아버지께 호의를 보이기 위해서였든 간에, 자신이 판단하기엔 솔론께서는 (c) 다른 면에서도 가장 지혜로우셨지만, 시에 있어서도 또한 모든 시인 가운데 가장 자유로우신 분[10]이셨다고 말씀하셨습니다. 그러니까 노인께서는—실은 제가 아주 잘 기억하고 있어서 말씀드립니다만—몹시 기뻐하시더니, 미소를 지으시며 말씀하셨습니다. "아미난드로스[11]여, 만약에 그분께서 시작(詩作)을 여사(餘事)로 삼지 않으시고, 다른 사람들처럼 전념하셨던들, 그래서 그분께서 이집트에서 이리로 갖고 오신 이야기를 시로 완성하실 수 있으셨던들, 그리고 그분께서 이리로 오셔서 목격하시게 된 파쟁들[12]과 그 밖의 다른 나쁜 일들로 인해 부득이 시작에 마음을 쓰지 못하게 되는 일만 없었던들, (d) 내 판단으로는 헤시오도스[13]도 호메로스도 또는 다른 어떤 시인도 결코 그분보다 더 유명해지지는 못했을 것이오."라고요. 그러자 그 분께서 "한데, 크리티아스 님, 그 이야기는 어떤 것인가요?"라고 물으

---

10) '자유로운(eleutherion)'이란 표현은 솔론이 다른 유명한 시인들, 예를 들어 핀다로스(Pindaros), 시모니데스(Simōnidēs), 박킬리데스(Bakkhylidēs)처럼, 후원자들의 지원을 받아 찬가(paiōn, hymnos)나 송시(頌詩: ǭdē)를 지은 것이 아니라, 스스로 좋아서 시를 지었으며, 이게 시의 형태와 언어에 그대로 반영되었다는 것을 의미하는 것으로 보인다는 게 Taylor의 견해이다. A. E. Taylor, *A Commentary on Plato's Timaeus* (Oxford, 1928), 51~52면 참조.

11) 이 인물에 대해서는 알려진 바가 없다.

12) 여기서 언급된 파쟁(stasis)들은 솔론이 집정관(약 기원전 594/593)이 되기 전에 일어났던 파쟁들을 의미함에 틀림없다. 따라서 솔론이 이집트 여행 기간 중 당시 아테네인들에게는 잊힌 이 이야기를 듣게 된 것은 약 기원전 600년경이 될 것이다.

13) Hēsiodos는 기원전 8세기의 Boiotia의 Askra 출신으로, 호메로스(Homēros)에 버금가는 서사 시인이며, 유명한 《신들의 계보》(神統記, *Theogonia*)를 통해 신들의 계보를 정리했다.

셨습니다. 크리티아스 할아버지께서는 "그 이야기는 이 나라가 일찍이 행하였던 가장 위대하고 따라서 무엇보다도 큰 명성을 얻음이 지당한 행적에 관한 것이지만, 세월과 그걸 이룩한 사람들의 사멸로 인해 그 이야기는 이제껏 전승되지 못했소."라고 말씀하셨습니다. "처음부터 들려주십시오. 솔론께서 사실인 이야기로 말씀하셨다는 그 이야기는 무엇이며, 어떻게 그리고 누구한테서 들으신 것인지를 말씀입니다."라고 그분께서 말씀하셨습니다.

(e) 그래서 크리티아스 할아버지께서 말씀하셨습니다. "이집트 나일강의 흐름이 그 꼭대기에서 갈라지는 삼각주에 사이티코스라 일컫는 한 지역이 있는데, 이 지역의 가장 큰 나라는 사이스이고,—아마시스 왕도 바로 이곳 출신이었소—그리고 이 나라 사람들에게는 나라의 수호 여신이 있는데, 이 여신의 이름은 이집트 말로는 네이트(Nēith)이고 헬라스 말로는, 그들의 이야기대로, 아테나(Athēna)이오.[14] 이곳 사람들은 아테네 사람들을 몹시 좋아하며, 어떤 면에서는 자기들이 우리 고장 사람들의 친족이라고 말하고들 있소. 바로 이곳으로 솔론께서 가셨다가, 그들한테서 대단한 예우를 받았다고 말씀하셨소. (22a) 그리고 특히 그분께서 어느 날 성직자들 가운데서도 옛일과 관련해서 경험이 가장 많으신 분들께 옛일에 대해 여쭤보았다가, 그분 스스로도 그리고 다른 어떤 헬라스인도 말하자면 그런 일에 대해서는 거의 아무것도 모르고 있다는 것을 발견하시게 되었다오. 언젠가는 그분께서 그들을 옛적 이야기로 유도하고자 하셔서, 이 고장(아테네)의 설화들 중에서도 가장 오래된 걸 이야기하려 하셨다오.

14) Hērodotos에 따르면(《역사》, II, 59, 62), 이집트에서 해마다 거행되었던 큰 축제들 중에서 셋째로 큰 규모의 것이 사이스(Sais)에서 열린 아테나 여신의 축제였으며, '등잔불 축제'로도 불리었다고 한다.

즉 최초의 인간이라는 포로네우스와 니오베에 대한 설화,[15] 그리고 대홍수 뒤에 데우칼리온과 피라가 어떻게 살아남았는가에 대한 설화[16]를 다시 이야기하고서는, (b) 이들의 후손들의 계보를 추적한 다음, 당신께서 말씀하신 그 일들을 갖고서 그동안의 햇수가 얼마나 되었는지를 분명히 따져 보심으로써, 그 기간을 계산해 보려고 하셨다오. 그러자 성직자들 중에서 매우 연로하신 한 분께서 '아, 솔론, 솔론! 당신들 헬라스인들은 언제나 아이들이고, 연로한 헬라스인이라곤 없구려.'라고 말씀하셨다오. 솔론께서는 아무튼 그 말씀을 들으시고서 '무슨 뜻으로 그 말씀을 하십니까?'라고 물으셨다오. 그 성직자께서는 이런 말씀을 하셨다오. '당신들은 모두가 마음이 어리다오.[17] 당신들은 옛날의 전설로 인한 오래된 소신도, 연륜이 오랜 학식도 자신들의 마음속에 전혀 지니고 있지 못하기 때문이오. (c) 한데, 그 연유는

15) 포로네우스(Phorōneus)와 그의 아내 니오베(Niobē)는 아르고스(Argos)인들(헬라스인들)의 오랜 조상으로, 아래에서 언급되는 데우칼리온 이전의 전설적인 인물들이다.

16) 헬라스인들의 조상으로 이야기되고 있는 데우칼리온(Deukaliōn)과 피라(Pyrrha)는, Zeus가 인간의 타락에 대해 분노한 나머지 대홍수를 일으켜 청동기 시대의 인간들을 파멸시키려고 했을 때, 프로메테우스의 충고로 미리 방주(方舟: larnax)를 만들어 두었기에, 홍수 기간 동안 이걸 타고 있어서 물이 빠질 때까지 그 안에서 홍수를 피할 수 있었다고 한다. 이들은 훗날 헬라스 부족들의 조상이 된 헬렌(Hellēn)의 부모이다.

17) 다소 당혹감을 느끼게 하는 이 말은, 이후부터 시작해서 23b에 가서 밝혀지듯, 헬라스인들의 역사 기록이 그렇게 오래된 것이 아니라는 걸 뜻한다. 플라톤의 이런 견해는 매우 진지한 것이었다. 그는 《법률》 편(676a1~677d)에서 여기서 한 언급처럼 헬라스인들의 역사적 기록들이 최근의 것임을 지적하고 있을 뿐만 아니라, 1만 년 전의 기록에 대해서도 언급(656e4)하고 있다. 따라서 23e에서 언급되고 있는, 이집트인들이 9,000년 전에 일어난 사건에 대한 기록을 갖고 있었다는 가정은 《법률》 편의 언급들과 일치한다. Taylor, 52~53면 참조.

이러하오. 인간들의 사멸이 여러 면에서 여러 차례 일어났으며 또 일어날 것인데, 그중에서도 최대의 것들은 불과 물에 의한 것들이고, 소규모의 다른 것들은 수없이 많은 다른 사연에 의한 것들이오. 물론 당신들한테도 전해 오는 이야기로, 언젠가 태양신(헬리오스)의 아들인 파에톤이 아버지의 수레에 끌채를 매었으나, 아버지가 모는 길을 따라 몰고 갈 수가 없어서, 지상의 것들을 몽땅 불태웠고, 그 자신도 벼락을 맞아 완전히 소멸되었다고 하는데, 이는 신화의 형태로 이야기되고 있소만,[18] (d) 그 진실은 지구 주위로 하늘을 운행하는 것들의 이탈[19]과 긴 시간적 간격을 두고서 일어난 지상의 것들의 대화재로 인한 파멸에 관련된 것이오. 어쨌든 그때는 산악과 건조한 고지대에 거주하고 있는 사람들이 강이나 바다에 인접해서 거주하는 사람들보다 더 많이 소멸당하오. 그러나 우리의 경우에는 나일강이 다른 여러 면

18) Phaethōn은 태양신 Hēlios와 바다의 요정 Klymenē의 아들인데, 클리메네는 헬리오스 모르게 파에톤을 길렀다. 파에톤은 청년이 되어 자신의 출생의 비밀을 알게 되어 아버지를 찾아가고, 헬리오스는 아들을 알아보고서, 선물을 선택하도록 하니, 아버지의 수레를 하루 동안 몰 것을 청했다. 그러나 그는 말들을 제대로 다룰 수 없어, 아버지가 모는 길을 따라 그 수레를 몰지 못하고, 너무 낮게 몰게 되어서, 지구 자체가 불타 버릴 위기를 맞게 된다. 그래서 제우스가 이를 막기 위해 파에톤을 벼락으로 쳐서 Ēridanos강에 빠뜨렸다는 설화를 두고 하는 말이다.

19) 원어 parallaxis란 표현은 플라톤의 다른 대화편들에서는 《정치가》 편 한 곳(269e4)에서만 나타난다. 그리고 동사 형태(parallattein)로는 《국가(정체)》 편 530b3에서만 사용되고 있다. 이 두 대화편에서 플라톤은 천체들은 물체들이기 때문에 규칙적인 진행에서 최소한도나마 이탈할 수밖에 없다는 취지의 언급을 하면서 이 표현들을 쓰고 있다. 따라서 《티마이오스》 편에서 천체들의 '이탈'이 지구 파멸의 원인으로 이야기된다 할지라도, 이 표현은 무질서한 천체 현상을 가리키는 것이 아니라 천체들의 정상적이고 규칙적인 운행에서 긴 시간적 간격을 두고서 간헐적으로 일어나는 현상을 가리키는 것으로 보아야 할 것이다.

에서도 구원자이지만, 그런 경우에도 강이 범람함으로써 이 낭패에서 우리를 구원하오.[20] 반면에 신들이 이번에는 지구를 물로 청소하느라 홍수가 나게 할 경우에는, 산악에 거주하는 사람들과 목초지의 목부들이 구조되지만, (e) 당신들의 고장에 있는 나라들에서 사는 사람들은 강물에 의해 바다로 떠밀리어 가게 되오. 그러나 이 고장에서는 그때나 다른 때나 물이 위쪽에서부터 들판으로 흘러내리지 않고, 반대로 모두가 아래로부터 자연적으로 차오르게 되어 있소.[21] 이래서 그리고 이런 까닭으로 해서 이곳에 보존된 것들이 가장 오랜 것들로 이야기되고 있소. 그러나 사실은 혹한이나 혹서가 사람이 사는 것을 막지 않는 곳이면, (23a) 어디에고 언제나 사람들이 사는데, 그 수는 때로는 많기도 하고 때로는 적기도 하오. 당신네 고장에서건 이곳에서건 혹은 소식을 통해서 우리가 알고 있는 다른 어떤 나라에서건 혹여 무슨 훌륭한 일이나 큰 일이 또는 다른 특이한 일이 일어났을 경우에는, 그 모든 것이 오래전부터 기록되어 이곳 사원들에 보존되어 있소. 하지만 당신네나 다른 나라 사람들의 경우에는, 문자나 그 밖에 나라에 필요한 모든 것이 매번 이제 막 갖추어지는가 하면, 다시금 주기적인 간격을 두고서, 마치 전염병처럼, 하늘에서 억수같은 비가 자신들한테 쏟아져 내려서는, (b) 당신들 가운데서도 문맹자들과 교양이 없는

20) 플라톤은 산악과 건조한 고지대에 거주하고 있는 사람들이 대화재로 해서 파멸될 때, 이집트 사람들은 나일강이 범람함으로써(lyomenos: 이 낱말의 원뜻은 '풀려나서'임) 구원받은 것으로 기술하고 있다.

21) 이런 언급은 나일강의 물이 지하의 수원지에서 분출한다는 것을 의미하는 것이 아니라, 이집트에는 비가 거의 내리지 않는다는 사실을 나타내는 말이다. 이집트의 평야는 하늘에서 내리는 비에 의해서가 아니라 상류에서 흘러 범람하는 강물에 의해 물이 공급되었다. 따라서 다른 지역이 홍수로 재해를 당할 때, 이집트는 파멸을 피할 수 있었다.

사람들만을 남겨 놓게 되오. 그래서 당신들은, 이곳 일이건 당신네 고장의 일이건 간에, 옛날에 있었던 일들은 모르는 채로, 처음부터 다시 아이들처럼 되오. 솔론이여, 어쨌든 당신이 당신네 나라 사람들과 관련하여 방금 든 계보는 아이들의 설화(동화)와 별로 다를 게 없소. 첫째로 당신들은 지상에 이전에 있었던 여러 차례의 대홍수들 가운데서 하나만을 기억하고 있으며, 게다가 당신들은 인류 가운데 '가장 훌륭하디훌륭한 종족(to kalliston kai ariston genos)'이 당신네 고장에 있었다는 것을 알지 못하고 있소. 이 종족에서, 즉 한때 소수의 살아남은 씨에서 (c) 당신과 지금 당신네 나라의 모든 시민이 태어났소. 그렇지만 그 살아남은 사람들이 여러 세대에 걸쳐 문자로써 말을 남기지 않은 채 죽은 탓으로 당신들은 그 사실을 모르고 있소. 솔론이여, 실은 옛날에 물로 인한 최대의 파멸이 있기 전에는, 오늘날의 아테네인들의 나라는 전쟁에 있어서도 가장 빼어났지만, 모든 면에서 유달리 가장 훌륭한 법질서를 갖추었었소. 우리가 소식에 접한 바로는 이 나라에서는 가장 훌륭한 행적이 이루어졌으며, (d) 하늘 아래 있는 모든 정체(政體) 가운데서도 가장 훌륭한 정체가 실현을 보았다고 하오.' 솔론께서는 이를 들으시자 놀라셨으며, 열의를 다해서 그 성직자들께 그 옛날의 시민들에 관련된 모든 걸 자신에게 차례차례 소상하게 들려주도록 청하셨다고 말씀하셨소. 그래서 그 성직자께서 말씀하셨다오. '솔론이여, 전혀 인색할 게 없소. 당신과 당신들의 나라를 위해서, 그리고 무엇보다도 여신(아테나)을 위해서 내 말하리다. 여신께서는 당신네 나라와 우리나라의 수호신으로 되셔서 키워 주시고 교육해 오셨는데, 여신께서는 (e) 가이아(Gaia, Gē)와 헤파이스토스한테서 당신들의 씨를 받아서 당신네 나라를 천 년이나 앞서 세우시고서,[22] 그 뒤에야 우리의 이 나라를 세우셨소. 한데, 여기 이 나라의 확립 연대는 우리의 성스러운 기록에는 8,000년으로 적혀 있소. 그러니까 9,000년 전에 있었던 시민들과 관련해서 그들의 법률과 그들이 행한 행적들 중에서도 가장 훌륭한 것을 내가 간략하게 당신에게 밝혀 주리다.[23] 그러나 모든 것과 관련해서 정확한 것은 (24a) 한가한 때에 그 기록 자체를 갖고서 하나씩 자세히 이야기하도록 합시다. 그러면 그들의 법률을 이곳의 법률과 대조해서 생각해 보시오. 당시의 당신네 나라에 있었던 것들의 많은 예를 오늘날 이곳에서 발견하게 될 것이기 때문이오.[24] 첫째로, 성직자들의 부류가 다른 부류들에서 분리되고, 그다음으로는 장인들의 부류가 각 직능마다 다른 직능과 섞이지 않고 자기들끼리 일을 하며, 또한 목부들의 부류와 사냥꾼들의 부류, 그리고 농부들의 부류도 그러는 것을 발견하게 될 것이오. (b) 그리고 특히 당신은 전사의 부류가 이 고장에서는 다른 모든 부류에서 분리되는 것을 분명히 목격했겠는데, 그들에게 있어서는 전쟁과 관련된 것들 이외에는 다른 어떤 것에도 관심을 갖지 못하도록 법에 의해 정해져 있소. 더 나아가 그들의 무장 상태는 방패와 창의 휴대이거니와, 아시아인들[25] 가운데서는 우리가 최초로 이것들로 무장을 했는데, 이는 여신(아테나)께서, 당신네 고장에서는 당신들한테 최초로 가르쳐

22) 이 언급은 아테네의 건국 설화와 관련된 것이다. 이 설화와 관련해서는《크리티아스》편 110b에서의 각주 21에서 관련 부분을 참조할 것.

23) 여기서부터 25d까지 9,000년 전의 고대 아테네가 아틀란티스섬에 형성된 세력에 대항해 벌인 전쟁과 대륙의 소멸에 관한 이야기가 전개된다.

24) 플라톤은《국가(정체)》편에서 제시된 '아름다운 나라'의 법제도가 9,000년 전의 아테네에 이미 실현되어 있었다는 것을 전제하면서 이야기를 하고 있다.

25) 플라톤이 살던 시대에는 아프리카라는 지역 개념이 없었으므로 이집트도 아시아의 일부처럼 여겼음을 이로써 알 수 있다.

주셨듯, 가르쳐 주셨던 것이오. 그런가 하면 또한 지혜와 관련된 것의 경우에도, 당신은 이곳의 법이 바로 처음부터 우주의 질서(kosmos)에 관해서 얼마나 큰 관심을 기울였는지를 분명히 보오. (c) 이들 신성한 것들[26]에서 예언술과 건강을 위한 의술에 이르기까지, 인간사(人間事)를 위한 모든 것을 찾아내는가 하면, 이에 따르는 다른 모든 학문도 아울러 갖추게 되었음을 말씀이오.[27] 그러니까 그때 여신께서는 이런 모든 규정과 제도를 확립하신 뒤에, 당신들이 태어난 곳을 골라서, 먼저 당신들을 정착시켰는데, 이는 이곳의 좋은 기후(좋은 기온: eukrasia)[28]가 가장 지혜로운 사람들을 산출할 것이라는 걸 여신께서 간파하셔서였소.[29] 한데, (d) 여신께서는 전쟁을 좋아하시고 지

26) 천체들이 보여 주는 질서를 가리킨다.

27) 플라톤이 여기서 말하고자 하는 것은 이집트인들이 인간 생활에 관련된 모든 기술을 천체들에 대한 연구에 토대를 두었다는 것일 것이다. Cornford는 이 구절이 Isokrates의 *Bousiris*(21)의 내용을 생각나게 한다고 말하고 있는데, 그가 말하고 있는 내용은 실은 이 책의 21에서 23에 걸쳐 언급되어 있으며, 그 내용은 다음과 같다. Bousiris는 이집트의 전설 속의 왕이다. 그가 성직자들에게 세입을 얻게 함으로써 여가를 누릴 수 있게 하여, 의술을 발견하고 철학의 수련을 하게 했는데, 철학은 법률을 제정하고 존재하는 것들(ta onta)의 본성(physis)을 탐구할 수 있게 하는 것이다. 그리고 젊은 성직자들로 하여금 천문학, 산술, 기하학을 탐구하게 했다고 하니, 《티마이오스》 편의 위 구절에서 '이에 따르는 다른 모든 학문'은 바로 이것들을 일컫는 것으로 보인다.

28) eukrasia의 원뜻은 기온 또는 기후가 '잘(eu)' '혼합(krasis)된 상태', 즉 '좋은 혼합을 이룬 상태'를 뜻하는 말인데, 이는 온·냉·건·습이, 즉 온도와 습도가 잘 혼합된 지중해성 기후를 염두에 둔 표현이다.

29) 고대 헬라스 의학은 기후가 인간의 본성에 매우 큰 영향을 미치는 것으로 보았는데, 플라톤은 《필레보스》 편 26b1에서 '좋은 기후'를 모든 좋은 것은 한정자와 비한정자의 혼화(混和)라는 이론의 예로서 제시하고 있는데, 이는 '좋은 기후'가 적정한 온도와 습도의 혼화 현상이기 때문이다.

혜를 사랑하시기 때문에[30] 자신을 가장 닮은 사람들을 낳아 주게 될 곳인 이곳을 고르시어 맨 먼저 정착시켰소. 그래서 당신들은 그와 같은 법률을 이용하며, 아니 그보다도 한결 더 나은 법질서를 갖추고서 살게도 되었고, 또한 마치 신들의 자손으로서 그들의 양육을 받은 사람들이기라도 한 듯, 일체의 훌륭함(덕: aretē)에 있어서 모든 사람을 단연코 능가하게 되었소. 그런데 당신네 나라의 많은 위대한 행적이 이곳에 기록되어 있어서 경탄의 대상이 되고 있는데, (e) 그 가운데서도 한 가지가 중대성과 훌륭함에 있어서 그 모두를 압도하오. 그 기록은 바깥쪽 아틀란티스해(대서양)로부터 시작해서 오만 무례하게 전 유럽과 아시아로 동시에 전진해 오는 엄청난 세력을 당신네 나라가 옛날에 제지했다는 것을 말해 주고 있기 때문이오. 그 당시엔 그곳 바다는 실상 건널 수가 있었다오. 그건 그 바다의 입구, 곧 당신네가 헤라클레스의 [두] 기둥으로 부른다는 해협[31] 앞에 섬이 있었기 때문이오. 그런데 이 섬은 리비아와 아시아[32]를 합친 것보다 더 컸으며, 이 섬으로부터 (25a) 다른 섬들에 접근하는 것이, 다시 이들 섬으로부터는 저 진짜 바다를 빙 둘러 있는 바로 맞은편의 전 대륙으로 접근하는 것이 당시의 항해자들에게는 가능했소. 우리가 말하고 있는 해협 안

30) 아테나(Athēna, Athēnē) 여신은 아테네(Athēnai)의 수호신이며, 전쟁의 여신이고, 온갖 기예(技藝)를 관장하며 지혜의 권화(權化)이기도 하다. 아테네의 아크로폴리스(akropolis)에 있는 파르테논(Parthenōn) 신전은 여신을 모신 신전이다. Parthenōn은 '처녀(parthenos)인 아테나를 모신 방'이란 뜻이다.

31) 현재의 지브롤터 해협을 의미한다. 《크리티아스》 편 108e의 해당 각주 14를 참조할 것.

32) 당시에 리비아는 서북부 아프리카를, 아시아는 소아시아를 가리키는 지명이었다.

의 이쪽 모두는 좁다란 입구를 갖고 있는 항구처럼 보이기 때문이오. 그러나 다른 쪽은 진짜 바다이며, 이를 완전히 에워싸고 있는 육지가 진정으로 대륙이라 불리어 지당할 것이오. 그런데 이 아틀란티스섬에는 군왕들로 결성된 강대하고 놀라운 세력이 있어서, 이 섬 전체뿐만 아니라 다른 많은 섬과 이 대륙의 일부를 지배하고 있었소. 이에 더하여, (b) 해협 안쪽의 이곳 이집트에 이르기까지의 리비아와 티레니아에 이르기까지의 유럽을 지배했소.[33] 이 모두가 하나로 결집된 이 세력은 당신네 지역과 우리 지역 그리고 해협 안쪽의 모든 지역을 옛날에 단번에 예속시키려 꾀했소. 그런데 솔론이여, 그때 당신네 나라의 세력은 용기와 강력함에 의해 모든 사람에게 확연히 드러나 보였소. 당신네 나라는 용맹성과 전쟁과 관련된 일체의 기술에 있어서 모두의 선봉에 서서, (c) 한편으로는 헬라스인들을 영도하였으며, 다른 한편으로는, 다른 나라들이 꽁무니를 뺌으로써 어쩔 수 없이 혼자가 되어서도, 최악의 위험한 상황을 맞으며 침략자들을 제압함으로써 전승기념비를 세웠소. 그래서 아직껏 예속화되지 않은 사람들이 예속화되는 걸 막아 주었으며, 헤라클레스의 기둥 경계 안쪽에 거주하던 다른 모든 사람을 유감없이 해방했소. 그러나 그 뒤에 몇 차례의 엄청난 지진과 홍수가 일어나고, (d) 고난의 일주야(一晝夜)가 지나는 사이에, 당신네 나라의 모든 전사가 한꺼번에 땅 밑으로 빠져 들어가 버렸고, 아틀란티스섬도 마찬가지로 바다 아래로 가라앉더니 사라져 버렸다오. 이 때문에 오늘날까지도 그쪽 바다는 건널 수도, 그 흔적을 찾을

33) 리비아는 이집트의 서쪽에 위치한 아프리카의 부분을 지칭하기 위한 일반적 이름이었다. 그리고 헬라스인들에 의해 티레니아(Tyrrhēnia)라 불린 나라는 로마인들에 의해서는 에트루리아(Etruria)로 불렸는데, 중서부 이탈리아를 가리킨다.

수도 없게 되었소. 그 섬이 가라앉으면서 생기게 한 얕은 깊이의 [물밑] 진흙이 방해가 되어서라오'라고 말씀이오."[34]

소크라테스 님, 이제 선생님께서는 솔론께서 전하신 바에 따라 (e) 연로하신 크리티아스께서 하신 이야기를 제가 간결하게 말씀드린 걸 들으셨습니다. 그런데 어제 선생님께서 정체(政體: politeia)와 그 시민들에 대해 말씀하셨을 때, 저는 방금 제가 말씀드린 이야기를 상기하고서는, 선생님의 말씀이 신통하게도 여러 가지 점에서 솔론께서 말씀하신 것들과 요행히 딱 들어맞는다는 것을 깨닫고서는 놀라워했습니다. (26a) 그렇지만 저는 당장에 그것을 말하려 하지는 않았습니다. 상당한 세월이 지난 터라, 제가 충분히 기억을 하고 있지 못했기 때문이었습니다. 그래서 저는 제가 먼저 마음속으로 모든 것을 충분히 외워 보고 나서, 이처럼 말해야만 될 것 같다는 생각을 했습니다. 어제 선생님께서 저희에게 분부하신 것에 대해 제가 선뜻 동의했던 것은 그 때문이었습니다. 이런 모든 경우에 가장 중대한 일은 취지에 적합한 어떤 논제를 제시하는 것인데, 우리는 이를 적당할 만큼 충분하게 갖게 될 것이라고 생각해서였죠. 그래서, 이분께서 말씀드렸듯이, 어제 저는 이곳을 떠나자 곧 (b) 그 이야기를 기억해 내는 대로 이분들께 되풀이해서 이야기했고, 이분들과 헤어진 뒤엔 밤사이에 그걸 돌이켜 생각해 봄으로써, 거의 모든 것을 기억해 냈습니다. 정말 속담마따나, 어릴 때 배운 것은 놀랍도록 기억에 남습니다. 실은 제가 어제 들은 것들을 죄다 다시 기억으로 되살릴 수 있을지 전 모르겠습니다. 하지만 제가 아주 오래전에 들었던 그 이야기 가운데서 어떤 걸

34) '솔론이여, … 진흙이 방해가 되어서라오'까지는 이집트의 성직자가 솔론에게 들려준 내용이고, 그 다음의 '라고'는 솔론이 이 말을 전했음을 말하는 것이며, '말씀이오'는 크리티아스 할아버지의 말씀이다.

제가 혹시 기억하지 못하게라도 된다면, 제 자신이 몹시 놀라게 될 것 같군요. 그러니까 그때 들었던 것은 아주 즐겁게 (c) 그리고 놀이 삼아 들은 것이었고, 어르신께서는 제가 몇 번이고 여쭤보았기 때문에 열성으로 저를 가르쳐 주셔서, 마치 지울 수 없는 납화(蠟畵)처럼, 제 마음속에 머물러 있게 되었습니다. 더욱이 저는 이분들께 이른 아침부터 이것들을 이야기해 드렸는데, 이는 저와 함께 논의거리를 충분히 가지셨으면 해서였습니다. 그러니, 소크라테스 님! 이 모든 이야기를 하게 된 원래의 취지로 돌아가, 이제 저는 그 대강뿐만 아니라 제가 들은 대로 하나하나 말씀드릴 준비가 되어 있습니다. 선생님께서 어제 저희에게 이야기 형태로 들려주신 그 나라와 그 시민들을 (d) 이제 사실로서 이곳으로 옮겨 놓고서, 그 나라를 이 나라인 것으로 저희는 간주할 것이며, 선생님께서 생각해 보신 시민들을 저희는, 그 성직자께서 말씀하신 대로, 우리의 그 진짜 조상들이라고 말할 것입니다. 이런 것들은 전적으로 적합하며, 그 시민들을 그 당시에 살던 사람들이라고 말한다고 해서 저희가 턱없는 이야기를 하는 것은 아닐 것입니다. 저희 모두는 선생님께서 분부하신 것에 적합한 것을 저마다 분담해서 능력껏 이행하도록 할 것입니다. 그러니까 소크라테스 님! 선생님께서는 저희의 이 이야기가 마음에 드시는지 아니면 (e) 그것 대신에 또 다른 이야기를 저희가 찾아야만 하는지 생각해 보셔야 하겠습니다.

소크라테스: 크리티아스 님, 우리가 무엇으로 이 이야기를 대체할 수가 있겠습니까? 이 이야기는 그 연관성[35]으로 인해 당면한 여신의 축제에 가장 적합할 것입니다. 또한 지어낸 이야기(mythos)가 아니라

35) 9,000년 전의 아테네에 대한 이야기는 여신이 창건한 이 도시의 공적과 여신이 키우고 교육시킨 시민들의 공적을 상기시켜 주기 때문에 아테나 여신을 기리는 축제에 그야말로 적합할 것이다.

진짜 이야기(logos)라는 게 굉장한 것임이 분명합니다. 실상 우리가 이것들을 제쳐 놓고 다른 것들을 어떻게 그리고 어디서 찾게 되겠습니까? 그건 불가능합니다. 부디 행운이 함께하길 빌거니와, 여러분께서는 이야기를 해 주셔야겠지만, 저는 어제 이야기의 보답으로 (27a) 이제 가만히 듣기만 하면 되겠군요.

크리티아스: 그러시면 소크라테스 님, 우리가 정한 선생님에 대한 접대의 순서를 생각해 보시죠. 우리로서는 이렇게 하는 것이 좋다고 생각되었기 때문입니다. 티마이오스 님께서는 우리 중에서 천문학에 제일 밝으시고 우주(to pan)[36]의 본성(physis)에 관하여 아는 것을 무엇보다도 자신의 일로 삼아 오셨기 때문에, 자신께서 먼저 우주(세계: kosmos)[37]의 생성에서부터 이야기를 시작하셔서 인간의 본성에 대한 이야기로 끝내시는 것이 좋을 것같이 생각되었습니다. 저로서는 그다음에 다음과 같은 이야기를 하는 것이 좋을 것 같습니다. 즉 티마이오스 님한테서는 이 이야기를 통해 태어난 사람들을 넘겨받고, 반면에 선생님한테서는 (b) 이들 중에서 탁월하게 교육받은 사람들을 넘겨받아서, 이들을 솔론의 이야기와 법에 따라서 판관들에게로 인도하듯이 우리한테로 인도해서, 이 나라의 시민들을, 사라진 그 사람들인 걸로 그 성직자들의 전언(傳言)이 알려 준 그때의 아테네 시민들인 것처럼 만드는 것이, 그리고 그다음에는 이미 그 시민들, 곧 아테네인들인 것으로 하고서, 이들에 관한 이야기를 하는 것이 좋을 것 같습니다.

---

36) 여기에서 '우주'로 번역하고 있는 to pan은 일반적으로 전체 또는 모두를 뜻하는 말이지만, '우주(the universe)'를 뜻하기도 한다.

37) kosmos는 원래 '질서'나 '훌륭한 품행' 또는 여인들의 '장식'이나 '장식물'을 뜻하는 말이었다. 그런데 피타고라스가 이 우주 자체를 kosmos라 말한 것은 그가 보기에 우주가 하나의 아름다운 질서 체계였기 때문이었다.

《서간집》

《서간집》(*Epistolai*) 해제

서기 36년에 사망한 트라실로스(Thrasyllos)는 플라톤의 이름으로 전하는 저술들을 4부작(tetralogia)씩 아홉 묶음으로 분류한 걸로 전한다. 아테네에서의 '대 디오니소스 제전(ta megala Dionysia)' 기간 중의 3일 동안에 비극 경연에 나서는 3인의 비극 작가들이 저마다 3편의 비극(tragōidia)과 한 편의 사티로스(Satyros)극을 한 묶음으로 공연했듯, 플라톤의 저작들도 그리 분류한 셈이다. 그 아홉 묶음 중의 마지막 4부작 '미노스/법률/에피노미스/서한들(서간집)'의 순서에서처럼 맨 끝에 이 《서간집》이 실려 있다. 그러니까 이 분류에 따르면, 이 서한들은, 마지막 끝에 괄호 속에 "(이는 플라톤의 서신이 아닌 걸로 주장되고 있다)"는 형태로 단서가 달린 〈서한 12〉를 빼고는, 모두가 당시에는 진짜 플라톤의 것들로 분류된 셈이다. 왜냐하면 '위서들(*Notheuomenoi*)'로 간주된 것들은 따로 분류되어 왔기 때문이다.

하지만 이것들이 씐 시점으로 설정된 것보다 150년쯤 지나서야 나타나기 시작했다는 이들 서한들을 두고, 그 이후 오늘날에 이르기까지 그 진위 여부와 관련된 의견들은 참으로 분분했다. 이 서한들 열셋 중에서 진짜 플라톤의 것인 것들이 도대체 있기나 한가? 있다면, 어느 것들을 진짜로 볼 것인가? 그 시비의 역사만큼이나 의견들도 다양하고 번잡해서, 각각의 의견들을 듣다 보면, 지치고 어지러울 지경이다. 뒤늦게 변방의 나까지 거기에 휘말릴 생각은 진작 한 적도 없었지만, 다행히도 이제는 이들 서한들에 대해 어지간히 잠정적 결론이 난 셈이다. 13편의 서한들 중에서 진짜 그의 것인 것들로는 〈서한 7〉과 〈서한 8〉을 꼽는 쪽으로 의견들이 수렴되고 있다고 보아도 될 것 같다. 대표적으로, 이를테면, Flammarion 판 플라톤 전집(PLATON · ŒUVRES COMPLÈTES sous la direction de Luc Brisson, Paris, Flammarion, 2008)에서는 서한 7, 8을 제외한 나머지 모두를 위작들로 분류했다. 그러니까 설령 이 둘이 플라톤 자신의 것이 아니라 하더라도, 플라톤을 가장 잘 아는 최측근이 쓴 것이라는 선까지가 후퇴할 수 있는 마지막 선이라는 주장들이다.

그런데 옥스퍼드 플라톤 전집(PLATONIS OPERA) 중에서 '서한들(*Epistolai*)' 열셋 전체의 쪽수는 67쪽인데, 다행스럽게도 이 중에서 〈서한 7〉이 전체 서한들보다도 1쪽이 많은 34쪽이며, 〈서한 8〉이 8쪽 그리고 나머지 전체가 25쪽이다. 그리고 이 《서간집》의 역주에서는 〈서한 7〉과 〈서한 8〉을 앞쪽으로 배치했다. 나머지 서한들은 참고용으로 그리고 위작들도 전집에는 포함시키는 전통에 따라, 나의 이 '플라톤 전집' 역주본에도 함께 싣되, 이들 둘을 제외한 그것들끼리의 순번대로 뒤쪽에 따로 모았다. 그렇게 함으로써 〈서한 7〉과 〈서한 8〉을 그것들 속에 순번대로 배치함으로써, 독자들이 그것들 속에서 이들 둘을 그때마다 번거롭게 찾아 읽거나 참고하는 수고라도 덜게 하는 쪽을 택했다. 덩달아 서한들에 대한 안내 성격의 해제도 이 순서에 따라서 하되, 7, 8의 경우를 제외한, 나머지 것들에 대해선 아주 간략한 언급만 했다.

〈서한 7〉

이 서한은 디온(409/8~354/3)이 암살당한 뒤인 352년에, 디온의 친척들과 동지들에게 플라톤이 보내는 형식의 서신이다. 그러나 이 서한은 이들에게 보내 버리고 말 그런 성질의 것이라고 보기에는 쓸데없이 과분할 정도의 분량과 내용을 담은 것이다. 40세 무렵의 이탈리아 및 시라쿠사이 여행 그리고 디온과의 만남과 디오니시오스의 두 차례에 걸친 초빙의 전말에다, 젊은 날 자신의 철학으로의 전향, 철학적 인식과 그 깊은 경지까지, 그 조심스럽고 자상한 이야기를, 오랜 기간이 소요되었을 게 틀림없는, 게다가 대화편 하나의 저술에 해당하는 엄청난 분량의 서신을 그들을 상대로 썼을 것이라고는 도저히 믿어지지 않는 것이다. 그보다는 오히려 그동안의 자신의 행각과 관련되어 일어난 일들, 그중에서도 아테네의 젊은이들로서 아카데미아 학원에도 들락거리다가 최근에 있은 디온 살해 사건에 가담하고서 참주가 된 칼리포스 형제에 대한 아테네인들의 의구심이나 그 밖의 여러 가지 일들에 대한 석명을 위한 그 나름의 공개서한이라고 보는 게 오히려 타당할 것이다. 어떤 경위로든, 오늘날 우리가 전해 갖게 된, 위작을 포함한 플라톤의 서간집 전체 분량의 반이 넘는, 이 서한이 없었다면, 그의 아카데미아와 관련된 사항들과 저술 및 기본적인 가족 사항들 이외는, 우리가 그에 대해서 별로 아는 게 없는 상태로 여태껏 머물러 있었을 것이다. 대화편《라케스》(34쪽)와는 같은 쪽수이고《소크라테스의 변론》(35쪽)보다는 1쪽이 적은 분량인 이 서한 덕분에 우리는 그에 대한 최소한의 중요한 자전적 기록을 확보하게 되었으며, 덩달아 플라톤의 다각적인 면면들에도 접할 수 있게 된 셈이다. 이 서한이 없었다면, 우리는 플라톤의 전집을 갖고서도, 마음 한구석에는 허전하기 그지없는 마음 상태로 머물러 있었을 것이다. 그러고 보면, 《서간집》 전체 67쪽 중에서 절반이 조금 넘는 이 서한은 그 중요성에서도 단연코 다른 것들을 압도하는 으뜸인 것이다.

이제 그 내용들을 순서대로 정리해 보면, 그 개요는 다음과 같다.

323d~327b: 플라톤이 40세가 다 되어갈 무렵에 남이탈리아를 거쳐 시켈리아(시칠리아)에 이르러, 19세 무렵의 디온을 만난다. 그 지역 사람들의 향락적인 생활 행태와 참주체제에서의 삶에서 일찌감치 벗어나, 분별 있는 생각과 열망을 지니고 있는 그를 알게 되고, 그가 자기로 해서 품게 된 신념이 '시라쿠사이인들의 자유와 최선의 법률에 따른 삶'임을 확인하면서, 플라톤도 이때까지의 자신의 삶의 여정과 그동안의 자신의 심경의 변화와 관련해서 말한 끝에, 마침내 철학에 전념하게 된 결의를 토로하게 된다. 이른바 '철인 왕' 또는 '철인 통치자'에 대한 그의 주장이 피력된 것도 이 대목에서다.

327b~329b: 디오니시오스 I세가 사망한 뒤, 디온은 시라쿠사이의 현상 타개에 대한 생각이 자기에게만 있는 게 아니라, 다른 사람들에게도 있음을 알게 되었고, 디오니시오스 II세도 그런 사람일 수 있겠다는 생각을 하게 되자, 변심하기 전에 빨리 플라톤을 모시도록 설득한다. 또한 디온은 "천행으로 주어진 지금의 이 기회보다 더 나은 또 다른 무슨 기회를 실상 우리가 맞을 수 있겠는지" 물으며, 디오니시오스의 젊음과 열망, 또한 철학과 교양에 대해서도 그가 얼마나 열성적인지도 말한다. "언젠가 그런 가망성이 있다면, 지금이야말로 같은 사람들이 철학자들이면서 동시에 큰 나라들의 통치자들로 되는 일이 실현될 모든 가망성이 있다"고도 하면서. 그래서 플라톤은 "만약에 누군가가 법률 및 나라체제들과 관련해서 생각한 바를 언젠가 실현하는 일에 착수코자 한다면, 역시 지금 꾀하여만 한다"고 생각한다. '한 사

람만 충분히 설득한다면, 모든 좋은 것이 충분히 실현을 보게 될 것이라는 생각과 용단으로 해서', 플라톤은 집에서 떠난다. "스스로를 가장 부끄럽게 하는 것은 내가 영락없이 전적으로 말뿐인 사람이지 결코 어떤 행동도 기꺼이 취하려고 하지 않을뿐더러, 정말로 적지 않은 위험에 처하여 있는 디온의 환대와 동지애를 첫째로 배반하는 것으로 스스로에게 여겨지지 않을까 하는 것이었다."고 한다.

329c~330a: 그러나 플라톤이 가서, 확인하게 된 것은 온통 디온이 참주체제를 무너뜨리려 한다는 비방들로 넘쳐났다는 것이었고, 플라톤이 디온을 최대한 방어해 주었지만, 거의 넉 달째엔 디오니시오스가 디온을 참주정체에 대한 음모를 꾸몄다는 죄목으로 결국 추방했다. 그러고서 디오니시오스는 플라톤에게는 머물러 있기를 간청하면서, 그의 출항을 막고, 성채로 데려가 머물게 했다. 그는 플라톤의 생활 방식과 성품에 접함에 따라 시간이 지날수록 더 즐거워했으며, 디온보다도 자기를 더 칭찬해 주고 그보다도 더 각별하게 친구로 여겨주기를 바랐다. 그러나 그는 철학과 관련된 논의들을 배우고 듣고서 이를 자신의 것들로 만들며 플라톤과 어울리는 그런 식으로는 되지 않고, 망설였으니, '어쩌면 덫에 걸려들어 바로 디온이 모든 걸 계획대로 이루게 되지 않겠냐는 비방의 말들을 두려워했던 것'이다. 그의 첫 번째 시켈리아 체재와 그 경과는 이러했다.

330c~338a: 플라톤은 디오니시오스의 열성을 다한 2차 초빙에 응한 것을 말하려다, 다시 1차 초빙 때의 이야기로 돌아오는가 싶더니, 디온의 귀향과 함께 온 아테네의 칼리포스 형제로 인해 살해당하게 된 일까지도 언급하게 된다. 이어 디온과 공유했던 시라쿠사이의 바람직한 변혁과 관련된 언급을 하게 된다.

338b~341b: 디온이 추방되었으되, 마침 시켈리아에 전쟁이 벌어

졌기에, 다시 평화가 회복되고, 디오니시오스의 통치 기반이 안정되는 대로, 디온도 플라톤도 다시 돌아오기로 약속하고, 플라톤은 귀향한다. 그러나 평화가 회복되었는데도, 디온은 한 해를 더 기다리게 하면서, 플라톤만 온갖 방식으로 불러 댄다. 디오니시오스가 철학에 대한 열정에 빠졌다는 소문이 요란하니, 디온조차 2차 초빙에 응하도록 성화였다. 플라톤은 자신이 이미 늙기도 한 데다, 기왕의 합의대로 이루어진 게 없다고 하면서, 거절하자, 양쪽에서 미움을 산다. 게다가 타라스의 아르키테스도 디오니시오스를 만나보고 갔고, 시라쿠사이에 있던 디온의 제자들조차 플라톤의 앞서의 체류기간 동안에 그에게서 제대로 배웠을 것으로 생각하고서, 그와의 대화를 갖고자 했다. 이런저런 일들로 저번의 초빙에서 실제로 플라톤에게서 제대로 배우지 못한 것이 탄로가 나는 게 두렵기도 한 터라 안달이 나서, 마침내 삼단 노 전함까지 보내면서, 아르키테스의 제자까지 보냈는데, 긴 내용의 서신도 보냈다. 플라톤이 시켈리아로 오면, 디온의 문제는 하자는 대로 진행할 것이며, 그 밖의 무엇이든 바라는 대로 동의할 것이라고 다짐했다. 연이어 아르키테스를 위시한 여러 사람들의 서신들도 송달되었다. 시켈리아와 이탈리아 쪽에서도 아테네 사람들조차도 간청과 함께 숫제 그를 밀어서 내쫓는 꼴이 된 데다, 모처럼 열정을 갖고 배우며 지도를 받고자 하는 그를 아무것도 아닌 사람으로 생각하는 일은 없기를 바란다는 투였다. 어쨌거나 엄청난 비난의 표적이 되어서는 안 되겠다는 생각을 하고서 결국 이 둘째 초빙에 응한다.

시라쿠사이에 간 플라톤은 먼저 디오니시오스가 "정말로 철학에, 불이 붙듯, 붙잡힌 것인지, 아니면 … 공연한 헛소문이었는지" 시험을 해 보기로 한다. 철학 곧 지혜사랑을 한다는 것이 어떤 것이며 얼마나 수고를 해야만 하는지를 알려주며 이 길이 과연 자신에게 친숙하고 걸맞은지도 확인할 것이며, 이야말로 자신이 진력하고 삶의 가치도 이에서 찾아야 할 것으로 확신하는지 등등의 말을 해 준다.

341b~344c: 철학함(philosophein)이 어떤 것인지에 대해 지극히 기본적인 것만 말해 준 셈이었지만, 디오니시오스는 "자신이 많은 것을 그리고 가장 중요한 것들을 알고 있을뿐더러, 다른 사람들에게서 주워들은 것들을 통해서 충분한 상태에 있는 체했고," 나중에 들은 더욱 기막힌 말은 "자신이 그때 들은 것들과 관련해서 스스로 글로 써서, 자신의 소책자로서 엮어냈다는데, 자신이 들은 것들과 같은 것은 하나도 없다"고 했다는 것이다. 그래서 플라톤이 말하게 되는 것이 그의 철학과 관련해서 '글을 썼거나 앞으로 쓸 모든 이에 대해서 하는 말'이다. 자신이 '열의를 쏟고 있는 것들'에 대한 저술은 없으며 앞으로도 결코 없을 것이라고 하며, 이는 다른 경우들처럼 "그게 말로 표현할 수 있는 것이 못 되고, 그 문제 자체와 관련해서 여러 차례에 걸친 학문적 대화와 함께 지냄으로 해서, 마치 튀는 불꽃에서 댕겨진 불처럼, 불현듯 그 혼에 불이 댕겨져 어느새 스스로 일게 되기 때문"이라고 하며, "그걸 글로 쓰거나 말로 표현하기로 하면, 나에 의해서 표현되는 것이 제일 낫다는 것은 알고 있다"고 말한다. 이어서 그는 철학적 인식에 대해서 언급하지만, '언어의 무력함' 탓에 그 한계가 있음을 말한다.

344d~352a: 주제넘은 디오니시오스의 짓거리 때문에 플라톤은 자신이 열의를 쏟고 있는 철학과 관련된 소신의 일단을 밝히느라, 시라쿠사이에서 당한 일들에 대한 이야기에서 한참 벗어난 언급 즉 일탈(planos)을 했다가, 되돌아가 그간의 일들에 대한 이야길 계속한다. 한 차례 디오니시오스의 학문적인 무례에 대해 말한 뒤에, 이번에는 디온과 관련해서 자신에 대해 자행된 그의 무례에 대해서 분개한

다. 그래서 그는 아직 항해 철이니, 곧바로 아테네로 귀향하겠다는 뜻을 밝힌다. 그러나 이런 식으로 플라톤이 귀향하는 경우의 나쁜 소문을 두려워한 디오니시오스는 그 해는 머물고, 다음 해 항해 철에 디온의 재화 문제도 해결하고 떠나길 권고하는 타협안을 제시한다. 기타 타협 조건들을 내걸고, 이를 디온에게 알리고 그 회답을 듣기로 하는데, 귀향의 선박은 이미 떠나 버려, 이제는 항해도 불가능하게 되어 버렸다. 그리고 그의 숙소도 디오니시오스가 거처하는 곳 둘레의 정원이었다. 그리고선 그는 디온의 재산을 반은 그의 것이지만, 반은 그 아들의 것이라며 다 매각해 버리고서도, 플라톤에게는 입도 뻥긋하지 않았다. 그러는 한편으로 용병들의 급여를 줄였다가 그들의 거센 항의를 받고, 오히려 더 주게 되었다. 그는 용병들의 이런 행동의 배후에는 그들의 지휘관인 헤라클레이데스가 있다고 단정하고, 그의 체포에 나섰으나, 그는 이미 피신해 버렸다. 이 일로 헤라클레이데스의 삼촌을 두둔한 일이 있는 플라톤에 대해 적대감을 갖게 된 그는 그걸 핑계 삼아 성 밖으로 아카데모스의 집에 머물도록 지시했다. 이제 플라톤은 용병들 가운데 거주하게 되었고, 이곳에 있던 아테네의 선원들이 용병들 사이에서 그를 죽여 버리겠다고 하는 말까지 들림을 알려준다. 그래서 플라톤은 타라스의 아르키테스와 동료들에게 이런 급박한 상황을 알린다. 이에 이들은 외교사절의 구실을 대고, 30개의 노가 달린 갤리선과 함께 라미코스라는 신복을 보내어, 플라톤을 귀향케 한다. 마침내 플라톤은 귀향길에 올림피아 경기를 참관하던 디온을 만난다. 디온은 동료들과 플라톤에게 디오니시오스에 대한 보복을 다짐한다. 플라톤은 이어 불행한 사태들에 대한 이후에 일어난 일들과 관련된 자신의 감상들을 이야기한다.

〈서한 8〉

〈서한 7〉과 마찬가지로 플라톤이 디온의 친척들과 동지들에게 보낸 서신이다. 그가 보기에 디온이 암살된 후 시켈리아에서 벌어지고 있는 싸움, 곧 통치권을 되찾으려는 수구세력과 참주체제에서의 완전한 탈피를 최종 목표로 삼고 있는 개혁세력 간에 계속되고 있는 싸움의 성격은 결국 일종의 동족상잔의 길을 가고 있는 것으로 판단되었던 것 같다. 그래서 그는 그들에게 일종의 기원과도 같은 조언을 해 주기로 한다.

그가 제시한 것은 스파르타의 체제를 모델로 한 일종의 절충적인 통합을 권고하는 제안이라 할 수 있는 것이다. 그러나 그러기에 앞서 양쪽이 다 같이 서로를 이해하고 양해해야 할 일들이 있음을 그는 말한다.

이들 양대 세력의 핵심은 디오니시오스 I세[1]에서 II세로 이어져 온 가문과 이를 뒷받침해 준 히파리노스 I세에서 디온으로 이어져 온 가문이다. 뭣보다도 디오니시오스 I세가 일으킨 시라쿠사이의 위상에 대한 기여는 인정해야 할 것이지만, 참주체제의 권력 남용으로 인한 해악이 문제가 된 것이기에, 이에 대한 반성과 함께 왕정으로 바꾸되, 그 모델은 스파르타의 리쿠르고스가 구축한 것이게 할 것을 권유한다. 다시 말해, 디오니시오스의 가문의 기여를 인정해서, 디오니시오스 II세와 그의 이복 아우 히파리노스 그리고 디온의 아들인 또 다른 히파리노스[2]를 왕들로 삼아, 이들이 최고의 명예는 누리되, 법이 지배

1) 디오니시오스 I세의 제국 건설과 관련해서는 〈서한 7〉 327e 끝 쪽의 각주를 참조할 것.

2) 디온의 이 아들은 디온이 암살당하기 전에 이미 사망한 것으로 알려져 있으나, 플라톤은 이 사실을 미처 몰랐던 걸로 추정되고 있다.

하는 체제를 갖도록 해야만 함을 권유한다. 이것이 355a까지의 줄거리이고, 이후 텍스트 원문의 3쪽이 디온이 할 법한 권유의 말을 따옴표 속에 담은 상태로 이 서한을 끝맺는다.

〈서한 1〉

이 서신을 플라톤의 것이라고 보기엔 너무나 어처구니없어 보인다. 플라톤이 시라쿠사이 통치에 직접 관여한 일도 없거니와 투정 또한 그의 격에 도무지 맞지 않는다.

〈서한 2〉

이 서한에서 플라톤이 "시라쿠사이에 간 것은 철학이 대중한테서 존중받게 되어 주도록 하느라"고 그랬다는데, 아테네도 아닌 그런 엉뚱한 곳에 정작 가서, 철학적 계몽 활동을 하려 했다는 게 말이나 되겠는지! 더구나 312a의 각주에서도 밝혔듯, "대중이 철학을 하게 되는 건 불가능하다."는 게 그의 단언이기도 한 셈인데 말이다. 게다가 312e 이후에서 말하고 있는 내용은 신플라톤학파의 성향이 다분히 보이는 것이기도 하다.

〈서한 3〉

이 서한은 굳이 진위 여부를 따질 필요성을 느끼지 못하는 것이다. 그 까닭은 이 서한이 〈서한 7〉에 근거해서 그 일부와 관련된 이야길 부분적으로 중복해서 말하고 있는 셈이기 때문이다.

〈서한 4〉

플라톤이 이런 하나마나한 평범한 이야기를, 그것도 아끼고 믿는 제자가 이제 막 큰일을 펼치려는 마당에 했다는 게 싱거운 일이다. 누군가가 그들의 관계를 갖고, 당시의 상황과 관련해서 작문을 해 본 것일지도 모르겠다.

〈서한 5〉

마케도니아의 페르디카스 왕의 재위 기간은 365~360년이다. 이 기간은 플라톤이 디오니시오스의 두 차례에 걸친(367~365, 361~360) 초빙으로 부분적으로 아카데미아의 자리를 비우고 있을 때와 겹친 데다, 아테네에서는 변방의 비호감인 마케도니아에 선뜻 호감을 갖고 직접적인 조언요청에 응할 태세는 아니었을 것 같다. 그리고 이 서한(321d~e)에서 각각의 나라체제에는, 마치 어떤 짐승처럼, 그것 나름의 어떤 소리가 있다고 하는데, 이는 《국가》 편(493a~b)에서 각각의 정치체제를 크고 힘센 짐승에다 비유하고, 그것들 나름의 기분과 욕망을 말하는 비유를 원용한 대목이라 하겠다.

〈서한 6〉

이 서한은 〈서한 2〉를 쓴 사람과 같은 사람이 쓴 것으로 보인다는 견해가 우세하다. 지혜와 실천적인 힘의 결합 그리고 무슨 문제점이 있으면 자신과 의논해 달라는 당부 그리고 뭔가 새로운 종교를 연상케 하는 신에 대한 언급 등이 지적될 수 있겠다.

〈서한 9〉

〈서한 7〉에서 '아르키테스'로 일컬었던 걸 여기서 그리고 〈서한 12〉에서도 '아르키타스'로 부른 건 옳다. 왜냐하면 '도리스 방언'으로는 그리 부르는 것이 옳기 때문이다. 플라톤 자신처럼 학문에 주된 관심을 가진, 따라서 서로를 잘 이해하는 사이인 아르키타스에게 하는 이런 말은, 서로 얼굴을 맞댄 상황에서 서로의 사정을 이야기하다 보면 충분히 할 법한 것이기도 하다. 그러나 각주에서 밝힌 대목들 중의 하나(《국가》 편 347c)에서처럼, 통치 능력을 갖춘 훌륭한 사람이 "스스로 통치하려는 마음을 갖지 않을 경우에, 그에 대한 최대의 벌은 자기보다 못한 사람한테 통치를 당하는 것이다."라고 한 말과 같은 이야길 이 서한에다 새삼 늘어놓느라 굳이 이런 서한을 썼다는 것도 쉬이 납득이 가지 않는다.

〈서한 10〉

굳이 서한이랄 것도 없는 단순한 글 조각일 뿐인 것이다.

〈서한 11〉

라오다모스가 다토스의 법률 제정 의뢰를 받은 게 360년경이라는데, 이때는 플라톤이 시라쿠사이에서 시달리다 지친 상태로 귀국한 해다. 그런 때에, 제자들 중의 한 사람을 보내는 일도 아니고, 직접 와 주기를 바란다는 것도 억지다. 더구나 시라쿠사이의 경우는 시켈리아라는 엄청난 지역에 헬라스인들의 식민지들이 개척 중이었던 지역에 그 영향력 또한 컸던 경우였다. 반면에 트라케 지역은 헬라스의 변방이었고, 여러 면에서 항해도 위험한 지역이었다.

〈서한 12〉

이 서한에는 끝에 "이는 플라톤의 서신이 아닌 걸로 주장되고 있다"는 단서가 옛날부터 달린 상태로 전한다.

〈서한 13〉

〈서한 7〉을 읽은 사람이라면, 너무나 당혹스런 다른 플라톤의 면면들에 접하게 되는 것 같은 착각을 순간적으로나마 하게 하는 내용이다. 이 서한의 신빙성과 관련해서 브리송이 그의 책(*Platon: Lettres*) 276쪽 끝에서 하고 있는 언급에 나도 전적으로 동의한다. "요컨대, 이 서한이 친서임에 틀림없다는 데 대한 [이런] 주장(360a~b, 363b)은 이런 경우에 가장 큰 의심을 불러일으키지 않을 수 없도록 하니까." 도대체 서신을 보내면서, 자신이 보내는 서신이 진짜 자기 것이라고 이처럼 두 번이나 그 증거까지 제시하면서 강조해서 말하는 경우가 있을까 싶어서 하는 말이다.

목 차

서한 7

플라톤이 디온의 친척들과 동지들에게 '잘 지내심을!'[1]

323d

그대들은 내게 편지하길, 그대들의 생각이 디온도 품었던 것과 같은 것이라 내가 믿어 줄 것이며, 더군다나 내가 언행 양면으로 동참해
주기를 촉구했소. 그러나 만약에 그대들이 그 사람과 똑같은 의견과 324a
열망을 지니고 있다면, 동참할 것에 동의하겠지만, 그렇지 않다면, 몇 번이고 숙고하게 될 것이오. 그의 생각과 열망이 무엇이었는지는, 짐작해서가 아니라, 내가 알고 있듯, 거의 명확히 말할 수 있을 것이오.

1) 원어는 eu prattein인데, eu는 '잘'을, prattein은 '행함'·'지냄'을 뜻한다. 서한에서 한 이 인사법은 플라톤 특유의 것이고, 아카데미아에서는 관례화된 것으로 전한다. 《국가(정체)》 편 1권 353e~354a에서는 사람의 혼(psykhē)이 모든 경우에 제 구실(기능) 제대로 하는 것이 '잘(훌륭하게) 사는(처신하는) 것'이며, 따라서 행복하게 '잘 사는 것'임을, 또한 이 대화편 맨 끝에서도 그렇게 삶으로써 이승에서 잘(훌륭하게) 사는 것이며 저승에서도 잘 지내게 될 것임을 설파하고 있다. 보통 편지에서 첫머리에서 하는 인사는, 〈서한 3〉의 첫머리에서처럼, khairein('반갑기를!' 또는 '기쁘기를!')이며, 편지 아닌 보통 인사에서는 이 말이 'Khaire'의 형태로 쓰인다.

324a

내가 처음 시라쿠사이에 이르렀을 때는, 마흔 살이 가까워서였으니까 요.[2] 디온[3]은 지금의 히파리노스[4]가 이른 나이였소. 그때 그가 품었던
b 그 생각, 그걸 그는 끝까지 일관되게 지니고 있었었소. 그건 시라쿠사이인들은 자유로워야 하며 최선의 법률에 따라 사는 사람들이어야만 한다고 생각했다는 것이오. 따라서 만약에 어떤 신이 나라체제와 관련해서 히파리노스로 하여금 그와 똑같은 생각을 하게 되도록 만들더라도 전혀 놀랄 일이 아닐 것이오. 이런 일이 일어나는 게 무슨 방식으로 해서였겠는지, 이를 들어보는 것은 젊은이에게 그리고 젊지 않은 이에게도 무가치한 건 아니겠기에, 내가 그대들을 상대로 이를 처음부터 쭉 이야기해 드리도록 할 것이오. 지금이 그 적기이겠기 때문이오.

예전에 내가 젊었을 적에는 아주 많은 사람들과 똑같은 마음 상태를 겪었소. 내 문제를 스스로 결정할 자격이 있게 되는 대로, 곧바로

---

2) 그가 태어난 해를 427년으로 보고, 그가 태어난 달이 아테네 역법으론 타르겔리온(Thargēlion) 달(요즘의 양력으로 치면, 4~5월에 걸친 달)이니까, 지중해의 최대한의 항해 가능한 달들이 3월에서 11월(9월에 접어들면, 우기가 시작하므로 풍랑이 일기 쉬움)인 걸 감안하면, 이때를 387년 3~4월쯤이었을 것으로 추정해 볼 수 있겠다.

3) 디온(Diōn: 409/408~354)은 디오니시오스 I세의 장인인 히파리노스(Hipparinos)의 아들이며, 디오니시오스의 딸 아레테(Arētē)와 혼인했다. 따라서 그는 디오니시오스의 처남이면서 사위였다. 이 참주의 신임을 받은, 특히 외교관계에 있어서 유능한 각료였다. 388년에 시라쿠사이를 방문한 플라톤을 만나게 되어, 둘 사이의 관계는 사제 간의 관계로 발전하게 된다. 이후의 이야기는 이 서한 속에서 언급되고 있다. 플루타르코스《대비 열전》의 한 인물 편의 주인공으로 등장한다.

4) 여기에서 말하고 있는 Hipparinos는 할아버지 이름을 딴 디온의 아들이다. 또 다른 당시의 히파리노스로는 디오니시오스 II세의 이복 아우가 있었다.

324b

나라의 공무들에 나설 생각을 했었소. 내 경우에도 나라의 일들 중에 c
서 다음과 같은 몇몇 사건들이 일어났었소. 당시의 정체(政體: politeia)가 많은 사람한테서 욕을 얻어먹던 차에, 혁명이 일어났으니까요.[5] 그들은 이 혁명의 지도자들로 51인을 앞세웠는데, 11인은 시내(도심: asty)에서 10인은 피레우스[6]에서 — 이들 각각은 시장[7]과 시내 행정을 해야만 했지만, — 30인은 시민 전체에 대해 절대권을 행사하는 통치자들로 군림했소.[8] 바로 이들 중의 몇몇이 나와는 친척이거나 d
친지였으며,[9] 특히 이들은 내게 어울리는 일이라 하여 바로 가담토록

5) 404년 봄에 펠로폰네소스 전쟁에서 승리한 스파르타의 힘을 등에 업은 과두파가 그해 여름에 정권을 잡게 된 것을 가리킨다.

6) 고대의 명칭 표기는 Peiraieus였는데, 명[각]문에서는 Peiraeus로 되어 있고, 1960년대 민주정권이 들어서기 전까지의 최근에는 이를 Piraieus(삐레에프스)로, 그 이후로는 Pirea[s](삐레아[스])로 발음하고 있다. 역자는 고대의 명칭을 어느 정도 살려 쓴다는 생각으로 '피레우스'로 표기하기 시작했는데, 오늘날 우리나라에서도 언젠가부터 그리 쓰고 있는 것 같다. 아테네의 외항(外港)으로서, 오늘날엔 아테네 시내(to asty)에서 남서 방향으로 8킬로미터 남짓 되는 거리에 위치하나, 이때는 민회(ekklēsia)의 집회장 프닉스(Pnyx)에서 시작되는 북쪽 및 중간 성벽으로 아테네의 테미스토클레스 성벽과 연결되어 있었으며, 이 직선 거리는 약 6킬로미터이다.

7) 원어는 agora인데, 아크로폴리스와 북서쪽으로 인접해 있고, 경제적·정치적 중심이 되는 공간이었다. 협의회(ekklēsia)를 비롯한 각종 공공시설물들이 있고, 한쪽으로는 상점들이 있어서 시장 기능을 겸하는 갖가지 집회가 열리는 광장이기도 했다.

8) 이들 30인(hoi triakonta)을 훗날 사람들은 흔히 '30인 참주들(the thirty tyrants)'로 일컫게 된다.

9) 바로 그의 외삼촌 카르미데스(Kharmidēs: 403년에 사망)가 당시의 피레우스 통치를 책임졌던 '10인 위원회'의 일원으로, 그리고 이 사람의 사촌형, 그러니까 플라톤의 외당숙인 크리티아스(Kritias: 약 460~403년)가 이들 30인에 포함되었는데, 특히 크리티아스는 그들 중에서도 극단적

324d

권유했소. 나 또한 젊음 탓으로 조금도 이상할 게 없는 일로 느꼈소.
왜냐하면 나는 이들이 올바르지 못한 생활에서 벗어나 올바른 생활
방식으로 인도하며 나라 경영을 하리라고 생각했으니까요. 그래서 나
는 이들이 과연 무슨 일을 할 것인지, 이들에 대해 예의 주시했소. 그
러고서 지켜보았더니, 이 사람들은 오래지 않아서 이전의 정체가 오
히려 황금시대의 것이었음을 입증해 보여 준 것이라 할 만했소. 다른
일들에 있어서도 그랬지만, 나로서는 당대의 사람들 중에서는 가장
e 올바른 사람이라 말해도 아마도 부끄럽지 않을 나의 친애하는 분이
신 노년의 소크라테스를, 어떤 한 시민을[10] 강제로 연행해 와서 처형
하기 위해 다른 몇몇 사람들과 함께 그를 데리러 보내려 했던 것인데,
325a 이는 소크라테스께서 원하시든 원치 않으시든 간에 자기들이 하는 일
에 가담케 하고자 해서였소. 그러나 소크라테스께서는 그 지시에 따
르시지 않고, 그들을 위해 불경한 일들의 협조자가 되느니, 차라리 무
슨 수난이든 겪을 모험을 택하셨소.[11] 이 모든 일을 그리고 이런 유
의 다른 사소하지 않은 일들을 목격하고 나자, 나는 불쾌해져서 당시
의 못된 짓들에서 스스로를 멀리하도록 했소. 그러나 얼마 오래지 않
아 30인 체제와 당시의 온 나라체제가 또 뒤집혔소.[12] 그래서 다시금

인 대표자였다.

10) 살라미스의 레온(Leōn)이라는 사람임이 《소크라테스의 변론》 32c~d에 밝혀져 있다. 그리고 이와 관련해서는 본인의 이 대화편 역주 162에 좀 더 자세한 내용이 언급되어 있다.

11) 이 일에 대해서는 앞 대화편 32c~e에서 그가 스스로 그 경위를 밝히고 있다.

12) 이듬해인 403년 1월에 트라시불로스(Thrasyboulos)의 주도하에 봉기한 민주파의 군대에 의해 이 30인 참주정권이 마침내 이 해 9월에 무너진 사건을 가리킨다.

325a

공적이고 정치적인 일들을 하는 것에 대한 욕구가, 비록 한결 완만하
기는 했지만, 나를 잡아끌었소. 따라서 그런 혼란 상태에 처하였기에, b
불쾌해할 일들이 많이 일어나고 있었거니와, 혁명들의 와중에서는 적
들에 대한 대대적인 보복들이 행해진다는 것은 어떤 사람들에게는 조
금도 놀랄 일이 아니었소. 그런데도 그때 망명에서 돌아온 사람들[13]은
무척 공정한 대처를 했소. 그러나 불행하게도 이번에는 우리의 이 동
지, 곧 소크라테스를 몇몇 권력자들이 그 누구보다도 소크라테스에게
는 가장 어울리지 않을 가장 불경스런 죄목을 뒤집어씌워서는 법정으
로 이끌고 갔었소. 그래서 그들이 그를 [신에 대한] 불경죄로 기소하
고 다른 사람들은 유죄판결을 내려 처형했으니, 그들 자신들이 망명 c
해 있던 불행한 시기에, 당시의 망명 동지들 중의 한 사람에 대한 부
당한 연행에 가담하기를 거절했던 그분을 그랬던 것이오. 이런 일들
과 정치하는 사람들을, 그리고 법률과 관습들을 지켜보던 내게는, 더
두루 살피면 살필수록, 그리고 나이를 더 먹으면 먹을수록, 바르게 나
랏일을 경영하는 것이 그만큼 더 어려운 일로 보였소. 친구들과 신뢰 d
할 만한 동지들이 없이 행동을 취한다는 것은 불가능한 일이었기 때
문이오. ―그런 이들이 있다 하더라도 찾아내는 것도 쉽지 않았소. 우
리 나라가 이미 이제 더는 조상들의 습속과 관행대로 경영되지 않았
으니까요. 다른 새로운 친구들과 동지들을 쉽게 얻기도 불가능한 일
이었소. ―그리고 성문화된 법률도 관습도 타락해 가고 있었으니, 그
진행 속도는 놀라울 정도였소. 그리하여 내가 처음에는 공공의 일을
하려는 대단한 열의로 충만해 있었지만, 이런 일들을 유의해 보매, 모 e

13) 해군 지휘관이었던 트라시불로스가 이끈 민주파의 사람들은 피레우스를 먼저 장악한 다음, 결국 30인 과두 정권을 무너뜨리고서 민주 정권을 수립했다.

325e 든 면에서 완전히 부동(浮動)하고 있음을 보고서는, 결국엔 현기증을 느끼기에 이르렀소. 그렇더라도 나는 한편으로는 이런 것들과 관련해서, 특히 나라체제 전체와 관련해서 언젠가는 더 나아지지 않겠는
326a 가 하고 살피기를 그만두지 않았고, 다른 한편으로는 다시금 공공의 일을 할 기회를 늘 기다리고 있었소. 하지만 마침내는 오늘날의 모든 나라에 대해서 모조리 나쁘게 통치되고 있다는 사실을 깨닫게 되었소.—이 나라들에 있어서 법률의 상태는, 요행과 함께 어떤 경이적인 대비책이 없는 한, 거의 치유가 불가능할 정도이기 때문이오.—그리고 나는 바른 지혜사랑(철학: philosophia)을 찬양하면서 이렇게 주장하지 않을 수 없게 되었소. 나라의 일들이건 사사로운 일들이건, 모든 형태의 올바른 것들을 알아보는 것은 그것으로 해서나 가능하다고 말이오. 그러니까 인류가 해악들을 멈추게 되는 일은 없을 것이오. 옳게 그리고 진정으로 지혜사랑을 하는 이들의 부류가 정치적인 권력들을
b 장악하게 되거나 아니면 나라들에서 집권하고 있는 부류가 어떤 신적인 섭리로 해서[14] 진실로 지혜사랑을 하게 되기 전에는 말이오.[15]

14) '어떤 신적인 섭리로 해서'의 원어는 ek tinos moiras theias이다.

15) 이런 표현은 《국가(정체)》 편 473d, 499b~c, 501e에서도 만난다. 그리고 여기에서 '지혜사랑을 함'의 원어는 philosophein(지혜사랑하기→철학함: to philosophize: Philosophieren)이다. 헬라스인들은 자연 및 인간과 인생에 대한 앎으로서의 '지혜(sophia)를 좋아함(philos)' 곧 '지혜사랑(philosophia)'에서 시작된 이 학문 활동의 축적을 훗날 '철학'이란 뜻의 전문용어로 쓰게 된 것이다. 따라서 플라톤에 있어서조차도 이 말은 때로는 넓은 뜻에서의 '지혜사랑'과 전문적인 학문으로서의 '철학' 중의 어느 쪽의 뜻으로 쓴 것인지가 구별되지 않을 경우가 있다. 이 서한의 이 대목에서 '지혜사랑'으로 옮긴 부분은 아무래도 '철학'으로 이해하는 쪽이 옳을 것이다. 그러나 339d에서 '디오니시오스의 지혜사랑'의 경우는 도저히 '철학'으로 이해할 성질의 것이 아니다. 그런데 우리가 philoso-

326b

이런 생각을 지닌 상태로 내가 이탈리아[16]와 시켈리아(시칠리아)로 갔었소. 내가 처음 그곳에 갔을 때는 말이오. 그러나 그곳에 간 내게는 그곳 나름의 이른바 행복한 삶이, 이탈리아식 그리고 시라쿠사이식 식탁 차림들[17]로 가득한 삶이 단연코 마음에 들지 않았소. 그건 또한 날마다 두 차례씩 포식하고 밤에는 결코 혼자 자는 일이 없는 삶, 그리고 이런 삶에 수반된 습속이었소. 이런 습관들로 해서 젊어서부 c
터 그리 살아오고서도 분별 있는 사람이 된다는 것은 하늘 아래의 인간들 중에서는 결코 아무도 불가능한 일일 것이기 때문이오. 그런 놀라운 성품과의 혼화를 그가 이루게 될 일은 없을 것이오. 그는 결코 절제 있게도 되지 않을 것이며, 또한 다른 덕과 관련해서도 할 말은 같을 것이오. 나라의 경우에도, 사람들이 모든 걸 지나칠 정도로 소비해야만 되는 걸로 생각하며, 잔치와 마시는 것들 그리고 성적인 쾌락들에 열을 올리는 것 말고는, 모든 일에 게으름을 피워야 하는 걸로 d
생각하는 사람들의 그 어떤 나라도 그 어떤 법률 아래선들 조용할 수

---

phia를 '철학'이란 번역어로 애초에 쓰게 된 연원과 관련해서는 졸저 《헬라스 사상의 심층》 152~3쪽을 참조하는 게 좋겠다.

16) 여기서 말하는 '이탈리아'는 흔히 우리가 말하는 '남이탈리아'를 지칭한다. 그 정식 명칭은 Magna Graecia(Megalē Hellas)인데, 이는 오늘날 나폴리(Napoli)로 불리는 네아폴리스(Neapolis)에서 16킬로미터 서북방의 해안지대에 에우보이아(Euboia)의 식민지로 8세기에 세워진 키메(Kymē: Cumae: 오늘날의 Cuma)에서 남이탈리아 동쪽 해안지대에 역시 8세기에 스파르타가 세운 식민지 '타라스(Taras: 오늘날의 Taranto: 영어로는 Tarentum)'에 이르는 이탈리아의 남쪽 지대를 지칭한다. 때로는 이에 시켈리아(시칠리아)섬까지를 포괄해서 부르는 명칭이기도 했다.

17) 시라쿠사이인들의 식탁 차림(Syrako(u)siōn trapeza)은 소문난 식탁 차림이었던 것 같다. 《국가(정체)》 편 404d에도 이에 대한 언급이 보이며, 《고르기아스》 편 518b에도 '시켈리아식 요리책'에 대한 언급이 보인다.

326d

가 없을 것이오. 이 나라들은 참주정체들과 과두정체들 그리고 민주
정체들로 바뀌길 결코 멈추지 않을 것이니, 이들 정체들에서 권력을
장악한 자들은 정의롭고 평등한 정체의 명칭을 듣는 걸 결코 견디어
내지 못할 게 필연적이오. 앞서 내가 말했던 것들[18]에 더해, 바로 이런
e 것들을 생각하면서 시라쿠사이를 여행하게 되었던 것이오. 아마도 우
연이겠소만, 실은 디온 그리고 시라쿠사이와 관련되어 일어난 지금의
일들은 그때 강력한 것들의 어떤 작동에 의해서 발단된 것 같소. 그러
나 그게 아직도 더 많은 일들의 발단이 또한 되지 않을까 두렵소. 만
일 지금 그대들이 두 번째로 조언하는 내게[19] 설복되지 않게 될 경우
에는 말이오. 그러면 그때의 내 시켈리아 도착이 어떻게 해서 그 모
327a 든 일들의 시작으로 되었는지 내가 말하리까? 내가 그때 젊은 디온
을 만나서 이야기를 나누게 되었을 때, 사람들을 위해 가장 좋은 것들
로 내게 여겨지는 것들을 대화를 통해 알려주고서 이를 실천하도록
권고했는데, 부지불식간에 내가 어떤 식으로는 장차 참주정체의 붕괴
를 꾀하고 있었음을 내 스스로도 몰랐던 것 같소. 그러니까 디온은 다
른 것들에 대해서도 쉽게 이해했지만, 그때 내가 하게 된 말들에 대해
서도 날카롭고 열성적으로 경청했는데, 일찍이 내가 만난 젊은이들
b 중에서는 그 누구도 그런 사람은 없었소. 또한 그는 여생을 많은 이
탈리아인들이나 시켈리아인들과는 다르게 살고자 했다오. 쾌락과 사
치보다는 [사람으로서의] 훌륭함(덕: aretē)을 더 높이 사면서 말이
오. 이 때문에 그는 참주체제의 관습 테두리에서 살던 사람들과는 점
점 더 불편하게 살았소. 디오니시오스의 사망 시[20]까지는 말이오. 그

18) 특히 326a~b에서 말한 걸 가리킨다고 보아야 할 것이다.
19) 아마도 350d에서 언급한 일을 그 첫 번째 조언으로 말하는 것 같다.
20) Dionysios I세는 367년에 사망했다.

327b

러나 그 뒤에는 옳은 논의로 해서 자신이 갖게 된 이 신념이 비단 자
신에게만 생김 직한 게 아닐 거라는 생각을 그가 하게 되었으며, 이는 c
다른 사람들에게도 생기게 된 것이 보임을 알아차리게 되었소. 많이
는 아니지만, 어쨌든 몇몇 사람들에게는 생기게 되었음을 말이오. 천
우신조로 디오니시오스[21]도 어쩌면 이들 중의 한 사람이 될 수도 있겠
다는 생각을 그는 했는데, 정작 디오니시오스가 그런 사람으로 된다
면, 당자의 삶도 다른 시라쿠사이 사람들의 삶도 그 복됨이 굉장해질
것이라고도. 물론 이것들에 더해 그는 또한 생각했소. 무슨 방식으로
든 내가 이들의 협력자로서 최대한 빨리 시라쿠사이로 와 주어야 한
다고. 그 자신과 나의 만남이 자신으로 하여금 얼마나 선뜻 가장 아 d
름다우며 최선인 삶에 대한 욕구로 나아가도록 작용했는지를 상기케
하면서였소. 그는 지금도 자기가 꾀하는 대로, 디오니시오스에게 있
어서 이루어진다면, 학살들과 죽음들 그리고 지금 일어나고 있는 해
악들이 없는 행복하고 진실한 삶을 전 지역에서 준비해 갖도록 하는
커다란 희망을 갖고 있다고 하면서요. 옳게도 이런 것들을 생각하고
서, 그는 디오니시오스로 하여금 나를 데려가도록 설득했소. 그리고
선 그는 이런 청도 보내왔소. 다른 어떤 사람들[22]이 디오니시오스와
만나게 되어 그로 하여금 최선의 것 아닌 다른 삶으로 전향시키기 전
에, 무슨 수를 써서라도 최대한 빨리 이르도록 말이오. 비록 말하기에 e

21) 시라쿠사이의 참주 디오니시오스 I세의 지위를 계승한 디오니시오스 II세(367~357)를 지칭한다.

22) 디오니시오스 II세의 궁에서 환대를 받으며 지냈던 키레네학파의 아리스티포스(Aristippos), 소크라테스의 열렬한 추종자였던 아이스키네스(Aiskhynēs) 그리고 시켈리아 역사학자 필리스토스(Philistos) 등을 염두에 둔 언급인 것으로 보인다.

327e

긴 편이지만, 그가 표명한 요청들은 이런 것들이었소. “천행으로 주어
진 지금의 이 기회보다 더 나은 또 다른 무슨 기회를 실상 우리가 맞
을 수 있을까요?” 하고 묻고선, 이탈리아와 시켈리아의 제국[23]과 이
328a 에 있어서의 자신의 영향력, 디오니시오스 II세의 젊음과 열망, 또
한 철학과 교양에 대해서도 그가 얼마나 열성적인지도 말했소. 그리
고 또 자신의 조카들과 친척들이 내가 늘 말한 주장과 삶에 대해 얼마
나 쉽게 감화를 받게 될 것인지도, 또한 이들이 디오니시오스를 그야
말로 능히 동참케 할 수 있음을, 그래서 언젠가 그런 가망성이 있다
면, 지금이야말로 같은 사람들이 철학자들이면서 동시에 큰 나라들
b 의 통치자들로 되는 일[24]이 실현될 모든 가망성이 있다고 말이오. 실
상 권유들로는 이런 것들과 그 밖에도 이와 같은 온갖 것들이 있었지
만, 내 판단으로는 젊은이들의 경우에 장차 일이 어떻게 될지 두려웠
소. ―그런 사람들의 열망은 조급하고 자주 그것들끼리도 상반되기까
지 하니까요. ―하지만 디온의 혼에 대해서 말할진대 그 성품이 천성
으로 진중한 데다, 그는 이미 중년이었음[25]을 나는 알고 있었소. 이런
이유로, 내가 길을 떠나야 할 것인지 그래서 그 권고에 응해야만 할
것인지 아니면 어떻게 해야 할 것인지 생각하며 망설이고 있던 내게
있어서 우세하게 된 쪽은 그렇게 해야만 된다는 것이었소. 만약에 누

23) ‘이탈리아와 시켈리아(시칠리아)의 제국’이란 405년에서 367년에 걸친 기간 동안 시라쿠사이의 참주 디오니시오스가 시켈리아의 절반과 헬라스인들이 남이탈리아(Magna Graecia)에 세운 나라들 대부분을 사실상 지배했기 때문에 ‘제국(arkhē=empire: 여러 나라의 지배국)’으로 지칭되기도 했던 것 같다. 아테네도 그 전성기엔 ‘제국’으로 지칭되었다.

24) 326b의 본문과 해당 각주 참조.

25) Diōn(약 408/9~354/353)은 이때(367년) 41세 무렵이었다. 플라톤과는 19세 정도 차이가 있다.

328b

군가가 법률 및 나라체제들과 관련해서 생각한 바를 언젠가 실현하는
일에 착수코자 한다면, 역시 지금 꾀하여야만 한다고 말이오. 왜냐하 c
면 내가 한 사람만 충분히 설득한다면, 모든 좋은 것이 충분히 실현을
보게 되겠기 때문이오. 바로 이런 생각과 용단으로 해서, 내가 집에서
떠났소. 어떤 사람들이 생각하는 그런 이유로가 아니라, 스스로를 가
장 부끄럽게 하는 것은 내가 영락없이 전적으로 말뿐인 사람이지 결
코 어떤 행동도 기꺼이 취하려고 하지 않을뿐더러, 정말로 적지 않은
위험에 처하여 있는 디온의 환대와 동지애를 첫째로 배반하는 것으 d
로 스스로에게 여겨지지 않을까 하는 것이었소. 그래서 만약에 그가
무슨 일이라도 당하게 되거나, 또는 디오니시오스 및 다른 적들에 의
해 축출되어 우리에게로 망명해 와서는, 이렇게 묻는다면 말이오. "플
라톤 선생님! 제가 망명해서 선생님께로 온 것은 중장비 보병들을 요
청하느라고 해서도 아니며, 적들을 막아내기에 기병들이 부족해서도
아니고, 말씀들과 설득들이 부족해섭니다. 뭣보다도 이것들로써 선생
님께서는 젊은 사람들을 좋은 것들과 올바른 것들로 독려하셔서 서로
들 우애와 동지애를 매번 확립케 할 수 있으셨던 걸로 저는 알고 있었
습니다. 선생님 편에서의 그것들의 아쉬움 때문에 지금 제가 시라쿠 e
사이를 떠나 이곳으로 떠나왔습니다. 그리고 저의 처지는 선생님께
작은 비난이나 초래할 것입니다. 하지만 선생님께서는 언제나 찬양
하시는데 나머지 사람들한테서는 불명예스런 대접을 받는다고 말씀
하시는 그 철학이 지금 저와 함께 선생님께서 관여되신 그만큼은 어
찌 배신당하고 있지 않겠습니까? 그리고 만약에 저희가 메가라에 거 329a
주하게 되었다면,[26] 저희가 선생님께 부탁하는 일들을 도우려 제게로

26) 아테네에서 코린토스까지가 약 80킬로미터이고, 메가라는 그 중간 거

329a

오셨을 게 틀림없었겠습니다. 그러시지 않는다면 스스로를 누구보다도 고약하신 분으로 여기시겠죠. 그렇지만 지금은 그러니까 가는 여정의 길과 항해와 그 수고의 큼을 탓함으로써 비겁함의 평판에서 혹시라도 벗어나게 되실 것으로 생각하십니까? 그건 어림없을 겁니다." 그가 이런 말들을 했다면, 무엇이 내게 있어서 이에 대한 모양 좋은 대답이었겠소? 그런 건 없소. 하지만 나는 순리대로, 인간으로서 가
b 능한 한, 최대한으로 당연히도 그런 이유들로 해서 내 자신의 결코 볼품없는 것일 수는 없는 연구 활동들을 남겨 둔 채, 갔었소. 내가 해온 말들이나 내 자신에게도 어울리지 않을 것으로 여겨지는 참주체제 아래로 말이오. 내가 감으로써 손님의 신인 제우스에 대한 부담에서 스스로를 자유롭게 했으며,[27] 철학 쪽에서의 비난을 받을 일도 없

리에 있었던 나라다. 소크라테스 사후에 그의 추종자들이 한때 많이 거기로 가 있었다.

27) '손님의 신 제우스'의 원어는 Zeus xenios인데, 여기서는 그 소유격(Dios xeniou)이 쓰이고 있다. 헬라스에서 손님(낯선 사람: ho xenos)들에 대한 접대(xenika therapeumata)는 손님(낯선 사람)들이 받을 일종의 권리와도 같은 것이었다. 헬라스에서 규모가 큰 나라라고는 아테네와 스파르타 정도였지, 다른 나라들은 다 작은 규모의 것들이었다. 그러니 다른 나라들과의 왕래는 자연스런 것이었으며 불가피한 것이기도 했다. 그러려면 타지에서의 숙식의 편의와 안전은 그들에게 필수 불가결한 것이었겠다. 이를 전통적인 관행으로 굳혀 갖게 하는 믿음의 장치가 필요했을 것이다. 그래서 탄생된 신화 또는 설화가 손님(나그네)을 보호해 주는 신(ho xenikos theos)의 존재였을 것이다. 그래서 손님을 보호하고 접대를 제대로 받도록 보장해 주는 역할을 주신 제우스가 맡기로 한 것이라 말할 수 있겠는데, Zeus xenios(또는 xenios Zeus)는 그런 뜻으로 부르는 제우스의 별칭이다. 호메로스의 《오디세이아》 6. 207~8에서는 낯선 사람들과 거지들 모두는 제우스가 보낸 것으로 말하고 있다. 같은 책 9. 271 및 14. 389 등을 참조할 것. 그런데 여기에서 플라톤이 하고 있는 말은 자신이 디온의 손님으로서 시라쿠사이에 안착하게 되었다는 뜻으로 하는

329b

게 되었소. 만약에 내가 어딘지 무기력해져서는 겁쟁이 노릇을 함으로써 창피스러워졌다면, 그야 면목 없게 되었을 테지만. 내가 가기는 했소만, — 길게 말할 필요는 없겠으니까 — 디오니시오스와 관련된 모든 것들은 분쟁과 참주정체에 대한 디온과 관련된 비방들로 가득함을
알게 되었소. 그야 물론 내가 할 수 있었던 한은 그를 방어해 주었소 c
만, 할 수 있는 것은 적었소. 하지만 아마도 거의 넉 달째에 디오니시오스는 디온을 참주정체에 대해 음모를 꾸몄다는 죄목으로, 작은 배에 태워, 불명예스럽게 추방해 버렸소. 이 일이 있고 나서 디온의 친구들은 누군가가 디온의 모의 공모자로 고발되어 보복을 당하지 않을까 모두들 두려워했소. 반면에 나와 관련해서는 시라쿠사이에서 어떤 소문까지 퍼졌소. 그때 일어났던 이 모든 일들의 탓이 나였기에
디오니시오스에 의해 내가 처형되었다고 말이오. 그러나 그는 우리 d
모두가 이런 상태에 있음을 감지하고서는, 우리의 공포감들로 해서 무슨 더 큰 일이라도 일어나지 않을까 두려워서, 모두를 이전처럼 상냥하게 대했소. 특히 나를 위로하기도 하고 기운을 차리라고도 하며 어떻게든 내가 머물러 있기를 간청했소. 그로서는 내가 자기에게서 도망하는 게 전혀 좋을 게 없고, 머무는 게 좋았겠기 때문이오. — 그 때문에 물론 그는 열성적으로 그러도록 요청하는 척했소. 그러나 참주들의 요청들은 강제성들을 동반하고 있다는 사실을 우리는 알고 있
소. — 바로 그가 계획적으로 나의 출항을 막고서는, 성채(akropolis) e
로 나를 데리고 가서 머물게 했소. 이곳에서 나를 데리고 나간다는 것은, 디오니시오스가 제지하고 있는 한, 어느 선장도 안 되는 일이었을 뿐만 아니라, 나를 데리고 나가도록 지시할 사람을 그 자신이

말이겠다.

329e

보내지 않는 한 또한 안 되는 일이었으며, 어떤 교역상도, 그 지역의
출구들에 있는 관리들 중의 누구도 나 혼자 나가는 걸 눈감아 주지도
않고, 곧바로 붙잡아서는 디오니시오스에게로 다시 데려가지 않는
자도 없었을 것이오. 또한 별난 건 이전과는 반대로 디오니시오스가
330a 플라톤을 놀랍도록 반기고 있다는 소문이 이미 퍼졌다는 것이오. 그
러면 이건 정작 어떻게 된 것이었을까요? 진실은 말해야 되겠죠. 그
는 나의 생활 방식과 성품에 접함에 따라 시간이 지날수록 더 즐거워
했으며, 내가 디온보다도 자기를 더 칭찬해 주고 그보다도 더 각별하
게 친구로 여겨 주기를 바랐으며, 이런 것에 놀랍도록 경쟁심을 갖고
있었소. 만약에 그가 철학과 관련된 논의들을 배우고 듣고서 이를 자
신의 것들로 만들며 나와 어울리는 그런 식으로 되었더라면, 정말로
b 그렇게 되었더라면, 더할 수 없이 좋았겠지만, 그는 망설였었소. 어
쩌면 덫에 걸려들어 바로 디온이 모든 걸 계획대로 이루게 되지 않겠
냐는 비방의 말들을 두려워했던 것이오. 그러나 나는 모든 걸 참으며
기다렸소. 내가 그곳에 갔을 때의 바로 그 처음 생각을 지키며, 혹여
어쩌면 지혜사랑의 삶에 대한 욕구를 그가 갖게 되지나 않을까 하고
말이오. 그러나 그는 저항해 냈소.

나의 첫 번째 시켈리아 체재와 그 경과는 이 모든 일로 해서 일어난
c 것이오. 그러나 이것 다음에 다시 집을 떠나 그곳으로 간 것은 디오
니시오스의 열성을 다한 초빙으로 해서였소. 무슨 일들을 위해서였는
지 그리고 무슨 일들을 했는지는, 그것들이 그럼직했고 또한 올바른
것들이었기에, 여러분에게 먼저 현재의 상황에서 해야 할 것들을 권
고해 드리고서, 그 다음으로 이와 관련된 것들을 자세히 이야기할 것
이오. 내가 정작 무엇을 원해서 두 번째로 거기에 갔는지에 대해 자꾸
물은 것들에 대해서는, 내가 부차적인 일들을 주된 일들로 말하게 되

330c

는 일이 일어나지는 않게 하느라 해서요. 그러니까 내가 말하려는 것
들은 이런 것들이오.

병을 앓으며 건강에 나쁜 식생활을 하고 있는 사람에게 조언을 해
주는 이는 첫째로 다름 아닌 생활을 바꾸라고 할 것이며, 이에 따르려 d
고 하는 자에게는 그 밖의 다른 권고도 더 해 줄 것이오. 그러나 따르
려 하지 않는 자에 대해서는 그와 같은 자에 대한 조언을 회피하는 이
가 사람다운 사람[28]이며 의술에 능한 이로 나는 생각할 것이나, 반대
로 처신하는 자는 사람답지도 않고 전문 지식도 없는 자로 생각할 것
이오. 나라의 경우에도 똑같아서, 나라를 한 사람이 통치하건 또는 여
럿이 통치하건, 바른 길로 정상적으로 그 정체가 나아가고 있을 경우
에, 뭔가 적절한 것을 조언하고자 한다면, 그런 사람들에게 조언하는 e
것이 지각 있는 이의 할 일이오. 그러나 바른 정치체제에서 완전히 벗
어나서 결코 그런 정치체제의 길로는 가고자 하지 않는 자들의 경우
에는, 자기들에게 조언을 하는 자에게 공언할 것이오. 저들의 정치체
제에 대해서는 그냥 내버려 둘 것이지 어찌 해보려 들지 말라고 하며,
그러다간 죽게 될 것이기 때문이라며, 자신들이 원하는 바나 욕망들 331a
에 기여하는 조언이나 할 것을 지시하고자 할 것이오. 무슨 방도로 그
것들을 가장 수월하게 그리고 가장 빨리 영원토록 성취하게 될 것인
지나 말이오. 이와 같은 조언들이나 꾸준히 해 주는 자를 나는 사람다
운 사람으로 여기지 않겠으나, 그러지 않는 이를 사람다운 사람으로
여기겠소. 내가 바로 이런 생각을 품고 있기에, 누군가가 자신의 삶

28) 원어 anēr(여기서는 목적격 andra)는 '사람' 또는 '남자'나 '남자다운 남자'를 뜻하지만, 바로 다음 줄의 'anandron(사람답지도 않은)'과 대비된다는 점에서 '사람다운 사람'으로 옮기는 것이 그 뜻을 더 살릴 것이라 여겨, 그리 옮겼다. 이는 331a의 경우에서도 마찬가지로 옮겼다.

331a

과 관련된 가장 중요한 것들 중의 어떤 것에 대해 내게 조언을 받게 될 경우, 이를테면 재화의 획득과 관련해서 또는 몸이나 혼의 보살핌
b 과 관련해서, 내가 보기에 그가 일상생활을 제대로 하고 있는 걸로 판단될 경우 또는 이야기를 나누게 된 것들과 관련해서 조언을 해 준다면 따르고자 할 경우, 나는 적극적으로 조언을 해 주거니와 형식적으로 하고 말지는 않았소. 그러나 만약에 그가 내게서 전혀 조언을 받고자 하지도 않을 경우, 또는 조언을 해 주는 사람에게 결코 따르려 하지 않을 게 명백한 경우, 그런 자에게 자청해서 조언하러 가지는 않소. 강제로는 설사 내 아들[29]의 경우라도 그러지는 않을 것이오. 그러나 노예에게는 조언을 할 것이며, 그가 원하지 않더라도, 강제할 것이오. 하
c 지만 부모를 강제하게 된다는 것은, 이분들이 정신착란의 질환을 앓고 있지 않다면, 경건치 못한 것으로 나는 생각하오.[30] 그분들께서, 비록 내게는 그렇지 않더라도, 스스로들 만족해하시는 어떤 안정된 삶을 사신다면, 그분들께 공연히 권고를 함으로써 미움을 사지도 않을 생각이며, 그렇다고 정말이지 아부까지 하며 그분들에게 봉사하지도 않을 생각이오. 내 자신이 반기면서 살고자 하지 않을 것들인 그런 욕망들의 충족을 도와드리면서는 말이오. 자신의 나라와 관련해서도 지각이 있는 이는 똑같은 생각을 하며 살아야만 하오. 자신에게는 나라가 훌륭하게 다스려지지 않는 것으로 보인다면, 말해야만 하오.

29) 물론 플라톤은 독신으로 살았으니, 아들이 있을 리 만무한 일이었지만, 말인즉 그렇다는 것이겠다.

30) 《크리톤》 편 51c에는 탈옥을 종용하는 친구 크리톤에게 소크라테스가 이런 말을 하고 있는 장면이 있다. "어머니한테든 아버지한테든 폭력을 쓴다는 것은 불경한 짓이라는 걸, 이들보다도 조국에 대해서 폭력을 쓴다는 것은 한층 더 불경한 짓이라는 걸 말이야."

공연히 말하는 것도 아니고 말하면 죽게 되는 것도 아니라면 말이오. d
그러나 조국에 대해서 혁명[31]의 폭력을 행사해서는 안 되오. 사람들의
망명과 학살 없이 최선의 정치체제가 수립될 수 없을 때는, 침묵을 지
키며 자신과 나라를 위해 좋은 것들을 기원해야만 하오.

따라서 이런 방식으로 나는 여러분에게도 조언하겠거니와, 디온
과 함께 내가 디오니시오스에게도 조언했던 것이오. 첫째로 일상생활
을 함에 있어서, 그 스스로 최대한 자신을 통제할 수 있게 하며, 믿을 e
만한 친구들과 동지들을 확보할 수 있도록 하고, 자신의 아버지가 겪
었던 바로 그런 일들을 겪지는 않도록 말이오. 그의 아버지는 이방인
들[32]에 의해 약탈당했던 시켈리아의 많은 그리고 큰 나라들을 수복해
서[33] 정착을 하고서도, 그 각각에서 동지들의 신뢰할 만한 정체들을
수립할 수는 없었소. 그런 동지들로 다른 어떤 곳 출신의 외국인들도
형제들[34]조차도 갖질 못했소. 이들을 어렸을 적부터 양육해서, 사인들 332a
에서 권력자들로 그리고 가난한 자에서 엄청난 부자들로 키웠지만 말

31) 원어는 politeias metabolē(정치체제의 변혁)이다.

32) 여기서 말하는 이방인들은 헬라스계가 아닌 카르타고인들을 지칭한다.

33) 시라쿠사이는 기원전 733년에 코린토스(Korinthos)가 세운 식민지였다. 겔라(Gela)의 참주 겔론(Gelon: 약 540~478)은 485년에 시라쿠사이를 점유하고 이곳으로 주민들을 일부 이주시키고서 제 본거지로 삼는다. 480년에 바로 살라미스 해전이 있던 같은 날, 카르타고(Carthago: Karkhēdōn)의 대원정군을 히메라(Himera)에서 격파함으로써, 시켈리아에서 으뜸가는 나라로 군림하게 된다. 참주 디오니시오스 I세(재위 기간: 405~367) 때는 시켈리아의 절반을 지배하며 남이탈리아(Magna Graecia)의 대부분도 지배하게 되어, 사실상 이 지역들에서 시라쿠사이는 '제국(arkhē)'의 위상을 갖게 되었다.

34) 디오니시오스 I세의 아우들로 레프티네스와 테아리데스가 있었는데, 둘 다 함대 지휘관으로 잠시 활동했다고 한다.

332a

이오. 그는 이들 중의 그 누구도 설득이나 가르침 또는 시혜나 친척 관계를 이용해서 통치의 동반자로 만들어낼 수는 없었던 것이니, 다레이오스[35]보다는 일곱 배나 못했던 거죠. 다레이오스는 형제를 믿은 것도 자기가 양육한 자들을 믿은 것도 아니고, 메디아인과 환관의 제
b 압에 동조한 자들을 믿었었고, 영토도 일곱 부분으로 분배했는데, 그 각각이 시켈리아 전체보다도 더 컸소. 그는 이들을 믿을 만한 동반자들로 삼고서, 자기에게도 서로에게도 공격하는 일이 없는 관계로 대하게 되어, 훌륭한 입법자이며 군왕인 자는 어떤 사람이 되어야 하는지 그 본보기도 보여 주었소. 왜냐하면 그는 법률을 마련함으로써 지

---

35) 페르시아 제국을 일으킨 최초의 황제였던 키로스(Kyros)가 사망한(530년) 뒤에 큰아들 캄비세스(Kambysēs: 재위 기간 530~522)는 왕위를 계승한 뒤에 곧바로 아우 스메르디스(Smerdis)를 살해해 버린다. 그런데 몇 년 뒤에 그동안 환관 노릇을 하던 가우마타(Gaumata) 또는 고마테스(Gomates)라는 이름을 가진 한 '마고스'(Magos: 배화교의 성직자를 의미하기도 하나, 나쁘게는 마법사를 가리키기도 함)가 자신이 캄비세스에 의해 살해될 뻔했다가 기적적으로 살아난 스메르디스인 것처럼 가장하여, 왕위 찬탈을 한다. 그는 7개월 동안 왕 노릇을 하나, 키로스 황제와도 같은 가문 출신인 다레이오스(Dareios)를 포함한 일곱 명의 페르시아 귀족들에 의해 살해된다. 그런가 하면, 헤로도토스 《역사》 III, 61~79에는 이 사건의 전말이 자세하게 기록되어 있는데, 이야기가 좀 다르다. 캄비세스가 이집트에 머물고 있는 동안 그의 집사(meledōnos)로 페르시아에 머물게 한 '마고스'가 있었는데, 이 자는 형제가 다 '마고스'였다. 그런데 이 집사와 형제간인 다른 '마고스'는 용모도 살해된 스메르디스를 닮았지만, 이름도 같았다. 집사인 '마고스'는 캄비세스가 스메르디스를 살해했지만, 이 일은 아주 소수만이 알고 있는 비밀이고, 많은 사람은 그가 아직 살아 있는 것으로 믿고 있다는 점을 이용하여, 이 가짜 스메르디스를 내세워 반란을 일으키고 왕위 찬탈을 하게 되었다는 것인데, 그다음의 이야기는 앞에서 말한 것과 같다. 《법률》 편 695b~c에서도 이와 관련된 언급을 하고 있다.

332b

금까지도 페르시아 제국을 보존해 왔기 때문이오. 더 나아가 이들에
더해 아테네인들도, 비록 자신들이 식민정착을 한 것들은 아니지만,
이방인들[36]에 의해 침략당했으되 아직도 거주는 하고 있는 헬라스인
들의 많은 나라들을 떠맡았지만, 그런데도 70년 동안이나 그 각각의 c
나라들에 친구들을 갖고 있으면서 제국을 지켜냈었소.[37] 그러나 디오
니시오스는 온 시켈리아를 한 나라에 모아 갖고 있으면서도, 영악함으
로 해서 아무도 믿지 않아, 겨우겨우 살아남은 것이오. 그에게는 친애
하고 믿는 사람들이 없기 때문인데, [사람으로서의] 훌륭함(aretē)과
나쁨(kakia)의 증표로서 이런 사람들의 결핍이나 없음보다도 더 큰 것
은 없소. 바로 이런 것들을 디오니시오스에게도 나와 디온이 조언했었
소. 그는 아버지로 해서 교육을 받아 본 일도 없고, 맞는 사람들과의 d
어울림의 경험도 없는 터라 그랬던 것이오. 맨 먼저 이런 점들을 고려
해서[38] 친척들과 함께 동년배들 중에서 [사람으로서의] 훌륭함의 면
에서 조화를 이루는 다른 사람들을 자신의 친구들로 가지려는 열의
를 갖게 하는 거죠. 그리고 이 [인격적] 조화는 뭣보다도 그 스스로
와의 것이겠는데, 그는 이 점에서 놀랍도록 부족한 상태였으니까요.

36) 여기서 말하는 '이방인들(barbaroi)'은 페르시아인들이다.

37) 살라미스 해전(480년)에서 페르시아를 격파한 뒤, 펠로폰네소스 전쟁에서 패하기(404) 얼마 전까지 아테네는 해양제국으로 부상했으며, 에게해(ho Aigaios pontos)의 섬나라들과 연안의 나라들 거의 다를 동맹국들로 가졌었다.

38) '맨 먼저 이런 점들을 고려해서'로 옮긴 부분의 텍스트 읽기는 OCT의 Burnet 판을 따르지 않고, Budé 판 및 Loeb 판의 읽기를 따른 것이다. 앞의 읽기는 πρῶτον . . . ἔπειτα ταύτη이나, 뒤의 읽기는 πρῶτον ἐπὶ ταῦτα이다. 앞의 읽기에서 "πρῶτον . . . ἔπειτα"는 "첫째로, [필사본 원문 탈락], 다음으로"는 관용적 표현이므로, 이렇게 읽기 쉬운 면이 있으나, 그 내용이 불명하다.

332d

그야 이런 식으로 명확하게 말하진 않았지만. ―그랬다간 무사하지
못했을 테니까요. ―그러나 애매하게 그리고 말로 이런 주장을 한 것
이오. 이렇게 함으로써 모든 사람이 그를 그리고 그는 그들의 지도자
가 되어 그들을 지켜 줄 것이나, 이 길로 방향을 잡지 않을 경우에는,
e 모든 걸 반대로 되게 할 것이라고 말이오. 하지만 우리가 말하는 대
로 해나가서, 스스로를 사려 깊고 건전한 마음 상태이게 만들어, 버
려진 시켈리아의 나라들에 이주민들을 다시 정착시켜 법률과 정체들
로 결속한다면, 그래서 그와 서로 친근해지고 이방인들[39]에 대항해서
333a 협력하는 관계가 된다면, 아버지의 제국을 실로 두 배 아닌 여러 배
의 것으로 만들 것이라고 말이오. 이것들이 이렇게 되어 있다면, 겔론
의 시대에 카르타고인들이 노예의 처지가 되었던 것[40]보다도 훨씬 더
한 정도로 쉽게 이들이 노예들로 되었을 테지만, 지금처럼 그의 아버
지가 그 반대로 이방인들에게 조공을 바치는 합의를 하지는 않았을
것이오. 이것들이 디오니시오스에게 우리가 말했던 것들이며 권유했
던 것들이었소. 그런 우리가 디오니시오스에게 역모를 꾀했다는 소문
이 여러 곳에서 퍼졌소.[41] 바로 이 소문이 디오니시오스를 압도하게까

39) 여기서 말하는 이방인들은 카르타고인들을 가리킨다.

40) 331e의 해당 각주를 참조할 것.

41) 디오니시오스 I세 때부터 외교 분야를 담당했던 디온이었던 터라, 이 때에도 카르타고와의 평화협상을 위한 서신을 보냈는데, 이를 가로챈 쪽에서 그가 반역을 도모한 것으로 몰아, 그를 추방하게 된다. 〈서한 7〉(329c)에서 플라톤은 이 추방의 시기를 자신이 첫 초빙에 응해 가고서, '거의 넉 달째에' 일어난 일로 언급하고 있다. 이런 모함의 배후에는 선대에 망명했다가, 디오니시오스 II세의 부름에 따라 돌아온 역사가이며 조언자로서 제독이 된 필리스토스(Philistos: 약 430~356)가 있었다. 그는 디오니시오스의 참주체제를 적극적으로 옹호하던 자들의 선봉이었으며, 디온이 플라톤까지 초빙해서 도모하려는 일은 실상 참주 지위를 찬탈하

333a

지 됨으로써 디온을 추방하고 우리를 두려움에 빠트렸소. 적지 않은 b
일들을 짧은 시간에[42] 압축해서 말하고자 해선데, 디온은 펠로폰네소스를 거쳐 아테네에서 가서는, 행동으로써 디오니시오스에게 경고를 했소.[43] 그러나 그가 두 번이나 그 나라를 해방시켜 그들에게 되돌려

기 위한 공작일 뿐이라고 중상했던 것이다. 이 일은 디오니시오스를 '철인 통치자'로 만들고자 플라톤을 초빙했던 디온과 이에 어쩔 수 없이 응했던 플라톤의 계획이 결국엔 허망하게 좌절되고 말게 하는 실마리가 된다.

42) 텍스트 읽기에서 b2의 ta는 삭제하는 쪽으로 읽었다.

43) 디온이 추방된 것은 366년의 일이었으며, 그는 스파르타를 거쳐 얼마 동안 아테네를 본거지로 삼고, 아카데미아의 일원으로 머물기도 했다. 때마침 시켈리아에 전쟁이 일어나, 나중을 기약하고, 플라톤은 2년 만인 365년에 아테네로 돌아왔다. 4년 뒤 전쟁이 끝나고, 재차 디오니시오스와 디온 그리고 관심 있는 주변인들 모두의 성화에 두 번째 초빙에 응했으나, 결국엔 곤욕만 치르고 이듬해(360년) 가까스로 탈출하다시피 해서, 아테네로 귀환한다. 이에 디온의 분노도 극에 달해서, 마침내 357년에는 5척의 상선을 이용해 소규모의 병력을 이끌고 펠로폰네소스의 자킨토스 섬에서 출발한다. 이 거사 정보에 접한 필리스토스 제독과 디오니시오스는 각기 대규모의 함대를 이끌고 예상되는 길목을 지킨다. 그러나 디온은 그들이 지키고 있던 이탈리아 쪽을 피해, 곧장 지중해의 난바다 쪽으로 빠져, 시라쿠사이 남단으로 향했으나, 폭풍을 만나, 시켈리아의 서남쪽 '헤라클레스 미노스'에 상륙해서, 신속히 이동한다. 이들이 시라쿠사이를 향해 진군하는 동안, 참주를 싫어하는 본토인들과 헬라스인들이 엄청나게 가담한다. 이렇게 증강된 병력을 이끌고 밤을 새며 행군하여, 시라쿠사이에 이른 이들은 군중의 환호를 받으며, 오르티기아(Ortygia) 섬을 제외한 전 지역을 접수한다. 집회에서 디온을 포함한 20명의 장군들을 선발하여, 이들이 정권을 형성한다. 디온을 제압하기 위해 80척의 함선들을 이끌고 갔던 디오니시오스는 7일 뒤에 귀환, 민중들 사이에 디온에 대한 반감 형성을 도모한다. 그렇지 않아도 디온은 민중 친화적이지 않고 도도하고 군림하는 인물로 받아들여지고 있었다. 이런 때에, 〈서한 7〉(348b 이후)에서 언급하고 있듯, 한때 추방된 상태로 있던 헤라클레이데스(Hērakleidēs)가 함선들과 군대를 이끌고 등장해서, 장군들의 일원이 되어 있었던 터라, 그를 집회에서 해군 제독으로 선출한다. 그러나 디

333b

주었는데도,[44] 디온에 대해 시라쿠사이인들이 그때 품고 있던 감정

온은 이를 자신의 동의를 얻지 않은 사항이라며 일단 취소한 뒤에, 그를 자신이 임명하는 절차를 거치게 한다. 이런 처사에 대해 시민들은 공감하지 못하였고, 그를 또 다른 독재자로 여기게 된다. 그런데 얼마 뒤에, 이탈리아 쪽 바다에서 디온의 군대를 기습하려 하릴없이 대기하고 있다가, 돌아온 필리스토스의 함대를 헤라클레이데스가 격파하고 그를 체포해서 죽이는 전공을 세운다. 필리스토스마저 잃은 디오니시오스는 결국 섬에 용병 수비대와 함께 제 아들을 지휘관으로 남겨 두고 도망간다. 이 일이 있은 뒤에 시라쿠사이인들은 디온을 장군 지위에서 해임하고, 헤라클레이데스를 포함한 25명의 장군들을 새로 임명하고, 디온이 이끌고 와서 자기들을 참주의 압제에서 구원해 준 온 펠로폰네소스의 전사들에 대한 봉급 지불마저 거부했다. 이들은 시라쿠사이를 세운 모국인 코린토스인들이 대부분이었을 것이다. 그런 배은망덕의 처사를 당하고서도, 디온은 제 조국의 민중들을 상대로 싸우는 걸 피하고서, 헌신적인 300명의 동지들을 데리고, 레온티니(Leontini, Leontinoi)로 물러나 있게 된다. 때는 356년이었다. (이와 관련된 각주의 내용 기술은 주로 참고 문헌에서 밝힌 J. B. Bury & R. Meiggs, *A History of Greece*, pp. 405~409를 참고해서 한 것이다.)

44) 여기서 "두 번이나 그 나라를 해방시켜 그들에게 되돌려 주었다"는 말이 뜻하는 것은 다음 것이다. 시라쿠사이인들에게 이제 남은 일은 오르티기아섬의 요새를 함락시키는 것이었다. 압박을 견디지 못한 섬의 수비대가 마침내 항복 결정을 통보하려는 때에, 디오니시오스의 장군 니프시오스(Nypsios)가 식량과 응원군을 이끌고 섬의 항구로 진입한다. 그러나 헤라클레이데스가 이에 맞서 함선이란 함선은 모조리 침몰시키거나 나포함으로써 대승을 거두었다. 이에 모두가 온통 승리를 자축하며 만취한 상태로 밤중에야 곯아떨어졌다. 이런 상황에서 섬의 성문 안에 갇혀있던 니프시오스와 그의 군대가, 새벽녘이 가까워 올 때쯤에, 밖으로 나와 저들과 시민들을 완전히 포위한 상태에서, 이방인 용병들에게 약탈과 아녀자들을 끌고 가는 등 온갖 가공할 일들을 자행토록 허용한다. 이에 민회는 황급히 디온에게 구원을 요청하기로 의결하고, 특사 편으로 지난번의 배은망덕을 사과하며 도와줄 것을 간청한다. 때는 355년이었다. 이에 디온은 동지들을 설득하고서, 야간 행군에 들어간다. 니프시오스는 이 소식에 접하고선, 이방인 용병들을 풀어 살육과 방화를 자행토록 한다. 마침내

333b

은 디오니시오스가 품고 있던 것과 똑같은 것이었소. 그를 통치 자격을 갖춘 왕으로 교육하고 키워서, 이처럼 그와 온 생애를 함께하려 꾀했을 때에도, 디온이 그때 한 모든 것은, 그가 교육에 정신이 홀려 통 c
치에는 무관심해져서, 이를 디온에게 맡기게 되겠고, 이 사람은 속임수로 통치권을 전유하고서 디오니시오스를 축출해 버리기 위해서, 참주정체에 대해 반역을 도모하고 있는 것이라고 중상하며 그런 주장을 하는 사람들과 말이오. 이 소문이 시라쿠사이에서 당시에 재차 압도하게 되었으니, 이 이김은 그 이김의 장본인들에게는 몹시도 이상하고 부끄러운 것이었소. 어떤 일이 일어났는지를, 지금의 사태들과 관련해서 나를 부른 사람들은 들어야만 할 것이오. 아테네인이며 디온 d
의 동지이고 동조자인 내가 참주에게로 간 것은 전쟁 대신에 우애를 조성하기 위해서였소. 그러나 나는 비방자들과의 싸움에서 졌소. 반면에 디오니시오스는 명예와 재물로 나를 설득함으로써 내가 자기편이 되어, 자기를 위해 디온 추방의 적정성에 대한 증인 및 동지가 되

디온의 부대가 니프시오스의 방어선을 뚫으매, 이들은 오르티기아 요새 안으로 쫓기어 들어가고, 헤라클레이데스는 지난 처사에 대한 용서를 빌었다. 다시 디온이 시라쿠사이인들을 참주의 지배에서 벗어나게 한 것이다. 헤라클레이데스를 이때 처형했던들, 자신의 소신 관철의 일은 보다 수월해졌을 수 있었을 것이로되, 자신이 암살당할 일도 없었을지도 모를 일이었으나, 주변의 처형 권유도 물리치고, 그로 하여금 해군을 관할케 하고, 자신은 지상군에 대한 전권을 갖지만, 이들의 불화관계는 계속 이어진다. 그런데 디온은 자신의 입으로 참주체제는 거부하지만, 아직 정치적 구상은 제대로 드러내지 않고 있었다. 그런 터에 참주의 실질적 상징이기도 한 그 성채(akra, akrē)를 없애 버리지 않고 그냥 두는 처사는 바로 앞의 각주에서 언급한 그의 비호감적인 처신과 함께 사람들로 하여금 의구심과 불만을 품게 하는 일이었다. 이런 가운데 그의 정치적 구상과 관련된 준비에 헤라클레이데스는 계속 걸림돌이 되어, 결국엔 그를 암살하는 데 동의하고 만다.

333d

게 하는 것, 바로 이런 시도에서 완전히 실패한 것이오. 그런데 훗날
e 디온은 귀향하면서 아테네에서 두 형제[45]를 대동했는데, 이들은 철학으로 해서 친구들이 된 것이 아니라, 대부분의 친구들의 그런 보통 알게 된 친구 사이로서, 손님 접대 관계로 해서 그리고 또 입교 의식 참여나 비전 의식[46] 참여로 해서 맺어지는 것이오. 특히 이들 둘은 그를

45) 이들은 칼리포스(Kallippos)와 필로스트라토스(Philostratos) 형제였는데, 넓은 뜻에서 아카데미아의 동아리였다고 한다. 이들은 디온의 시라쿠사이 귀향에 동반하여 큰 환대를 받는다. 그러나 디온의 훌륭했던 으뜸가는 동지들은 이미 거의가 전사했고 용병들의 사령관이었던 헤라클레이데스마저 제거된 데다, 시라쿠사이인들, 특히 용병들의 지도자조차 없는 상태였던 터라, 디온과 함께 귀환한 이들은 용병들의 호감을 사게 된다. 게다가 디온의 반대 세력들이 칼리포스에게 뇌물까지 주며, 디온에 대해 반역할 것을 종용한다. 이에 그는 용병들로 하여금 디온을 살해토록 갖은 방법으로 비열하게 조종하여, 결국 살해를 하고선(354년), 스스로 시라쿠사이의 참주가 된 뒤, 이 나라 저 나라와 전쟁을 벌이다가, 열석 달 만에 그들 자신들이 살해된다. 이런 과정에 대한 기록은 플루타르코스의 《대비 열전》 디온 편, 54~58에 실려 있다.

46) 헬라스인들에게 구원 사상을 일깨우며 큰 영향력을 미친 밀교(密敎) 또는 비교(秘敎)로 디오니소스(Dionysos)교 또는 오르페우스(Orpheus)교나 엘레우시스(Eleusis)교가 있었다. 이 중에서 '엘레우시스'는 지명이고, 한때는 기원전 7세기까지만 해도 독립된 나라(polis)였다가, 아테네에 병탄·합병되었다. 이곳은 아테네에서 서북쪽으로 20킬로미터 남짓한 거리의 해안 가까이에 있다. 오늘날의 발음으론 엘레프시나(Eleusina)이고, 내륙 항구가 있는 공업도시로 화학공장이 있다. 옛날엔 아테네의 종교적 성지여서, 아테네의 케라메이코스(Kerameikos)에서 에리다노스 하천 옆으로 나란히 난 성문(聖門)에서 여기까지 성도(聖道: hierē hodos)가 나 있었는데, 그 길은 지금까지도 남아 있다. 곡물의 여신 데메테르(Dēmētēr)가 딸(Korē) 페르세포네(Persephonē)를 지하세계의 신 하데스(Hadēs)에게 납치당하고서, 온 세상을 돌며 딸을 찾아다니다가, 지친 몸으로 노파의 행색을 하고 이곳에 도착해서 이곳 왕 내외의 후한 대접을 받고서, 그 보답으로 갓 태어난 그들의 아들 트리프톨레모스(Triptol-

333e

이런 일들로 그리고 그의 귀환 길과 관련된 도움으로 해서 그와 동행했으며 친구들로 그리고 동지들로도 되었던 것이오. 그러나 그들이
시켈리아로 가서, 디온으로 해서 자유롭게 된 자들 사이에서 그가 참 334a
주로 되려고 꾀하고 있다는 비방이 돌고 있음을 감지하고선, 그들은 자기들의 동지이며 손님이었던 이를 배반했을 뿐만 아니라, 사실상 자신들의 손으로 살해까지 한 그런 셈이 되었던 것이오. 이들은 손에 무기를 갖고서 살해자들 옆에 조력자들로 서 있었던 것이오. 부끄럽고 불경한 일을 나로서는 간과해 버리지도 않지만, 뭐라고 말하지도 않겠소. 그야 다른 많은 사람들로서는 관심거리로 읊조릴 것이며 이
후로도 두고두고 관심거리가 될 것이기 때문이오. 하지만 아테네인들 b

emos)를 영생토록 만들기 위해 불로 정화의식을 치르는 중에 그들에게 들킨다. 이에 여신은 자신의 정체를 밝히고, 그들로 하여금 자신의 이름으로 종교 의식을 치르게 했는데, 이것이 곧 이곳의 비밀스런 밀교 의식의 기원이다. 이를 헬라스어로는 mystēria(ta mystēria=the mysteries)라 한다. 그리고 이 종교에 입교(myēsis=initiation)하는 사람을 위한 의식이 이른바 입교 의식(入教儀式: teletai, 단수로는 teletē)이다. 이 입교 의식을 치르는 곳인 구조물(telestērion)은 한꺼번에 3천 명을 수용할 수 있는 규모의 것이었다고 하는데, 지금도 남아 있는 그 유적을 통해서도 그 규모를 어느 정도는 짐작할 수 있다. 그리고 엘레우시스 비교의 경우, 아테네인들은 일생에 한 번은 이 의식에 참여하는 터에, 여러 나라의 많은 사람에게도 허용되는 이 입교 의식과는 달리, 극히 소수의 사람에게 허용되는 '완전한 최종적인 비교 의식(ta telea kai epoptika)'이 있는데, 이를 통해 이 비교의 비전(秘傳: epopteia)에 접하게 되며, 이 비전에 접한 사람을 epoptēs라 한다. 그리고 myēsis와 epopteia 각각의 부정사(不定詞; infintive)적 의미의 '입교함'을 myein, '비전에 접함'을 epopteuein이라 하는데, 원문에서 언급되고 있는 것들이 바로 이것들이다. 그리고 페르세포네가 해마다 농사철에 지상으로 올라와 어머니를 만나게 되는 것도 이 일을 기화로 해서였으며, 트리프톨레모스는 세상 사람들에게 농사법을 전수하게 된다.

과 관련해서 하는 말, 곧 이들이 이 나라에다 수치스러움을 씌웠다는 말은 그냥 넘기지 못하겠소. 내가 말하는데 그 사람 또한 아테네인이기 때문이오. 그는 같은 이 사람을 배반하지 않았소. 재물과 그 밖의 많은 명예도 취할 수 있었을 텐데도 말이오.[47] 저속한 우정 때문에 친구가 된 것이 아니라, 자유로운 교양의 공유를 통해서였으며, 지각 있는 자는 심신들의 친족관계보다도 이에 대해서만 신뢰해야 하오. 따
c 라서 나는 디온을 살해한 둘이 이 나라에 오명이 된 걸로 평가하지도 않소. 마치 이들이 한때 대단한 사람들로 되었던 적이 있기라도 한 것처럼 말이오.

이 모든 것은 디온의 친구들 및 친족들에 대한 조언을 위해 말하게 된 것이오. 그러면 이것들에 덧보태 이제 같은 조언이며 이미 말한 같은 주장을 세 번째인 여러분에게 세 번째로 조언하오. 시켈리아는, 아니 그 어떤 나라도 인간인 전제군주들 아래의 노예가 되어서는 안 되고,[48] 법률에 대해서나 그래야만 한다는 것이야말로 내 주장이오. 이는 노예로 만드는 쪽에도 노예로 되는 쪽에도, 그들 자신들에게도 그
d 자식들에게도 자식들의 자식들에게도 더 나은 게 아니고, 그런 시도는 파멸적인 것이요, 그와 같은 이득들을 낚아채기를 좋아하는 작고 부자유한 혼들의 성품은 미래에서도 현재에서도 신적이며 인간적인 좋은 것들과 올바른 것들 중에서 아무것도 모르고 있는 것이오. 이것

47) 333d 참조. 여기서 언급하고 있는 것은 플라톤 자신의 경우이다.

48) 여기에서 '전제군주'로 옮긴 것은 despotēs이다. 이 낱말은 원래 '집 주인' 및 노예(doulos; 복수는 [hoi] douloi)에 대비되는 '주인'을 뜻하는 말이다. '절대적 통치권자'가 자유가 없는 노예와 같은 피통치자들과의 관계에서도 그리 불린다. 영어 despot의 어원이 바로 이것이다. 이런 관계의 동사 형태가 doulousthai이다.

334d

들을 내가 첫째로 디온에게 설득하려고 했던 것이지만, 둘째로는 디
오니시오스에게, 셋째로는 이제 여러분에게 하려고 하고 있는 것이
오. 그러니 세 번째인 구원자 제우스[49]를 위해 나를 믿으시오. 그러니
까 디오니시오스와 디온을 돌아보고서 말이오. 둘 중에서 한 사람은
믿지를 않고서 지금 훌륭하게 살지 못하고 있으나, 다른 쪽은 믿고서
훌륭하게 죽었소. 자신을 위해서 그리고 또 나라를 위해서 훌륭한 것 e
들을 희구하다가 무슨 일이건 당하게 된다면, 그 당함은 모두 옳고 훌
륭한 것이기 때문이오. 실상 우리 중에서 그 누구도 죽지 않게끔 태어
나지는 못했소. 설사 누군가에게 그런 일이 일어난다고 할지라도, 그
는 많은 이들이 그리 여기듯, 행복해지지는 않을 것이오. 왜냐하면 혼
이 없는 것들에는 좋고 나쁨이 전혀 말할 가치가 없고, 몸과 함께 있 335a
는 혼 각각에 또는 몸과 분리된 혼에 그럴 가치가 있기 때문이오. 진
실로 언제나 옛날의 성스러운 주장들을 믿어야만 하오. 혼은 불멸하
며 판관들이 또한 있어서, 어떤 혼이 몸에서 떠나게 되면, 크나큰 벌
을 내림을 우리에게 알려준다는 바로 그 이야기 말이오.[50] 이 때문에
큰 잘못들과 불의들도 저지르는 것보다는 당하는 걸 덜 나쁜 걸로 믿
어야만 한다는데, 재물을 좋아하며 혼이 가난한 사람은 이런 주장들
을 듣지도 않거니와, 듣게 되더라도 비웃고서, 그리 여겨지듯, 도처 b
에서 부끄러움이라곤 없이, 마치 짐승처럼, 먹을 것이거나 마실 것이

49) 《카르미데스》 편 167a 끝의 해당 각주를 참조할 것.

50) '옛날의 성스러운 주장들 또는 이야기(hoi palaioi kai hieroi logoi)'는 특히 오르페우스(Orpheus)에서 유래되는 구원종교들과 관련되는 주장들을 말하는 것으로 보면 되겠다.(하워드의 해당 주석 참조.) 그리고 사후의 혼들에 대한 심판과 관련해서는 《고르기아스》 편 523a~524a에서 언급하고 있는데, 그 심판관들과 관련된 것은 역자의 같은 대화편에 대한 역주서에서 각주 298을 참조하면 되겠다.

335b

라고 생각하는 것은 무엇이든 모조리 낚아채오. 또한 비천하고 우아함이라곤 없는, 그래서 사랑의 여신에 속하는 것이라고 말하기엔 옳지 않은, 쾌락을 스스로 충족하게 되도록 꾀하는 경우에도 그러오. 그런 사람은 그런 것들에 낚아챈 것들의 부정함이 뒤따름을, 각각의 옳지 못한 짓과 함께 그만큼 큰 나쁨이 언제나 뒤따름을 보지 못하오. 이 부정함을 불의를 저지른 자로서는 이 지상을 돌아다니면서도 지하
c 의 저승으로 돌아가서도 불명예스럽고 아주 비참한 여정의 도처에 질질 끌고 다니죠. 이런 것들과 그밖에도 이와 같은 것들을 내가 말하면서 바로 디온을 설득했으며, 그를 살해한 자들에 대해 내가 분개한 것도 지당하겠거니와 디오니시오스의 경우에도 어느 면에서는 아주 똑같소. 양쪽 다가 나를 그리고 또, 말하자면, 다른 모든 사람들을 더할 수 없이 크게 해친 거요. 그 살해자들은 올바름(정의)을 행사하고자 한 자를 파멸시켜서며, 디오니시오스는 막강한 권력을 갖고 있으면서도, 온 제국을 통해 올바름을 전혀 행사하고자 하지 아니하여서요.
d 이 제국에서 철학과 권력이 실제로 같은 사람에게 있게 되었다면, 그것은 온 헬라스인들과 이방인들 사이에서도 빛을 발해, 모두에게 참된 생각을 충분히 일깨웠을 것이오. 그건 나라(polis)도 어느 누구도 지혜[51]와 함께 올바름의 지배하에 삶을 영위하지 않는 자는, 결코 행

---

51) 여기서 '지혜'로 옮긴 것의 원어는 phronēsis이다. 넓은 뜻에서의 '지혜'라 할 sophia와 굳이 구별해서, 좀 더 특성화해서 옮길 경우, '사려 분별(prudence)'로도 옮기는 말이다. 플라톤에 있어서는 대개는 sophia와 같은 의미로 쓰인다. 이를테면,《국가(정체)》편 429a에서 sophia, andreia …로 말하다가, 433b에서는 같은 것들을 phronēsis, andreia … 등으로 말하고 있다. phronēsis는, '사려 분별'의 뜻이 말하듯, 실천적 의미가 강한 말이다. 그래서 아리스토텔레스는 이를 '철학적 지혜(sophia)' 및 추론을 통해서 갖게 되는 지식(epistēmē)과 구별하여 '실천적 지혜'의 뜻으로 쓰

335d

복해질 수 없다는 것이오. 그걸 제 안에 지니고서건 또는 경건한 통치 자들의 습관들 속에서 자라고 옳게 교육을 받아서건 간에 말이오. 이 e
것들이 디오니시오스가 입힌 손실이오. 그러나 다른 것들은 이것들에 비해 내게는 그 손해가 적을 것이오. 하지만 디온을 살해한 자는 자신이 이 사람과 똑같은 짓을 했다는 걸 모르고 있소. 왜냐하면 디온을 내가 명확히 알고 있기 때문이오. 사람이 사람들에 대해 자신 있게 주장할 수 있는 그런 정도만큼은 말이오. 만약에 그가 통치권을 장악했더라면, 그의 통치 형태가 향하는 바는 결코 다른 것일 수가 없고, 이런 것이었을 것이오. 맨 먼저 자신의 조국인 시라쿠사이에 대해서 그 336a
노예 상태에서 벗어나 밝은 자유의 모습을 갖추게 하고, 그 다음으로는 모든 수단을 강구해서 적절하고 최선인 법률로 시민들이 질서감을 갖게 하며,[52] 이에 뒤따르는 것으로서 이행하도록 착수해야만 할 것은 온 시켈리아를 식민 정착케 해 이방인들에게서 자유롭도록 하나, 이방인들 중의 일부는 추방하되, 일부는 히에론[53]보다도 더 쉽게 복종케 하는 것이었을 것이오. 더 나아가, 이런 일들이 올바르고 용감하며 절제 있고 지혜로운 사람을 통해서 이루어졌다면, [사람으로서의] 훌륭 b
함(덕)에 대해 똑같은 생각이 많은 이들에게 생겼을 것이며, 디오니시오스가 설득되었더라면, 바로 그 생각이 말하자면 모든 이에게 보존되었을 것이오. 하지만 지금은 아마도 어떤 신령이, 아니 어떤 악령

고 있다. 그러나 플라톤의 경우에는 철학적 인식은 그냥 지식(epistēmē)으로 끝나지 않고, 동시에 실천적 지혜로 되기 때문에, phronēsis와 sophia는 이처럼 서로 교체되어 쓰이기도 한다.

52) 324b의 첫 부분을 참조할 것.

53) Hierōn은 겔론(331e의 해당 각주 참조)의 아우로서, 겔론이 시라쿠사이의 참주가 되어, 일부 주민들을 이끌고 이주함에 따라, 겔라의 섭정이 되었다가, 겔론 사후에는 시라쿠사이의 참주(478~466)가 된다.

336b

이 무법과 무신을, 게다가 가장 고약하게도 무지의 무모함을 만났으
니, 이로 해서 모든 악이 모두에게서 뿌리를 내리고 자라서 훗날 그
씨 뿌린 자들에게 가장 쓰디쓴 결실을 보게 할 것이니, 이것이 두 번
c 째로 모든 걸 뒤엎고 망쳤던 것이오.[54] 하지만 세 번째는 좋은 징조를
위해서 상서로운 말을 하죠. 그렇더라도 나는 디온의 친구들 여러분
에게 그를 본받기를 조언하오. 조국에 대한 그의 선의와 절제 있는 식
생활을 말이오. 또한 조언하오. 또한 더 좋은 징조에는 그의 소원들을
이루도록 노력할 것을 말이오. 그것들이 어떤 것들이었는지는 여러분
이 내게서 명확히 들었소. 여러분 중에서 조상들의 인습에 따라 도리
d 스식으로는[55] 살 수 없고 디온 살해자들의 삶과 시켈리아식 삶[56]을 뒤
쫓는 자는 부르지도 말고, 믿을 수 있고 건전한 뭔가를 행할 것이라
고는 결코 생각지도 말되, 다른 사람들을 불러 온 시켈리아에 정착시
켜 평등한 권리를 누리게 하시오. 시켈리아 자체에서도 온 펠로폰네
소스에서도 아테네에서조차도 두려워 말고 불러서 말이오. 거기에도
[사람으로서의] 훌륭함과 관련해서 모든 사람들 중에서도 각별하며,
손님을 대접하는 주인을 살해하는 자들의 무모함도 미워하는 사람들
이 있소. 그렇지만, 이런 일들은 나중에나 일어날 일이겠고, 파당들
e 의 많은 온갖 불화 사태가 날마다 일어나 여러분을 몰아댄다면, 어떤
신적인 요행이 바른 생각을 조금이라도 갖도록 해 준 사람은 아마도

---

54) '두 번째'란 물론 디온의 살해 사건으로 인한 좌절을 말하고 있다. 그 첫째는 이에 앞서 언급한 디오니시오스에 대한 설득의 실패를 말한다.

55) 원어는 Dōristi이다. 헬라스 민족의 한 부족인 Dōris 부족의 방식을 뜻한다. 스파르타인들이 이 부족에 속하는데, 이들의 생활은 검소한 생활의 표본일 정도였다.

56) 326b~c 참조.

336e

누구나 이 점을 알 것임에 틀림없을 것이오. 파당을 지어 다투는 자들
에게는 해악들의 종식은 없다는 것을. 승자 쪽이 싸움 그리고 사람들
의 추방과 학살을 기억하고서 적들에 대한 보복으로 향하기를 멈추되,
자제부터 하고서, 패자들에 대해서보다도 자신들의 마음에 드는 쪽 337a
으로 전혀 기울지 않은 공동의 법률을 제정한 다음, 이들로 하여금 이
법률을 지키지 않을 수 없게끔 만들기 전에는 말이오. 법률을 지킴에
는 두 가지 필수의 것들이 있으니, 경외 또는 부끄러움[57]과 두려움이
오. 두려움은 힘을 보여 줌으로써 상대보다도 더 강한 자들임을 이용
함인 반면에, 경외 또는 부끄러움은 쾌락들과 관련해서는 [지지 않고]
더 강해 보이는 걸 이용함이고 법률에 대해서는 더 기꺼이 복종하고
자 하며 또한 그럴 수 있음을 이용함이오. 하지만 자체 안에서 파당을
지어 다투는 나라가 달리는 결코 해악들의 멈춤을 볼 수가 없고, 파쟁
과 적대관계 및 미워함 그리고 불신이 이런 상태에 처하여 있는 나라 b
들 자체 안에서는 서로에 대해 언제나 일어나는 게 보통이오. 물론 승
자들은 언제고, 자신들이 안전을 원할 경우에는, 스스로 자신들 속에
서 헬라스인들 중에서 가장 훌륭한 사람들로 소문이 난 이들을 선발
해야겠죠. 먼저 연로한 분들로, 가정에 처자가 있고 이들의 조상들이
가장 많고 훌륭하며 이름나고 모두가 충분한 재산을 가졌던 분들인
경우이겠지만, 그 수는 시민 1만 명의 나라에는 50명이면 충분하오. c
바로 이들을 간청과 최대의 명예로써 댁에서 모셔 오게 하되, 일단 모
셔 오게 된 분들로 하여금 서약을 하지 않을 수 없게 하고서 법률 제

57) 여기에서 '경외 또는 부끄러움'으로 이중으로 번역한 것의 원어는 aidōs이다. 이와 관련된 자세한 언급은 《카르미데스》 편 160e의 해당 각주를 참조할 것.

337c
정을 지시하는 것이오.[58] 승자들도 패자들도 더 갖지 않고, 온 나라를
위한 동등한 공동의 것이 있을 뿐이오. 법률이 일단 제정되면, 모든
것은 바로 다음 것에 달렸소. 승자들이 패자들보다도 자신들을 법률
d 에 더 복종하는 자들로 보여 줄 경우, 모든 것이 안전과 행복으로 가
득 차고 모든 해악들의 달아남이 있을 것이기 때문이오. 만약에 그렇
지 않다면, 방금 지시한 것들에 설복되지 않은 자에게로는 나도 다른
사람도 동지로 불러들이지 말 것이오. 이게 디온도 나도 시라쿠사이
를 위해 좋은 의도로 협력하려 했던 것들과 비슷한 것들이겠지만, 이
는 차선의 것이오. 최선의 것은 먼저 디오니시오스 자신과 함께 모두
를 위해 공동의 좋은 것들을 실행하게 되는 것이었소만, 인간들보다
e 더 강한 어떤 운명이 이를 산산이 흩어 버렸소. 하지만 이제 그대들이
이를 행운과 함께 그리고 어떤 신적인 요행과 함께 더 성공적으로 이
루어 보도록 하시오.

그러면 조언과 당부 그리고 나의 앞선 디오니시오스 궁의 방문에
대한 언급은 이로써 된 걸로 하죠. 그런데 그 뒤의 여행과 항해가 얼
마나 합당하면서도 적절히 이루어졌는지는 관심 있는 이라면 다음
338a 으로 들을 수 있을 것이오. 그야 물론 내가 시켈리아에서 보낸 동안
의 첫 번째 시기는,[59] 이미 말했듯, 디온과 관련된 친척들과 동료들에
게 내가 조언을 하기 전이었으니까요. 그야 어쨌든 그 뒤에 나는 도대

58) 여기서 '1만 명'은 시민권을 가진 가장을 뜻하는 것으로 보겠기에, 한 세대를 4명으로 잡으면, 이 나라의 인구는 4만 명의 자유민들이 되겠고, 이들을 위한 입법자들(nomothetai)로 50명을 말하고 있다. 《법률》 편에서는 5,040세대의 나라 마그네시아의 법률 제정을 위해 만난 세 사람의 대화자들이 법률 제정을 끝내고, 법률의 수호와 함께 그 보정을 위한 법률수호자들(nomophylakes)로 10명을 선출한다.

59) 330c~d에서 언급한 시기를 말한다.

338a

체 내가 할 수 있는 온갖 방법으로 디오니시오스가 나를 보내 주도록 설득했는데, 우리 쌍방은 평화가 회복될 때를 기약했소. 그때 시켈리아에서는 전쟁이 벌어졌으니까요. 디오니시오스는 다짐했소. 자신의 통치 기반을 더 안정시킨 다음에, 디온과 나를 다시 부르겠다고. 다
른 한편으론 디온에게 당시의 그의 망명 사태를 망명 아닌 이사로 생 b
각해 달라고 요구했소. 이런 조건들로 내가 가기로 합의했소. 그래서 평화가 회복되었을 때, 그는 나를 불렀지만, 디온은 한 해 더 기다리기를 요구하면서도, 나더러는 온갖 방식으로 와 주기를 요구했소. 그런 터에 디온도 날더러 항해를 하라며 간청까지 했소. 그야 물론 디오니시오스가 이제 다시금 놀라우리만큼 철학에 대한 열정에 빠져 있다는 소문이 시켈리아에서 크게 전파되어 왔기 때문이었소. 이 때문에 디온은 그 부름에 응하지 않는 일이 없기를 내게 진지하게 간청했
소. 그러나 나는 철학과 관련해서 젊은이들에게 이런 일들이 많이 일 c
어나는 현상임을 어느 정도 알고 있었지만, 그렇더라도 적어도 그때는 디온과 디오니시오스를 그냥 내버려 두는 게 여러 면에서 더 안전한 것으로 생각되어, 내가 늙기도 하고 현재의 사태들 중에서 아무것도 우리의 합의들에 부합하게 이루어진 게 없다고 대답함으로써, 양쪽에서 미움을 샀소. 이 일이 있고 나서 아르키테스[60]가 디오니시오스

60) Arkhytēs는 아르키타스(Arkhytas, 활동기 400년경~350년)의 아티케(Attikē) 방언에 따른 표기이다. 〈서한 7〉에서의 이 표기와 달리, 〈서한 9〉 및 〈서한 12〉에서는 Arkhytas로 표기하고 있다. 그가 속하는 남이탈리아의 Taras(오늘날의 Taranto)는 8세기에 스파르타의 식민지로 세워진 나라였으므로, 도리스(Dōris) 방언에 따른 표기로는 Arkhytas로 되거니와, 따라서 공식적인 이름은 '아르키타스'이다. 그는 타라스의 정치가였으며 피타고라스학파의 수학자였다. 플라톤이 40세 무렵에 시라쿠사이와 남이탈리아로의 여행길에 올랐을 때, 그는 이미 많은 초기 대화편들을 낸

338c

의 궁에 왔던 것 같았소. ―이는 내가 시켈리아를 떠나기 전에 아르키
테스 및 타라스 사람들과 디오니시오스와의 상호환대 관계[61]와 우의
d 를 맺게 하고서 떠났기 때문이오. ―또한 몇몇 다른 사람들로는 시라
쿠사이에 디온의 몇몇 제자들과 이들의 몇몇 제자들이 있었는데, 이
들은 철학과 관련해서 잘못된 생각들로 꽉 차 있었소. 이들은 내가 생
각하고 있던 그 모든 걸 디오니시오스가 죄다 들었을 테니, 그와 같
은 것들에 대해서 디오니시오스와 대화하려고 했던 것으로 생각되었
소. 그런데 이 사람은 배움의 능력 면에서 유별나게 재능이 없는 것도
아니고 놀랍도록 명예를 좋아하죠. 그래서 그로서는 아마도 그에 대
해서 하는 말들이 흡족했으면서도, 내가 그곳에 머물러 있을 때 아무
e 것도 들은 게 없다는 것이 명백해지는 건 창피해했던 거죠. 이 때문에
더 명확하게 듣겠다는 욕구가 일게 됨과 동시에 명예욕도 그를 압박
했겠죠. ―무슨 이유들로 앞서의 나의 체류 동안에 아무것도 듣지 않
았는지는, 앞에서 방금 한 말들 중에서 내가 언급했었소.[62] ―그야 어
쨌든 집으로 무사히 돌아온 데다, 방금 말했듯, 두 번째로 불렀는데
도 거절을 했을 때, 내게는 이런 생각이 들었소. 디오니시오스는 아
주 명예를 사랑하는데, 내가 그의 성향 그리고 습성과 동시에 일상생
339a 활을 경험한 터라, 그를 경멸하고 언짢아해서, 결코 다시는 그에게로

터라, 그 명성은 이미 상당했을 것이고, 그런 터에 아르키테스와의 만남도 디온과의 만남도 예사로운 것일 수가 없었을 것임은 당연한 귀결이었다. 이후로 앞 경우는 학문적 교분 관계로, 뒤의 경우는 사제지간의 관계로 발전해갔다.

61) 원어는 xenia인데, 이는 다른 나라 사람들 간에 그 나라에 손님으로 오갈 때, 서로 각별히 환대하는 관계를 뜻한다. 이의 동사 형태는 333e에서 '손님 접대 관계'로 옮긴 xenizein이다.

62) 333a～b 참조.

339a

가고자 하지 않는 것이라고 혹시라도 어떤 이들에게 생각되는 일은 결코 없었으면 하오. 물론 내가 진실을 말하고 감내하는 것이 올바르오. 설령 누군가가 그동안 일어난 일들을 듣고서 나의 철학은 경멸하면서도, 참주는 지각 있는 걸로 생각하게 될지라도 말이오. 실은 디오니시오스가 내게로 여정의 편안함을 위해 세 번째는[63] 삼단 노 전함을 보냈는데,[64] 아르케데모스[65]도 보냈소. 그는 내가 이 사람을 시켈리아에 있는 사람들 중에서는 가장 알아주는 사람으로 생각한 것인데, 그 b
는 아르키테스의 동료들 중의 한 사람이오. 또한 그는 시켈리아에서 살고 있는 다른 지인들도 함께 보냈소. 한데 이들은 모두가 같은 말을 전했는데, 디오니시오스가 철학에 얼마나 진전을 보였는지 놀라울 정도라는 것이었소. 또한 아주 긴 사연의 서한도 보냈는데, 내가 디온에 대해서 어떤 심정인지 또한 내가 항해를 해서 시라쿠사이로 가는 데 대한 디온의 열의도 자기는 알고 있다고 했소. 물론 이 모든 것과 관련해서 첫머리를 준비해서 갖춘 서한은 대강 이런 식으로 말하는 것이었으니까요. "디오니시오스가 플라톤 선생께"—이에 덧붙여 관례 c
적인 것들을 말하고선, 그 다음에는 다른 아무런 것도 서두로 말하지 않고, 바로 이렇게 말했소. "만약에 선생께서 우리에게 설득되어 지금 시켈리아로 오신다면, 첫째로 디온과 관련된 일들은 선생께서 바라시

63) 바로 앞에서 플라톤이 디오니시오스의 부름을 거절한 것이 두 번째 초빙이었으니까 이번이 세 번째인 셈이다.

64) '삼단 노 전함'에 대해서는 《크리티아스》 편 115e에서 해당 각주를 참조할 것. 당시로서는 가장 빠른 큰 규모의 함선이었으니까, 그만큼 디오니시오스가 애가 탔던 것으로 짐작된다.

65) Arkhedēmos는 여기서 언급되고 있는 것 이상으로 알려진 것은 없다. 그는 시라쿠사이 사람이었으면서도, 조금 앞서 언급한 아르키테스의 제자였던 것 같다.

339c

는 그대로 진행될 겁니다. 선생께서는 무엇이나 적절한 것들을 바라실 거라는 걸 제가 알고 있기에, 저 또한 동의할 것입니다. 그러나 그러지 않으실 경우에는, 디온과 관련된 일들은 아무것도, 그 밖의 다른 것들과 관련해서도 당자와 관련해서도 선생의 뜻대로 되지 않을 것입니다." 이런 식으로 이런 말을 했지만, 다른 것들은 길기도 하거
d 니와 말할 계제도 아니오. 한데 서한들은 아르키테스와 타라스에 있는 사람들에게서도 연이어 왔는데, 디오니시오스의 지혜사랑[66]을 칭찬하기도 하고, 만약에 내가 지금 가지 않으면, 나로 해서 디오니시오스에 대해 자기들에게 생긴 우의가, 정치적인 문제들과 관련해서 작지 않은 우의가 아주 망가져 버릴 것이라고 했소. 그래서 나를 데려가려는 부름이 그때 이렇게 진행되고, 시켈리아와 이탈리아 쪽의 사람들은 나를 끌어당기고, 아테네 쪽 사람들은 간청과 함께 숫제 나를 밀
e 어서 내쫓는 꼴이 되어, 또다시 같은 주장이 내게 전해져 왔소. 디온도 타라스에 있는 외국인 동료들도 배반해서는 안 된다는 것이었소. 게다가 귀중한 것들에 대해 듣게 되어, 쉬 배우고 가장 훌륭한 삶에 대한 열정을 갖게 되었던 젊은 사람이 전혀 놀랄 것도 없는 아무것도 아닌 사람으로 내 자신에게는 생각되었을 뿐이었을 것이라는 것이었소. 따라서 이는 도대체 어느 쪽인지가 명확히 증명되어야만 했으며, 바로 이 문제를 결코 포기해서도 안 되며, 만약에 이 이야기가 누군가

66) 앞서 326a~b에서 보다시피 philosophia를 '철학'으로 일관되게 번역하지 않고, '지혜사랑'으로도 옮기기도 했는데, 이는 그게 학문으로서의 '철학'을 지칭하는 것인지 아니면 넓은 의미에서의 '지혜사랑'인지 확연히 구별 짓기가 어려워서였다. 그런데 여기에서 보듯, 이 경우가 바로 '지혜사랑'으로 옮겨야만 하는 경우의 아주 적절한 '예'가 되겠다. 디오니시오스의 경우에는 '자기 철학'이 없는 경우이겠기 때문이다.

339e

에게 전해진 것이 사실이라면, 내가 진실로 이처럼 엄청난 비난의 탓
이 되어서도 안 되오. 따라서 이런 추론의 결론을 얻고서 내가 가게 340a
되오.—많은 것들이 두려운 상황으로 예상되었듯, 징조도 그다지 좋
지 않아 보였소.—그런데도 내가 간 것이오. 어찌 되었건 내가 가게
되었고, '구원자께 바치는 셋째 잔'[67]인 이 일을 아무튼 정말로 한 것
이오. 참으로 운 좋게도 내가 또다시 구원되었기 때문인데, 적어도 이
에 대해서는 신 다음으로는 디오니시오스에게 고마워해야만 할 것이
오. 많은 사람이 나를 죽여 버리려 작정들 했지만, 그가 막았으며 나
와 관련된 일들에서 조금은 염치를 차렸기[68] 때문이오. 그런데 내가
시라쿠사이에 도착했을 때, 이 시험을 맨 먼저 해야만 한다는 생각을 b
나는 했소. 디오니시오스가 정말로 철학에, 불이 붙듯, 붙잡힌 것인
지, 아니면 아테네로 전해진 이 말이 공연한 헛소문이었는지를 말이
오. 물론 이런 것들과 관련해서는 시험을 해 보는 한 가지 방법이 있
는데, 이는 예사롭지는 않은 그래서 실은 참주들에게나 적합한, 특히
잘못된 생각들로 꽉 차 있는 자들에게 그렇겠는 것이오. 바로 그 점을
나 또한 도착하는 길로 감지했거니와 그것도 아주 심한 상태였소. 따
라서 이런 사람들에게는 전체적으로 이 일이 어떤 것이며 해야 할 일
들이 어떤 것들이며 얼마나 수고를 해야만 할 것인지를 알려주어야만
하오. 왜냐하면 이를 들은 사람이 비범해서, 참으로 지혜를 사랑하고 c

67) 《카르미데스》 편 167a 끝의 해당 각주 참조.

68) 여기서 '염치를 차리다'로 옮긴 원어 edōken aidoi는 호메로스의 《오디세이아》 15.373에 나오는 aidoioisin edōka의 단수 형태이다. 이는 친구나 손님 또는 탄원자의 딱한 처지에 대처함에 있어서 체면을 유지하거나 부끄러움(aidōs)을 느끼며 그 정도의 예는 갖추는 자세를 가리켜 말하는 틀 지어진 표현이라고 한다. Liddell & Scott 대사전 aidoios 항목 참조.

340c

이 활동에 친숙하고 걸맞다면, 자신이 놀라운 길에 대해서 들은 걸로
생각하고선, 이제 진력해야만 하며 자신으로선 달리는 살 가치가 없
다고 생각할 것이기 때문이오. 따라서 그 다음으로는 스스로도 그 길
의 안내자도 전심전력을 다하는데, 모든 것의 종착점에 이르기 전에
는, 또는 자신이 안내자 없이도 스스로 그 길을 갈 수 있는 능력을 갖
d 게 되기 전에는 그만두지 않을 것이오. 이런 사람은 이런 식으로 이와
같이 생각하고서 살 것이오. 무슨 활동을 하게 되거나 그리하며, 어떤
경우에도 지혜사랑(철학)을 고수하며 또한 스스로를 가장 쉬 배우며
기억력을 유지하고 그 자신 냉철한 마음 상태에서 추론할 수 있도록
만들어 줄 그런 일상의 생활 방식을 고수하면서 말이오. 그러나 이와
반대되는 삶의 방식은 줄곧 미워할 것이오. 반면에 실제로는 철학은
하지 않고, 의견[69]들로 물든 자들은, 마치 햇볕에 몸의 피부가 탄 사람
들처럼, 배울 것들이 얼마나 많이 있으며 그 수고가 얼마나 많은 것이
e 며 이 일에 어울리는 날마다의 일상생활이 얼마나 규칙적인 것인지를
보게 되면, 자기들로서는 힘들고 불가능하다는 생각을 하게 되고, 따
341a 라서 이를 수행할 수도 없게 되지만, 이들 중에서 더러는 자신들이 전
체적으로 충분히 들은 걸로, 그래서 더는 아무것도 문제 삼을 거리가
없다고 스스로를 타이르오. 그러니까 바로 이 시험이 사치스럽고 정
진은 할 수 없는 자들을 상대로 한 것일 때 명확하고 가장 안전한 것

69) 여기서 말하는 '의견'의 원어는 doxa이다. 플라톤 철학에서 '독사'란 참된 '앎' 또는 '지식'으로서의 epistēmē와 대비되는 개념의 전문적 용어로서, 보편성 또는 객관성을 보장받지 못한 단계에서의 개인적인 의견(opinion) 또는 판단(judgement)을 뜻하는데, 그 근거가 감각적 지각(aisthēsis) 또는 이를 기반으로 한 '짐작(eikasia)'일 뿐이기 때문이라 해서다.

341a

이게 되는데, 이는 그 일에 유용한 모든 걸 수행할 수 없는 탓을 결코
그 점을 지적해 주는 사람에게 할 것이 아니라 자기 자신에게 해야 할
것이기 때문이오. 이런 말들이 디오니시오스에게도 그때 하게 되었던
것이오. 아니 그렇다기보다도 그 모든 걸 내가 상세히 말하지도 않았
지만, 디오니시오스가 요구하지도 않았소. 왜냐하면 그는 자신이 많 b
은 것을 그리고 가장 중요한 것들을 알고 있을뿐더러, 다른 사람들에
게서 주워들은 것들을 통해서 충분한 상태에 있는 체했기 때문이오.
그뿐더러 나중에 내가 듣기로는 자신이 그때 들은 것들[70]과 관련해서
스스로 글로 써서, 자신의 소책자로서 엮어냈다는데, 자신이 들은 것
들과 같은 것은 하나도 없다고 하오. 하지만 이것들에 대해서 나는 아
무것도 아는 바가 없소. 실은 다른 몇몇 사람들도 같은 이것들에 대
해서 썼던 걸로 알고 있지만, 이들은 자신들이 어떤 사람인지 스스로
도 자신들조차 모르고 있소.[71] 그렇더라도 이만큼은 내가 말할 수 있
소. 내가 열의를 쏟고 있는 것들과 관련해서 알고 있다고 주장하는 그
많은 사람들, 내게서 들었거나 남에게서 들었거나 또는 스스로 알아 c
냈다고 하며 그리 주장하는 사람들로서, 글을 썼거나 앞으로 쓸 모든
이에 대해서 하는 말이오. 적어도 나의 판단으로는 이들은 이 문제에
대해서는 아무것도 이해할 수가 없소. 그러니까 어쨌든 이것들에 관
한 나의 저술은 없으며 앞으로도 결코 없을 것이오. 이는 어떤 식으로
도 다른 학문들의 경우처럼 그게 말로 표현할 수 있는 것이 못 되고,
그 문제 자체와 관련해서 여러 차례에 걸친 학문적 대화와 함께 지냄

70) 이는 아마도 플라톤 자신에게서 들은 것들을 뜻하는 것 같다.

71) 이 마지막 문장은 그 문맥이 불확실한 것이라 할 것이다. '저 자신에 대한 무지'라는 소크라테스적 의미의 것인 것 같기도 하나, 꼭 그리 단정적으로 말할 수는 없는 것이다.

341c

d 으로 해서, 마치 튀는 불꽃에서 댕겨진 불처럼, 불현듯 그 혼에 불이
댕겨져 어느새 스스로 일게 되기 때문이오. 그렇다고 한다면, 나는 적
어도 이만큼은, 즉 그걸 글로 쓰거나 말로 표현하기로 하면, 나에 의
해서 표현되는 것이 제일 낫다는 것은 알고 있소. 더 나아가서는, 그
게 잘못 씌었을 경우에, 제일 괴로워할 사람이 나라는 것도 알고 있
소. 그렇지만, 만약에 그게 많은 사람을 상대로 하여 충분히 글로 쓸
수도 있고 말로 표현할 수도 있는 걸로 내게 여겨졌다면, 사람들에게
크게 유익할 것을 글로 써서 근원적인 것의 본성[72]을 모두에게 밝히
e 는 것, 이것보다 더 훌륭한 일로 우리 생애에서 내가 무엇을 할 수 있
었겠소? 그러나 이와 관련해서는 이른바 사람들을 위한 시도라는 것
도 나는 좋은 것으로 생각하지 않소. 조그만 시사로도 스스로 그걸 알
아낼 수 있는 소수의 사람을 위한 경우를 제외하고는 말이오. 다른 사
람들의 경우에는, 나의 그런 시도는 어떤 사람들로 하여금 전혀 어울
리지도 않게 당치도 않는 경멸감으로 꽉 차게 하겠지만, 또 다른 어떤
사람들에겐 마치 자신들이 굉장한 것들을 배우기라도 한 것처럼 우쭐
342a 하고 공허한 희망으로 꽉 차게 할 것이오. 한데 이것들과 관련해서는
좀 더 길게 말해야겠다는 생각이 드오. 왜냐하면 내가 말하는 것들과
관련해서는, 내가 일단 이 설명을 하게 되면, 아마도 더 명확해지겠
기 때문이오. 실은 참된 한 주장이 있어서요. 이는 이런 것들 중의 무
엇에 대해서든 글을 쓰려고 덤비는 자에 반대하는 것으로서, 내가 여
러 번 이전에 말했던 것이지만, 그야 어쨌든 지금도 말해야만 할 것인
것 같소.

72) 여기서 '근원적인 것의 본성'으로 옮긴 것의 원어는 physis인데, 이에
는 자연·본성·본질·성향·성질·근원·기원 등의 뜻들이 있다.

342a
있는(존재하는) 것들(ta onta) 각각에 대한 인식(앎: epistēmē)이
생기게 됨은 [다음] 세 가지 것을 통해서이게 마련이니, 인식은 넷째
것이오. 그리고 인식될 수 있는 것이며 참으로 있는 것([to] alēthōs b
on)인 것 바로 그것을 다섯째 것으로 삼아야 하오. 첫째 것은 이름
(onoma)이고, 둘째 것은 정의(의미 규정 형식: logos)[73]이며, 셋째
것은 모상(模像: eidōlon)이요, 넷째 것이 인식이오. 그러니 지금 말
한 것을 이해하고자 한다면, 한 가지를 보기로 삼아, 모든 것에 대해
서도 이렇게 생각하시오. 원(동그라미: kyklos)이라 말하는 게 있고,
이것에 대한 이름은 방금 우리가 발음한 바로 그것이오. 한데, 둘째
것인 이것의 정의는 명사들과 동사들로 이루어져 있소. '모든 방향에
있어서 끝점들에서 중심에 이르기까지 똑같은 거리를 갖는 것'[74]이 둥
근 꼴(strongylos)이나 원둘레(원주: peripheres) 그리고 원(kyklos)
이라는 이름이 붙여지는 것의 '[의미 규정 형식을 갖춘] 정의'이니까
요.[75] 반면에 셋째 것은 그렸다가 지우게 되는 것 그리고 녹로를 돌려 c

73) 여기에서 말하고 있는 정의(定義)는, 정확히 말해서, 이어지는 본문에서 '원'에 대한 정의(horismos)로 표현된 '의미 규정 형식(formula)을 갖춘 정의'를 뜻한다. 헬라스어 logos에는 실로 엄청날 정도로 여러 가지의 뜻들이 있다. 이를테면, 계산·말·설명·이유·근거·원칙·이치·이성 등등인데, 이를 그 전거와 함께 다 나열하려면, 이 책의 쪽 수로 20쪽도 넘을 것이다.

74) 《파르메니데스》 편 137e에서 둥근 꼴의 의미 규정으로서 그리고 《티마이오스》 편 33b에서도 구형의 그것으로서 거의 같은 표현을 하고 있다.

75) 《법률》 편 895d~896a에서 혼(psykhē)의 의미 규정을 얻기 위한 설명과 그 본보기로 이런 언급을 하고 있는데, 여기에서 플라톤이 말하고 있는 것들의 일부분에 대한 이해에 적잖은 도움을 줄 것 같아서 그 설명의 요지를 옮겨 놓겠다. 각각의 것과 관련해서 세 가지를 생각해볼 수 있겠는데, "존재(ousia)가 그 하나이며, 존재의 의미 규정 형식(정의: logos)이 또한 그 하나이고, 이름(onoma)도 그 하나이다. 있는 것(…인 것: to

만들었다가 망가뜨리게 되는 것이오. 이것들 모두는 원 자체(autos ho kyklos)에 관련된 것인데, 이것은 그것들과는 다른 것이어서, 그런 사태들 가운데 어떤 것도 겪지 않소. 넷째 것은 이것들에 대한 인식과 지성(지성에 의한 이해 또는 앎: nous) 및 참된 의견(alēthēs doxa)[76] 이오. 하지만 이것들 모두는 다시 하나로 간주해야만 하는데, 이것들은 목소리나 물체들의 형태들 안에가 아니라 혼들 안에 있기에, 이 점에서 원 자체의 본성과도 또한 앞에서 말한 세 가지 것들과도 다름이
d 명백하오. 그러나 이것들[77] 중에서도 친족 관계(친근성) 및 유사성에 있어서 지성이 다섯째 것에 가장 가까이 접근해 있으나, 다른 것들은 더 멀리 떨어져 있소. 이는 직선 형태와 원주 형태의 경우에도,[78] 그리

---

on) 모두에 관련해서는 특히 두 가지 물음이 있다." "때로는 우리들 각자가 이름을 제시하고서 바로 그 의미 규정(정의)을 요구하는가 하면, 때로는 바로 의미 규정(정의)을 제시하고서 다시 이름을 묻는다. … 다른 것들의 경우에도 그렇겠지만, 수의 경우에도 둘로 나뉜다. 수의 경우에 그것에 대한 이름은 짝수(artion)이나, 그 의미 규정(정의)은 '같은 두 부분으로 나뉘는 수'이다." 그러니까 그 각각의 경우에 동일한 것을 우리는 말하고 있다. "우리가 의미 규정을 질문받고서 이름을 대건, 또는 이름을 질문받고서 의미 규정을 말해 주건 간에, 즉 이름으로는 '짝수'를 그리고 의미 규정으로는 '둘로 나뉘는 수'를 대답함으로써 우리는 똑같은 걸 지칭하고 있는 것이다." 그 이름이 혼인 것, 그것의 의미 규정은 '스스로가 스스로를 운동케 할 수 있는 운동(hē dynamenē autē hautēn kinein kinēsis)'이다. 우리 모두가 혼으로 그 이름을 부르는 바로 그 동일한 존재가 '제 스스로를 운동케 하는 것(to heauto kinein)'을 그 의미 규정으로 갖는다.

76) 앞서 '의견(doxa)'에 대한 각주(340d)는 달았는데, '참된 의견'이란 지성(nous)에 의한 앎은 아니고 감각적이지만, 결과적으로는 '지식'과 일치할 경우의 의견을 말한다. 참된 의견 또는 판단과 관련해서는 《메논》 편, 85c, 86a, 97b~99a에서 좋은 설명을 들을 수 있을 것임.

77) 인식과 지성 및 참된 의견을 가리킨다.

78) 여기에서 '직선 형태'나 '원주 형태'란 곧 '직선 자체', '원주 자체' 곧

342d

고 빛깔의 경우에도, 또한 좋음, 아름다움, 올바름의 경우에도, 일체의 인위적인 산물이나 자연적인 산물의 경우에도, 불과 물 및 이와 같은 모든 것의 경우에도, 일체 생물의 경우에도, 그리고 혼들에 있어서의 성품들[79]의 경우에도, 그리고 또 일체의 능동적인 행위나 수동적인 사태의 경우에도 똑같소. 누군가가 그것들 중의 네 가지를 어떻게든 파악하지 못한다면, 그는 다섯째 것의 인식을 결코 완벽하게 얻 e
게 되지는 못할 것이기 때문이오. 더 나아가 이것들[80]은 언어의 무력함[81]으로 해서 각각의 것의 존재(to on) 못지않게 각각의 것과 관련된 어떤 성질[82]까지도 밝히려 하오. 이런 이유들로 해서 지각 있는 사 343a
람은 결코 아무도 자신의 지성에 의해서 알게 된 것들을 무력한 처지에 놓이도록 하려 들지는 않을 것이니, 이것들이 꼼짝없는 처지가 되는 것, 바로 이걸 개괄적으로 글로 적은 것들이 겪게 되오. 한데,

---

흔히 말하는 '이데아'로서의 그것들을 뜻한다.

79) '혼들에 있어서의 성품(ēthos)들'이란, 이를테면, 용기·절제·경외 등등을 뜻하는데, 이는 이른바 '그것 자체'인 것들 곧 이데아들을 지칭하고 있다. 그러니까 여기에서 나열하고 있는 것들 모두는 '… 자체'인 것들을 지칭하고 있으니, 우리가 낱말로서 지칭하고 있는 것들 모두를 이처럼 그것들 '자체(auto …)'로 볼 경우, 이것이 일반적으로 알고 있는 플라톤의 이데아나 형상이다. 이는 앎의 대상들을 '그것 자체'로 보자는 생각에서, 다시 말해 그 '본 모습'을 대상으로 말해 보자는 데서 비롯된 용어이다.

80) 앞서 말한 '네 가지 것들'을 가리킨다.

81) '언어의 무력함(to tōn logōn asthenes)'이란 곧 일단 언어로 표현된 것은 그것으로 고정되어 버린 것이라는 한계 때문에, 그 미흡함을 그것 스스로는 달리 '도울 길이 없음(ouk ekhon boēthein)'을 뜻한다. 문자화된 말들의 한계와 관련해서는 《파이드로스》 편 275d~e에서도 언급되고 있다.

82) '어떤 성질'로 옮긴 것의 원어는 to poion ti인데, 이는 곧 어떤 것의 '속성'을 뜻한다. 그냥 '성질'은 poiotēs(quality)이다. 이 '속성'과 대비되는 것이 '본질(ousia)'이겠는데, 바로 앞의 '존재'가 이에 해당된다.

343a 방금 말한 이것은 다시 또 학습해야만 하오. 실제로 그려진 원들의 각각 또는 녹로를 돌려 만들어진 그것들 각각도 그 다섯째 것[83]과는 반대되는 것들로 가득 차 있소. 왜냐하면 그 각각은 곧은 것들과 도처에서 접하기 때문이오. 하지만 원 자체는 반대되는 성질을, 다소 간에, 제 안에 지니지 않는 걸로 우리는 말하고 있소. 또한 이것들 중

b 의 어떤 것에 대한 그 어떤 이름도 확고하지 못하며, 지금 둥근 것들로 불리는 것들이 곧은 것들로 불리고, 따라서 곧은 것들도 둥근 것들로 불리는 걸 막을 것은 아무것도 없다고, 또한 이것들을 반대되는 위치로 옮겨 놓고 반대로 불러도 조금도 손상이 없다고 우리는 주장하오. 더 나아가 정의의 경우에도 같은 주장이 적용되겠는데, 그것이 명사들과 동사들로 이루어지는 한, 그 어떤 것도 충분히 확고할 정도로 확고하지는 않소. 또한 그 네 가지 것들 각각에 대해서도 그 불명확함은 얼마든지 말할 게 있소. 하지만 가장 중요한 것은 좀 전에 바로 우리가 말한 것이오. 곧 두 가지 것이 있는데, 존재와 어떤 성질이오. 혼이 알려고 추구하는 것은 '어떤 것인지(τὸ ποῖον τι)'가 아니라 '무엇

c 인지(τὸ τί)'요. 혼이 알려고 추구하지도 않는 것을 그 네 가지 것들의 각각은 말이나 실제적인 것들로 혼에 제시하는데, 말로 표현되는 것이나 보여 주는 것은 그 각각이 언제나 논박되기 쉬운 것들로 감각들에 제공되며, 실상 모든 이로 하여금 온갖 당혹스러움과 불명확성으로 가득 채우죠. 우리의 나쁜 훈련으로 인해서 실상 우리가 진실을 찾는 데 버릇 들이지 않은 것들의 경우에는, 영상들 중에서 제시되는 것으로도 충분해서, 질문받는 자들이 질문하는 자들로 해서 가소롭게

d 되는 일도 없소. 그 네 가지 것들을 갖고 이리저리 굴리고 논박도 할

83) '원 자체'를 가리킨다.

343d

수 있는 거죠. 하지만 다섯째 것을 대답하고 설명하도록 우리가 강제
할 그런 경우들에는, 논의를 뒤집을 수 있는 자들 중에서 원하는 자가
논의에서 이기게 되며, 말이나 글로 또는 대답으로 그걸 해설하는 자
가 그걸 듣는 이들 중의 많은 이들에게는 그가 글로 쓰거나 말하려 꾀
하는 바의 것들에 대해 아무것도 모르는 것으로 여겨지게 만들 것이
오. 그들이 때로는 글을 쓰거나 말을 하는 자의 혼이 논박당하고 있는
것이 아니라, 각각의 것의 그 네 가지 것들의 본성이 결함을 지닌 것
임을 모르고 있는 거죠. 그러나 그것들 각각으로 아래위로 바꿔 가는 e
그것들의 관통은 그 본성이 훌륭한 것[84]에 대한 인식(앎)을 그 성향
이 훌륭한 이에게 어렵사리 생기게 하오. 하지만 많은 이들의 혼의 상
태가 배움과 이른바 성품들에 있어서 그렇듯, 그 성향이 나쁘거나 타
락했을 경우에는, 링케우스[85]조차도 그런 사람들이 [그런 걸 알아]볼 344a
수 있게 만들지는 못할 것이오. 한마디로 그 대상과 동류가 아닌 자
를 쉬 배우거나 기억하도록 결코 만들지는 못할 것이오. 그것들은 생
소한 마음 상태들에는 애당초에 생기지도 않으니까요. 따라서 올바른
것들 그리고 그 밖의 다른 하고많은 훌륭한 것들과 친근하지도 같은
부류이지도 않은 그 많은 사람들,[86] 반면에 다른 것들에 대해선 쉬 배

84) 다섯째 것을 가리킨다.

85) Lynkeus는 시력이 지극히 좋은 사람이면서, 다른 이들의 시력을 생기게 하는 이로 알려져 있다.

86) 인식 대상에 대한 앎은 그것에 상응하는 능력에 의해서만 가능하다. 이 인식론의 원리를 플라톤은 헬라스인들의 속담을 빌려서 표현하고 있다. 그것은 "닮은 것에 닮은 것이(to homoion tǭ homoiǭ: ho homoios tǭ homoiǭ)"라는 것인데, 이는 그에게 있어서 인식론적인 의미의 유유상종(類類相從)인 셈이다. 지각 대상(to aisthēton)은 감각적 지각(aisthēsis)에 알려지고, '올바름'이나 '좋음' 따위의 '지성에 알려지는 부류(to noēton genos)'의 것은 이와 '같은 부류의 것(to syngenes)'인 지성(nous)

우며 동시에 기억력도 좋은 다른 사람들, 그런가 하면 같은 부류이기는 하나, 더디 배우고 잘 잊어버리는 자들, 이들 중에서는 그 누구도 가능한 한도에서의 [사람으로서의] 훌륭함(aretē)의 진실도 그리고 나
b 쁨(kakia)의 그것도 결코 배우지 못하게 되오. 왜냐하면 이것들은 곧 일체 존재(ousia)[87]의 참도 거짓도 동시에 배워야만 해서요. 처음에[88] 말했듯, 전적인 수련과 오랜 시간에 걸쳐서 말이오. 그것들 각각이 곧 이름들과 의미 규정들 그리고 시각적 지각들과 그 밖의 감각적 지각들[89]이 서로 부딪히게 되고, 선의의 반론들도 거치게 됨으로써, 또한 시샘 없는 문답들을 하는 가운데 사람의 능력이 미치는 한 최대한으로 진력하다 보니, 각각의 것과 관련해서 지혜와 지성이 어렵게
c 빛을 발하게 된 것이오. 바로 이런 까닭으로 누구건 진지한 사람이 중대한[90] 것들에 대해 글을 써서, 세상 사람들 사이의 시기와 당혹스러움 속으로 던져 넣는 일은 좀처럼 없을 것이오. 그야 물론 이런 것들로 미루어, 한마디로 말해서, 누군가가 문자화해서 지은 누군가의 것들을 보게 될 경우에는, 그게 입법자의 법률로 표현된 것들이건 또는 다른 형태의 것들로 된 어떤 것이건 간에, 비록 이 사람 자신은 진지한 사람이라 할지라도, 이 사람에게는 그것들이 가장 중요한 것들(가장 진지하게 대할 것들)이 아니고, 정작 중요한 것들은 이 사람에 속

에나 알려질 수 있다는 주장이다.

87) 《법률》 편 895d 참조.

88) 341c~e 참조.

89) '시각적 지각들과 그 밖의 감각적 지각들'은 앞에서 말한 셋째 것인 모상(eidōlon)과 관련된 것들이다.

90) 여기에서 '진지한'과 '중대한'은 다 같이 spoudaios의 역어이다. 사람의 경우에 이 말은 진지함을 뜻하는 말이 되겠지만, 사물의 경우에는 진지한 태도로 접근해야 할 대상이 되겠기에, 이런 역어를 택한다.

344c
하는 것들 중에서도 가장 훌륭한 곳[91] 어딘가에 자리 잡고 있을 것이
오. 하지만 만약에 문자로 적은 것들이 당사자로서는 정말로 진지하
게 한 것들이라면, 그건 틀림없이 신들이 아니라 사람들 "자신들이 그 d
대에게서 분별력을 사라지게 한 것이오."[92]

이 이야기와 일탈을 함께 따라온 이는 물론 잘 알 것이오. 그러니
까 디오니시오스가 자연과 관련된 최상의 으뜸가는 것들 중의 뭔가를
글로 썼거나, 그보다 못하거나 더 낫거나 한 누군가가 그랬거나 간에,
내 주장은 그가 쓴 것들 중에서 그가 들었거나 배운 것으로 건전한 것
은 아무것도 없다는 것이었소. 왜냐하면 [그랬던들] 이것들에 대해서
는 나의 경우와 마찬가지로 그도 경외하는 마음이었을 것이고, 어울
리지도 적절치도 않은 상태 속으로 그것들을 내던져 넣지는 않았을
것이기 때문이오. 그는 비망록을 위해 그것들을 적은 것도 아니었으
니까요. 일단 혼에 의해서 파악된 경우에는, 누군가가 그걸 잊게 되는
일은 없는 것이 전혀 놀랄 일이 아니니까요. 그건 뭣보다 간결한 표 e
현 형태의 것들로 되어 있겠기 때문이오.[93] 그러나 만약에 정말로 그
가 자신의 것으로서 썼다면, 그건 부끄러운 명예욕 때문이며, 또는 그

91) 《티마이오스》 편 44d를 보면, '가장 신적인 것이고 우리에게 있는 모든 것에 대해 주인 노릇을 하는 것'을 머리로 말하고 있는데, 이것이 바로 그곳이겠다.

92) 이곳에서 인용부호로 표시된 것은 호메로스의 《일리아스》 7권 359~360행, "만약에 그대가 진심으로 그 말을 하고 있는 것이라면,/그야 물론 신들 자신들이 그대에게서 분별력을 사라지게 한 것이오."에서 '말을 한 것'을 '글로 적은 걸'로 그리고 '신들'을 '사람들'로 바꿔 인용하고 있다. 같은 책 12권 233~234에서도 이 구절은 반복되고 있다.

93) 스파르타인들의 '간결한 표현(brakhylogia)'을 연상하면 되겠다. 머릿속에 더없이 간결한 표현 형태로 그 요지가 정리되어 있을 것임을 말하고 있는 셈이다.

344e

런 자격도 갖추지 못한 교양을 갖춘 것으로 행세했다면, 그걸 갖췄다
345a 는 명성을 좋아해서였소. 그러니까 디오니시오스와의 한 차례의 강론
으로 해서 이 일이 발생했다면, 아마도 그럴 수도 있겠지만, 그게 정
작 어떻게 해서 일어났는지는, 테베인이 말하듯, "제우스께서나 아실
것이오."[94] 내가 말했듯, 이 강론은 단 한 번만 했을 뿐이고, 그 뒤로는
아직껏 한 적이 없어요. 그러니 이와 관련된 일이 도대체 어떤 식으
로 진행되었는지를 알아내는 데 관심이 있는 이로서 이 다음으로 생
각해야 할 것은 도대체 무슨 까닭으로 두 번째와 세 번째, 그리고 더
여러 차례 우리가 그 강론을 이행하지 않았는가 하는 것이오. 디오니
b 시오스가 단 한 차례 듣고서, 이처럼 안 걸로 생각하기도 하고, 자신
이 알아냈거나 자신이 다른 사람들한테서 배우기도 해서 족히 알고
있었기도 한 것인지, 또는 내가 말한 것들을 변변찮은 것들로 생각하
는 건지, 또는 세 번째로 자신의 수준에는 맞지 않고 과해서, 실상 지
혜와 [사람으로서의] 훌륭함(aretē)에 대해서 마음 쓰면서 살 수는 없
어선지 말이오. 만약에 그것들을 변변찮은 것들로 그가 생각한다면,
그것들과는 반대인 걸로 말하는 많은 증인들과 다투게 될 것이니, 이
들은 이런 것들과 관련해서는 디오니시오스보다도 훨씬 권위 있는
심판자들일 것이오. 그러나 만약에 그가 그것들을 스스로 발견했거
나 배웠다면, 그것들이 혼의 자유로운 교육을 위해서도 가치 있는 것
c 들이라는 데 대해서도 그랬을 것인즉, 스스로는 비범한 사람도 아니
면서, 이런 것들을 주도하는 사람[95]을 도대체 어떻게 이렇게도 함부
로 불명예스럽도록 했을까요? 그가 얼마나 무례를 저질렀는지, 내가

94) 이 표현은《파이돈》편 62a에도 보인다.
95) 플라톤이 스스로를 그리 말하고 있다.

345c

말하리다.

그 뒤로 오래 지나지 않아, 이전에는 디온으로 하여금 자신의 재산을 소유하고서 그 수익을 챙기도록 허락했지만, 더 이상 그의 관리자들이 펠로폰네소스로[96] 그걸 보내는 걸 허락하지 않았소. 마치 서신[에서의 약속]을 아주 잊어버리기라도 한 것처럼 말이오. 그것들은 디온의 것이 아니라, 아들의 것이고, 이 아들은 법적으로 그의 보호자인 자신의 조카이기 때문이라는 거죠. 이때까지 하게 되었던 것들이 실 d
은 결국 그때의 이것이었소. 그러나 일들이 이렇게 되니, 디오니시오스의 철학에 대한 욕구의 정체를 정확히 알아보게도 되었으며, 역정을 낼 수도 있게 되었소. 내가 그러고 싶건 또는 그렇지 않건 간에 말이오. 그때는 이미 여름이었고, 배들의 출항 철이었기 때문이었소. 따라서 내가 디오니시오스에게 화를 낼 것이 아니라, 오히려 내 자신과 나를 세 번째로 오지 않을 수 없게 한 사람들에 대해 화를 내야만 할 것으로 생각되었소. 스킬라[97] 쪽의 해협으로 [오게 한 자들] 말이오. e

> 여전히 끔찍한 카리브디스에게로 되돌아가게 하느라고.[98]

---

96) 물론 이 지역에 디온이 가 있었기 때문이다.

97) Skylla 또는 Skyllē는 이탈리아의 메시나(Messina) 해협에 있는 동굴에 살았다는 바다의 괴물. 하체 부분에 각기 3열(列)의 이빨을 가진 여섯 개의 개 머리를 갖고 있는 여인의 형상을 하고, 열두 개의 발을 가졌다고 한다. 돌고래와 상어를 위시해서 온갖 물고기를 잡아먹지만, 가까이 지나가는 배에서 한꺼번에 여섯 사람을 잡아서 삼켜 버리기도 했단다.

98) 호메로스의 《오디세이아》 12권 428행. 여기에서 말하고 있는 Kharybdis는 '울부짖는 스킬라'가 살고 있는 굴 맞은편의 소용돌이를 의인화한 명칭이다.

345e

디오니시오스에게는 디온이 이처럼 모욕당한 터에 나로서는 머물러 있을 수가 없다고 말해야만 했소. 하지만 그는 머물기를 권유하며 요구했는데, 이는 나 자신을 그와 같은 소식들을 최대한 빨리 전달하는 자로서 갖는다는 것이 그에게는 좋을 일이 아니라 여겨서요. 그러나 그가 설득하지 못하게 되니, 내게 스스로 귀환을 준비해 주겠다고
346a 말했소. 내가 정기선을 타고 항해할 생각을 했으니까요. 나는 화가 나서, 방해받게 되더라도, 무슨 일이든, 감당해 내야 된다고 생각했던 것이오. 나는 아무것도 부당한 짓을 한 것이 없지만, 부당한 일을 당한 게 명백했으니까요. 그러나 내가 체류를 받아들일 생각이 전혀 없는 걸 그가 확인하고서는, 그때의 출항은 멈추는 방안을 이런 식으로 그가 강구하게 되었소. 그 다음날 그가 와서는, 나를 상대로 그럴듯한 제안을 한 것이오. "저와 선생 사이에 있어서 디온과 디온의 일들
b 이 자꾸 다툼거리가 되는 데서 벗어나도록 하죠. 선생을 위해 디온에게 이렇게 할 테니까요. 나는 그가 자신의 재산을 가져가서 펠로폰네소스에 거주하길[99] 요구함. 그러나 망명자로서가 아니라, 그와 나 그리고 친구들인 여러분 모두가 동의할 경우에는, 그로서도 이리로 이주해 오는 것도 허용됨. 하지만 이는 내게 대한 음모를 꾸미지 않는다는 조건에서며, 이에 대한 보증인들로는 선생과 선생의 친지들 그리고 이곳의 디온의 친지들이 되며, 그는 여러분에게 보증토록 함. 그

99) 그가 망명 기간 동안에 본거지를 어디에 두었는지는 분명치가 않았다고 한다. 하워드가 그의 주에서 정리한 바로는 얼마 동안 아테네에 거처를 마련했으며, 칼리포스(333e에서 해당 각주 참조)와 어울려 지내기도 하고, 플라톤의 조카 스페우시포스(Speusippos)와도 교분을 가졌다고 한다. 한때는 스파르타에서도 머물렀으나, 코린토스가 아마도 그의 망명 본거지였을 것이라 한다.

346b

러나 그가 받는 재화는 펠로폰네소스와 아테네에서 여러분에게 적절하다고 판단되는 분들에게 맡겨 놓도록 하되, 디온은 그 수익을 갖도 c
록 하나, 여러분의 동의 없이는 가져갈 자격이 없게 함. 왜냐하면 나는 이 재화를 그가 씀에 있어서 나와 관련해서 정당하리라고 충분히 믿질 못하기 때문임. 그 금액이 적지 않을 테니까. 하지만 선생과 여러분들은 더 믿죠. 그러니 이 조건들이 선생께 만족스러운지 보세요. 그리고서 이 조건들로 올해는 머무르시고, [다음] 제철에[100] 이 재화들을 갖고서 떠나십시오. 디온 또한 잘 알 것입니다. 그를 위해서 이 d
일들을 하시게 될 선생께는 많이 고마워해야 할 것임을." 이 말을 듣고서 물론 나는 못마땅했소. 그렇지만 나는 신중히 생각한 끝에 이와 관련된 결정을 이튿날 그에게 알려주겠다고 말했소. 그때 우리는 이에 동의했소. 그래서 나는 그 뒤에 나 혼자가 되었을 때, 몹시 혼란스러운 상태에서 숙고했소. 숙고의 결과로 처음 생각하게 된 것은 이런 내용의 것이오. "자, 만약에 디오니시오스가 자신이 말하는 것들 중 e
의 아무것도 이행할 생각은 하지 않으면서, 내가 떠난 다음에 디온에게 그럴듯한 전갈을 보내는데, 자신도 그러지만 많은 다른 제 사람들에게도 그러도록 지시를 하는 거요. 나를 상대로 방금 말한 것들을, 자신은 하고자 하지만, 나로 하여금 하도록 자신이 제의한 것들을 내가 하려고 하지 않고, 그의 일들을 아주 등한시한다고 말이오. 또한

100) 여기서 '[다음] 제철에'로 옮긴 것의 원어는 eis hōras이다. hōra는 시간·시기·계절·철·한창때·적기·제철·아름다움·우아함 등을 뜻한다. 여기서 말하는 '제철'은 지중해 및 에게해의 '항해의 계절'을 뜻한다. 특히 하지 이후의 여름철이 그 절정기였지만, 춘분(3. 21. 또는 3. 22.)부터 추분(9. 23. 또는 9. 24.)까지는 항해가 가능한 계절로 간주되었다. 이 지역에서는 9월 하순경부터 이른 봄까지가 우기여서, 언제든 거친 비바람이 일 수 있고 시야도 좁아, 항해는 극히 위험한 일로 간주되었다.

346e

이런 짓들에 더해 나를 보내려고도 하지 않는 거요. 스스로는 그 어느
347a 선장에게도 그러도록 지시는 하지 않고, 나를 배에 태워 나가는 걸 바
라지 않는다는 걸 쉽게 모두에게 알게 할 것이니, 그런 터에 어느 선
원이 정박해서 나를 디오니시오스의 거처에서 데리고 나가려 하겠
소?"—다른 고약한 일들에 더해 그의 거처 둘레의 정원에 내가 거주
하고 있었는데, 문지기가 디오니시오스 쪽의 지시가 그에게 전달되지
않고서는 나를 거기에서 내보내려 하지도 않았을 테니까.—"하지만
그 해 동안 기다린다면, 디온에게 이런 소식을 전할 수 있을 것이니,
내가 어떤 상황에 처하여 있으며 무엇을 하고 있는지도 말이오. 또한
디오니시오스가 자신이 말한 것들 중에서 뭔가를 정말로 이행한다면,
b 나로서는 아주 비웃을 수도 없는 것이 이루어지게 되는 것이오.—누
군가가 옳게 평가한다면, 아마도 디온의 재산은 백 탈란톤[101] 이하는
아닐 것이기 때문이오.—어쨌든 어쩌면 일어날 것 같은 그런 일들이,
이제 그 모습이 드러나기 시작하는 일들이 실제로 일어난다면, 내가
뭘 해야 할지 모르겠소. 그렇더라도 적어도 아마 일 년은 여전히 애쓰
며 디오니시오스의 계략들을 실제로 반박하도록 해보아야만 할 것 같
소." 나로서는 이런 결정을 하고서, 다음날 내가 디오니시오스에게 말
c 했소. "나는 머물기로 결정했소. 그렇지만 나는 요구하오. 귀하는 나
를 디온의 권한을 대신하는 자로 생각지 말고, 나와 함께 귀하도 그에
게로 지금의 결정들을 설명하는 서신을 보내서, 이것들이 그에게 만

101) 은화 1 talanton은 60 mnai이고, 1 mna는 100 drakhmai이며, 1 drakhmē는 6 oboloi(6오볼)이었다. 100탈란톤(100 talanta)의 자산은 디오니시오스에 대한 반역과 같은 정치적 거사를 능히 도모할 수 있게 하는 자금으로 동원될 수 있는 가능성 때문에 이에 대해 그가 신경을 몹시 쓰고 있는 셈이다.

347c

족스러운지를 아닌지 물을 것이나, 그 밖의 다른 무언가를 원하고 요
구한다면, 이것들을 최대한 빨리 서신으로 통보해 줄 것이되, 귀하는
그와 관련해서는 아무런 새로운 조처도 하지 않기로 함을." 방금 대
충 말했듯, 이것들이 말한 것들이고, 이것들을 우리가 합의했소. 따라
서 그 뒤에 배들은 출항해 버렸으며, 디오니시오스가 디온의 재산 반
은 마땅히 디온의 것이어야겠지만, 반은 그의 아들 것이어야 한다고 d
그가 말하며 정작 내게 상기케 했을 때에도, 나로서는 이제 항해를 할
수가 없었소. 그래서 그는 이걸 팔 것이며, 팔리면 그 반은 내게 갖고
가도록 줄 것이나, 반은 그의 자식에게 남겨 줄 것이라고 말했소. 물
론 이렇게 하는 것이 가장 온당하기 때문이라는 것이었소. 그런 말을
하는 그에게 아주 얻어맞은 꼴이 된 나는 더는 항의하는 게 우스운 일
이라 생각했지만, 그래도 우리는 디온 쪽의 서신을 기다렸다가 바로
이 일을 다시 알려야만 한다고 나는 말했소. 그러나 그는 이에 이어
아주 멋대로 그의 전 재산을 매각해 버렸소. 자신이 하고 싶은 방식으 e
로 원하는 대로 누구에게든 팔아 대고서도, 내게는 이에 대해서 전혀
입도 뻥긋하지 않았고, 나는 나대로 마찬가지로 그를 상대로 디온의
일들과 관련해서는 더는 아무런 대화도 하지 않았소. 더 이상 아무것
도 할 게 없었으니까.

물론 이런 사태에 이르기까지 나로서는 이런 식으로 철학과 친구
들에게 도움이 되도록 해 왔소. 그러나 그 이후로 나와 디오니시오스
가 사는 꼴은 이런 식의 것이었소. 나는, 마치 어딘가에서부터 날아 348a
오르기를 갈구하는 새처럼, 밖을 내다보고 있고, 그는 디온의 것들 중
에서 아무것도 주지 않으면서 나를 무슨 방식으론가 깜짝깜짝 놀라
게 할 것인지를 궁리하고 있는 꼴이오. 그러면서도 온 시켈리아를 향
해서는 우리가 어쨌든 동지인 걸로 말하고 있었던 것이오. 다음으로

348a

디오니시오스는 용병들 중에서 나이 든 자들을 그의 아버지의 관례에 어긋나게 급여를 더 적게 받는 쪽으로 만들려 시도했지만, 병사들은 분노하여 일제히 집결해서 그렇게 하도록 내버려 두지는 않겠다고 말했소. 그러나 그는 성채(akropolis)의 문들을 닫고 강제력을 행사하
b 려 했지만, 이들은 이국적인 일종의 승전가를 크게 불러 대며 곧장 성벽으로 돌진했소. 이에 디오니시오스야말로 몹시 겁을 먹고서는 모든 걸 양보했으며 그때 집결한 경장비 보병들에게는 한결 더 많이 양보했소. 곧 한 소문이 확 돌았는데 헤라클레이데스[102]가 이 모든 사태의 장본이라는 것이었소. 헤라클레이데스는 이 소문을 듣고서 달아나 보이지 않게 되었고, 디오니시오스는 그를 체포하려 꾀했소만, 어렵게
c 되자, 테오도테스를 그의 정원으로 오도록 불렀소. ─ 한데 우연히도 나는 정원에 있었고, 그때 산책을 하고 있었소. ─ 그러니까 그들이 한 대화들 중에서 다른 것들은 내가 알지도 듣지도 못했지만, 내 면전에서 테오도테스가 디오니시오스를 상대로 말한 것들은 내가 알기도 하고 기억도 하고 있소. 그는 말했소. "플라톤 선생, 실은 여기 계신 디오니시오스 님을 제가 설득하고 있는 중입니다. 만약에 제가 헤라클레이데스를 이리로 오게 해서 자기에 대해 지금 퍼진 비난들과 관련된 해명을 우리에게 할 수 있고, 그래서 그를 시켈리아에서 거주케 해서는 안 되는 걸로 판단될 경우에는, 그 아들과 처를 데리고 펠로폰네

102) Hērakleidēs에 대해서는 333a~b의 각주들에서도 언급했지만, 디오니시오스 군대인 용병들의 지휘관이었으며, 이때 도피했다가 디온과 합류했다. 훗날 디온이 시라쿠사이를 점령하게 되었을 때는 함대 지휘관으로서 귀환한다. 그러나 디온과의 불화로 그 자신도 살해되고, 디온도 결국엔 암살된다. 곧이어 언급하게 되는 Theodotēs는 헤라클레이데스의 삼촌으로 시라쿠사이의 귀족이었다.

348c

소스로 항해해 가서, 거기에서 거주할 것을 제가 요구하는데, 디오니 d
시오스 님을 해치는 어떤 짓도 하지 말되, 자신의 수익은 챙기도록 한
다고. 사실 앞서도 그를 부르러 사람을 보냈지만, 이제도 부르러 보낼
것입니다. 그러니까 앞서의 부름에 응해서든 지금의 부름에 응해서
든 제 부름에 응하도록 말입니다. 디오니시오스 님께 기대하며 요청
합니다. 만약에 누군가가 시골에서든 여기에서든 헤라클레이데스를
만나게 되더라도, 디오니시오스 님께서 다른 결정을 하게 될 때까지 e
는, 이 나라에서 떠나 있는 것 이외의 다른 어떤 나쁜 일도 일어나지
않기를요. 이에 동의하십니까?" 디오니시오스 님께 이런 말을 하면서
내가 물었습니다. "동의하오. 그대의 집에서 보이더라도, 방금 언급
된 것 이상의 어떤 나쁜 일도 겪지 않을 것이오." 하고 대답하셨죠. 바
로 이튿날 오후 늦게 에우리비오스[103]와 테오도테스가 예사롭지 않게
몹시 혼란스러워하면서 내게 와서는, 테오도테스가 말했소. "플라톤
선생, 어저께 헤라클레이데스와 관련해서 디오니시오스가 저와 선생
을 상대로 한 합의 현장에 선생께서 계셨죠?" "그랬고말고요." 내 대
답이었소. "그런데 지금 경장비 보병들이 헤라클레이데스를 체포하려
고 수색을 하며 사방으로 뛰고 있습니다만, 그는 이곳 어딘가에 있는
것 같습니다. 선생께선 무슨 수로든 디오니시오스에게로 저희와 동행
해 주십시오." 하고 그가 말했소. 그래서 우리가 갔고, 그가 있는 곳 349a
으로 들어갔는데, 둘은 말없이 울면서 서 있었고, 말은 내가 했소. "이
분들은 귀하가 어저께 헤라클레이데스와 관련해서 합의한 바와 어긋
난 새로운 무슨 조처를 취하지나 않을까 하고 두려워하고 있소. 내게
는 그가 이곳 어딘가로 돌아와 있는 게 분명한 것으로 생각되어서요."

103) Eurybios에 대해서는 달리 알려진 바가 없다.

349a

그러나 그는 이 말을 듣고서 화가 치밀어 올라 낯빛이 붉으락푸르락
해졌는데,[104] 이는 화가 나면 보이는 낯빛들일 것이오. 테오도테스는
b 그 앞에 무릎을 꿇고서는, 그의 손을 붙잡고서 눈물을 흘리며 그와 같
은 짓은 아무것도 하지 말아 달라고 간청했소. 하지만 내가 끼어들
어 위로하면서 말했소. "기운 차리세요, 테오도테스! 디오니시오스께
서는 어저께 합의 본 것들에 어긋나는 다른 것들은 결코 아무것도 하
려 들지 않으실 테니까요." 그러자 그가 나를 빤히 보더니만 아주 참
주답게 말했소. "선생과는 작은 것이거나 큰 것이거나 간에 아무것도
합의한 것이 없소." 그래서 내가 말했소. "신들에 맹세코, 어쨌든 귀
하는 이 사람이 지금 귀하에게 하지 말아 달라고 요청하고 있는 이것
들을 하지 않을 것이라고 합의했소." 이런 말을 하고선 나는 돌아서
서 밖으로 나와 버렸소. 그 뒤에 그가 헤라클레이데스를 수색했지만,
c 테오도테스는 헤라클레이데스에게 심부름꾼들을 보내서, 도망가라
고 지시했소. 반면에 그는 테이시아스와 경장비 보병들로 하여금 추
적토록 명령했소. 그러나 전하는 바로는 헤라클레이데스가 하루 중의
짧은 시각 차이로 앞서 카르타고인들의 영토로 피신했다더군요. 바
로 이 일 뒤에 디온의 재화를 주지 않으려는 오랜 동안의 음모가 디오
니시오스로서는 나에 대한 적대적인 감정들이 그럴듯한 핑계를 갖게
되는 걸로 판단되어, 일차적으로 나를 성채 밖으로 내보내죠. 그가 찾
d 아낸 구실인즉, 내가 거주하고 있는 정원에서 여자들이 열흘 동안 어
떤 제물을 바쳐야 된다는 것이었소. 따라서 이 기간 동안 나를 성채
밖의 아르케데모스[105]의 집에 머물도록 지시했소. 한데 내가 거기에

104) "낯빛이 붉으락푸르락해졌다"로 옮긴 것의 원어는 pantodapa khrōmata ēken인데, 이를 그대로 옮기면, "온갖 낯빛이 되었다"로 된다. 이는 우리말로는 아무래도 낯선 표현이라, 익숙한 우리식 표현으로 의역했다.

349d

있으니까, 테오도테스가 사람을 시켜 나를 불러서는 그때 일어난 일들에 대해 못마땅해하며 디오니시오스에 대해 비난을 해 댔소. 그 사람은 내가 테오도테스의 집에 간 사실에 대해 듣고선, 이를 나에 대한 불화의 또 다른 핑곗거리로, 곧 앞선 것의 짝으로 만드느라, 누군가 e
를 보내 테오도테스가 나를 불러서 내가 정말로 만났는지 물었소. 나야 "물론이오." 하고 대답했소. "그래서 그분께서는 선생이 디온과 디온의 친구들을 언제나 당신보다도 더 좋게 보시는데 결코 잘하시는 게 아니라고 선생께 말씀드리라고 지시하셨습니다." 하고 그가 말했소. 이 말을 전하고선, 더 이상 나를 자신의 거처로 다시 부르지 않았소. 내가 테오도테스와 헤라클레이데스의 친구이고 자기와는 적인 게 이미 분명해졌다고 해서였죠. 또한 그는 디온의 재산이 완전히 사라진 터라, 내가 호의를 갖고 있지 않다고 생각했던 것이오. 따라서 이 350a
후로 나는 성채 밖에서 용병들 가운데서 거주했소. 내게는 다른 사람들도 접근해 왔지만, 선원들 중에는 아테네 출신의 동포 시민들도 왔는데, 이들은 내가 경장비 보병들 사이에서 비방을 받고 있는 사람이며, 더러는 어디서고 나를 붙잡게 되면, 죽여 버릴 것이라고 위협하고 있다는 사실을 알려주었소. 그래서 다음과 같은 안전의 방책을 강구했소. 나는 아르키테스 및 타라스에 있는 다른 친구들에게도 내가 처한 상황을 알리오. 반면에 이들은 나라의 외교사절이라는 구실을 대고 30개의 노가 달린 갤리선과 자신들 중의 한 사람으로 라미스코스를 보내는데,[106] 그가 와서는 나와 관련해서 디오니시오스에게 요구했 b

105) 아르케데모스는 아르키테스의 제자로서 디오니시오스와 플라톤 간의 중재자 구실을 한 것 같다.

106) Lamiskos는 타라스에 있던 피타고라스학파의 일원이었고, 여기서 갤리선(galley)으로 옮긴 것의 원어는 triakontoros(30개의 노가 달린 전

소. 내가 떠나고자 하거니와 결코 다른 아무런 조처도 취하지 마시길 바라고 있다고 그가 말했소. 이 사람이 동의를 하고 여비와 준비물을 주며 보내 주었소만, 디온의 돈은 나도 더는 청구하지 않았고, 누가 주지도 않았소.

펠로폰네소스의 올림피아에 도착하고서,[107] 경기 참관을 하던 디온을 보게 되어, 그동안 일어난 일들을 알려주었소. 그는 제우스를 증인 삼고서, 곧바로 나와 나의 친척들 그리고 친구들에게 디오니시오
c 스에 대한 보복을 준비하게 될 것임을 알렸소. 우리 쪽은 손님에 대한 기만[108] 때문이라고, 그는 이렇게 말하고 또한 그리 생각하고 있었소. 반면에 자신은 불의의 추방과 자신의 추방 때문이라고 했소. 그 말을 듣고서, 나는 나의 친구들이 원한다면, 그들을 초치하라고 그에게 일렀소. 내 말은 이런 것이었소. "하지만 나의 경우에는, 자네가 다른 사람들과 함께 나를 어느 면에서는 억지로 디오니시오스와 숙식을 같이하며 종교 행사의 동반자로 만들었으며, 아마도 많은 사람들이 내가 자네와 함께 자신에게 그리고 참주의 지위에 대해 음모를 하고 있다고 비방하는 터라 어쩌면 그도 그리 믿고 있었을 테지만, 그런데
d 도 그는 나를 죽이지 않고, 양심의 가책을 느끼고 있었던 것일세. 그

함)이다. 《디오게네스 라에르티오스》 III, 22에는 아르키테스가 라미스코스 편으로 보낸 친서의 내용이 실려 있다. 플라톤을 시라쿠사이에 모시기 위해서 모두가 진심으로 성의를 다하며 합심했던 일을 상기시키며, 이제 와서 배신을 하고, 그를 위험에 빠뜨린다는 것은 있을 수 없는 일임을 말하며, 무사 귀환토록 해 달라는 경고성 설득을 하는 내용이다.

107) 360년의 여름에 있었던 올림피아 경기장에서 만나게 되었으며, 이 해에 플라톤은 예순일곱 살이었고, 디온은 마흔여덟 살쯤이었다.

108) '손님에 대한 기만'의 원어는 xenapatia(xenos+apatia)이다. 헬라스인들의 손님들에 대한 접대 관행 및 '손님의 신'과 관련해서는 329b의 해당 각주를 참조할 것.

350d

러니 내가 누굴 상대로 아직도 함께 싸울 수 있는 그런 나이도 아닌
데다, 나는 그대들 사이의 상관자일세. 혹시라도 그대들이 서로 간에
우정이 조금이라도 아쉬워, 뭔가 좋은 일을 하고자 한다면 말일세. 그
러나 서로 간에 해치기를 바란다면, 다른 사람들을 불러 모으게나."
나는 시켈리아와 관련된 일탈[109]과 불운에 넌더리가 나서 이런 말을
했소. 그러나 승복도 하지 않고 나에 의한 화해 시도들에도 설득되지
않고, 스스로들 제 자신들에 대해 지금 일어난 모든 나쁜 일들의 장본
인들이 되었으니, 만약에 디오니시오스가 디온에게 그의 재물을 보
내 주었거나, 전적인 화해가 있었던들, 적어도 인간적인 문제들과 관 e
련되는 일은 아무것도 일어나지 않았을 것이오. 왜냐하면 내가 디온
은 나의 뜻으로나 능력으로써 쉽게 제어할 수 있었을 것이기 때문이
오. 하지만 지금은 서로에게로 내닫게 되었으니, 모든 것이 해악들로
가득 차게 되었소. 비록 그렇기는 하지만 디온은 나든 다른 누구든 절 351a
도를 지키는 사람이면 의당 지녀야만 할 것으로 말하겠는 바로 그런
똑같은 뜻을 품었었소. 제 능력과 친구들 그리고 제 나라와 관련해서
훌륭한 봉사를 하게 될 경우에 권력과 명예에 있어서 최상위의 최고
가 될 것이라는 생각을 하겠는 사람 말이오. 그러나 이는 이럴 경우에

109) 여기에서 '일탈'로 옮긴 낱말의 원어는 planē이다. 이 낱말은 '방랑'이나 '방황' 또는 '떠돎'을 원래 뜻하는 말이지만, 344d에서 보듯, 어떤 이야기나 논의가 그 본 줄기에서 잠시 벗어나는 걸 뜻하는 이른바 '일탈(digression)'을 뜻하기도 한다. 플라톤이 시켈리아에 갔던 것은 그에게 있어서는 '방황'도 '방랑'도 아니다. 하물며 오디세우스가 '귀향(nostos)' 길에 겪는 방랑과 같은 그런 유형의 것도 아니다. 그의 '철인 왕'에 대한 이상과 디온을 비롯한 주변 인물들의 간청과 성화로 떠밀리다시피 마지못해 가게 된 길이니, 그로서는 '아카데미아에서의 일상에서 얼마 동안 벗어났던 일탈'이었을 뿐이다.

351a
는 불가능하오. 누군가가 자신과 동지들 그리고 나라를 부유하게 만
들기를, 계략을 꾸미며 음모자들을 규합해서, 가난하고 자제하지도
b 못하여, 쾌락에 대한 비겁함에 져, 재산가들을 죽이고선, 이들을 적들
로 일컫고, 이들의 재물들을 가담자들과 동지들에게 쪼개어 주면서,
아무도 가난하다고 하며 제 탓을 하는 일이 없게 한다면 말이오. 또한
이럴 경우에도 이는 마찬가지이오. 누군가가 다수결로 통과된 법령에
의해 소수자들의 재물들을 다중에게 분배함으로써 또는 작은 여러 나
라들을 지배하는 큰 나라의 수장으로 있으면서 작은 나라들의 재물들
을 부당하게 제 나라에 배당함으로써, 이런 식으로 제 나라에 공을 세
c 우고서 제 나라에 의해 영예를 누리게 되는 경우 말이오.[110] 이렇게는
디온도 다른 누구도 제 자신에게도 자손들에게도 영원히 가증스러울
모습으로 권력을 향해 자진해서 나아가지는 않고, 가장 올바르며 최
선의 것인 나라체제와 법률의 제도화로 나아갈 것이니, 최소한의 죽
음과 살상을 치르는 일도 없을 것이오. 디온은 바로 이런 처신을 이제
하고 있었는데, 사악한 짓들을 앞서 행하기보다는 당하는 쪽을 택하
되,[111] 당하지 않도록 아주 조심했지만, 그랬는데도 적들을 압도하게
된 고비에 이르고서 넘어졌는데, 그가 당한 것은 전혀 놀랄 일이 아니
d 오. 경건한 사람은 사악한 일들과 관련해서도 절도 있고 신중해서, 전
반적으로는 그런 사람들의 마음 상태와 관련해서 결코 아주 속고 있

110) 하워드가 그리 말하듯, 아마도 아테네를 제국화하는 데 가장 큰 기여를 했던 페리클레스를 염두에 두고서 하는 말인 것 같다.

111) 소크라테스가 바로 이런 주장을 하고 있는 대목을 우리는《고르기아스》편 469b~c에서 만난다. 그런가 하면《크리톤》편 49b 이후에서는, 이를테면, 올바르지 못한 짓을 해서도 안 되지만, 그런 짓을 당했다고 해서 앙갚음으로 그런 짓을 해서도 안 됨을 소크라테스가 주장하고 있다.

351d

는 건 아니오. 하지만 어쩌면 훌륭한 조타수[112]가 폭풍우가 있을 것을 아주 모르고 있는 건 아니나, 그게 엄청나고 예상치 못한 규모의 것인 줄은 모르고 있다가, 그걸 모른 채로 어쩔 수 없이 물속에 가라앉게 될 수도 있을 것이오. 바로 똑같은 사태가 디온도 넘어트렸소. 그를 넘어트린 자들이 실은 몹시 나쁜 사람들이라는 걸 그가 모르고 있었던 건
아니지만, 그들의 무지 그리고 다른 사악함과 탐욕이 어느 정도의 높 e
이인 것인지는 몰랐으니, 바로 이로 해서 그가 넘어져 엎어지게 되었고, 시켈리아를 헤아릴 수 없는 비탄으로 둘러싸고 있소.

그러니까 방금 말한 일들 다음에 내가 조언할 것들은 나로서는 거 352a
의 언급된 터이니, 다 말한 걸로 해요. 그러나 시켈리아로 두 번째 간 것[113]이 무엇 때문이었는지 다시 이야기한 것은 일어난 사건들의 이상함과 비합리성 때문에 나로서는 이야기하지 않으면 안 될 것으로 여겨졌소. 그러니까 만약에 지금 언급된 것들이 더 합리적이고 일어난 일들에 대한 충분한 이유 설명들을 제공하는 것으로 누군가에게 판단된다면, 지금의 이 설명들이 적절하고 충분할 것이오.

112) 조타수(kybernētēs) 곧 키잡이가 오늘날의 관점에서는 '선장'에 해당된다. 당시의 선장은 선주(nauklēros)였을 테니까.

113) 이 〈서한 7〉 첫머리에서 플라톤이 마흔 살 무렵에 남이탈리아를 여행하고 처음으로 시라쿠사이로 갔던 걸로 말하고 있다. 아마도 에트나 화산에 대한 관심 때문이었던 것으로 보인다. 그러니까 이는 순수하게 여행길이었고, 두 차례에 걸친 디오니시오스의 간청에 의한 정식 초빙은 두 번이었기 때문에 이런 표현을 하고 있다.

서한 8

플라톤이 디온의 친척들과 동지들에게 '잘 지내심을!'

여러분이 무엇들을 생각함으로써 참으로 잘 지내게 되겠는지, 이것 352b
들을 여러분에게 내가 능력껏 자세히 말하도록 해 볼 것이오. 하지만
나는 여러분에게만 이로울 것들을 조언하길 희망하진 않소. 그렇더라
도 여러분에게 가장 그렇기를, 그리고 둘째로는 시라쿠사이에 있는 c
모든 이에게, 그리고 또 셋째로는 여러분의 적들 및 여러분과 적대적
인 자들에게도 그렇기를 희망하오. 이들 중에서 누군가가 불경한 짓
을 하게 된 자가 있는 경우는 제외하고서 말이오.[1] 이런 짓들은 치유
될 수도 없고 누군가가 이를 결코 지워 없애지도 못할 것이겠기 때문
이오. 그러면 이제 내가 말하는 것들을 생각들 해 보시오.

참주체제에서 벗어나고서, 온 시켈리아에 걸쳐 벌어지고 있는 여러분 사이의 일체 싸움은 바로 이것들과 관련된 것이오. 한쪽은 다시 통

1) 사실상 디온을 살해한 칼리포스 형제를 두고 하는 언급이다. 이와 관련해서는 〈서한 7〉 333e에서의 본문 및 해당 각주를 참조할 것.

352c

치권을 회복하고자 하지만, 반면에 다른 쪽은 참주체제에서의 탈피
에 최종 목표를 설정하고 있소. 그러니 이런 문제들과 관련된 조언은
d 적들은 최대한 잘못되도록 하되, 친구들은 최대한 잘되도록 하는 것
들을 조언해 주어야만 하는 것이 많은 사람들에게는 매번 옳은 것으
로 여겨지오. 그러나 남들을 해치는 많은 짓을 하면서도 자신은 똑같
은 많은 걸 당하지 않기는 결코 쉽지가 않소. 한데 이런 것들을 분명
히 알아보기 위해서는 어디 멀리 갈 필요가 없고, 지금 그곳에서 곧
시켈리아를 둘러싸고 있는 바로 그곳에서 일어나고 있는 일들, 즉 한
쪽에서는 적극적으로 저지르려 하나, 다른 쪽은 그러는 자들을 막아
e 내려고 하는 자들을 보는 것이오. 만약에 그대들이 다른 사람들에게
이 이야기를 해 주기만 해도, 여러분은 그때마다 족히 스승들로 될 것
이오. 그러니까 이런 이야깃거리들은 거의 궁색할 턱이 없을 것이오.
하지만 이런 것들이 적들과 동지들 모두에게 이롭거나 양쪽에 최소한
으로 해롭다는 이 사실을 알아보기는 쉽지가 않고, 이를 알아보더라
도 실현하기도 쉽지가 않아서, 이런 조언이나 설명 시도는 기원과도
353a 같소. 그러면 숫제 기원이라고 해요. 실상 말하는 것도 생각하는 것
도 모두 언제나 신들에서 시작하고서 해야만 하니까. 하지만 그 기원
이 우리에게 이런 어떤 설명을 시사해 주는 것으로써 이루어졌으면 하
오. 여러분과 여러분의 적대적인 자들에 대해 지금도 그렇지만 전쟁
이 일어난 이래로 거의 전 기간에 걸쳐 한 가문이 줄곧 지배해 왔소.
이는 그때 여러분의 조상들이 아주 곤경에 처하게 되어 옹립한 가문
이오. 그때는 헬라스인들의 시켈리아에 카르케돈(카르타고)인들에 의
한 파괴로 해서 완전히 이방인들의 고장으로 되어 버릴 최후의 위기
가 닥쳤을 때였소. 실은 그때 디오니시오스를 젊고 전투적인 사람으
b 로서 전쟁 수행이 그에게 적합하다고 해서 그들이 선택하되, 연로한

353b

히파리노스[2]를 조언자로 삼게 되는데, 이들을 시켈리아의 안전을 위
해 절대권을 행사하는 참주들로 일컬었다고 하오. 그래서 안전의 원
인으로 된 것을 누군가가 신적인 행운과 신으로 생각하고 싶건 또는
통치자들의 훌륭함이나 또는 함께한 그때의 시민들, 이들 양쪽이 되
었건, 누구건 자기가 생각하는 대로 그렇다고 해요. 그래서 그때 사람
들에게 있어서의 안전은 이렇게 해서 이루어졌었소. 그러니까 그들이
그런 사람들이었으므로, 모두가 자신들을 구원해 준 사람들에게 고마 c
워하는 것이 올바르다고 나는 생각하오. 그러나 그 이후에 참주정권
이 나라의 특전을 옳지 못하게 남용했다면, 이에 대한 벌을 받고, 그
대가를 치르게 할 것이오. 그렇다면 지금의 상황에서 이들에 대해 무
슨 벌들이 불가피하게 내려질 것들로 옳은 것들일까요? 만약에 여러
분이 이들에게서 쉽게 그리고 큰 위험이나 고초 없이 달아날 수 있거
나 또는 그들이 쉽게 통치권을 다시 장악할 수 있다면, 이제 말하려는
것들을 조언해 줄 수도 없을 것이오. 이제 여러분들 양쪽은 생각해 보 d
고서 기억도 해야만 하오. 모든 것을 뜻대로 하지 못하는 것이 거의
언제나 작은 뭔가가 부족해서라는 생각을 각기 얼마나 자주 희망적으
로 하게 되었는지를. 특히 이 작은 것이 매번 크고 수도 없이 많은 해
악들의 원인으로 되었으며, 또한 결코 그 끝냄을 보지 못하고, 이전
의 끝으로 여겨지는 것은 새로이 자라는 시작과 엮이어, 참주파의 부 e
류도 민주파의 부류도 이 회전으로 해서 모두 파멸할 것 같소. 그러
나 혹시라도 그럼직하고 꺼림칙한 사태들 중의 어떤 일이 일어나기
라도 한다면, 온 시켈리아가 헬라스어를 거의 상실해 버리는 지경에

2) 여기서 말하는 히파리노스는 히파리노스 I세로서, 디온의 아버지이며 디오니시오스 I세의 장인이다. 〈서한 7〉 324a에서 해당 각주들을 참조할 것.

353e

이르고, 페니키아인들이나 오피키아인들[3]의 지배를 받는 영토나 속국으로 바뀔 것이오. 그러니 모든 헬라스인들은 이에 대한 대책을 온 열의를 다해서 마련해야만 하오. 만약에 누군가가 내가 말하게 될 것보다도 정말로 더 옳고 나은 대비책을 갖고 있다면, 공론화함으로써 지
354a 당하게도 헬라스인들을 좋아한다는 말을 듣게 될 것이오. 하지만 내가 보기에 현재의 상황이 어떤 것인지를 나는 아주 거리낌 없이 공정한 말로 설명토록 애쓸 것이오. 그야 물론 양쪽 곧 참주로서 다스린 쪽과 그 다스림을 받은 쪽에 대해, 각각이 한 사람인 듯이, 나의 이전부터 해왔던 조언[4]을 해 주면서 중재자의 방식으로 말하오. 지금도 내 말은 모든 참주들에 대한 조언으로서, 그 명칭도 역할도 피하고, 가능
b 하면, 왕정[5]으로 바꾸라는 것이오. 이는 지혜로운 사람이며 훌륭한 리쿠르고스[6]가 보여 주었듯, 가능한 일이오. 그는 아르고스와 메세네에

3) Opikoi는 남이탈리아 Opikia의 고대인들을 지칭한다. 디오니시오스의 용병들은 이 고장의 부족 출신들이었다고 한다. 아마도 이 무렵에 이미 용맹을 떨치기 시작한 이들도 훗날 로마 군대의 일부를 이루게 된 것으로 추정된다.

4) 시라쿠사이의 참주체제와 관련되어 피력했던 자신의 생각을 말하고 있는 것이겠다.

5) 원어는 basileia이다. 왕은 basileus이다. 여기에서 말하고 있는 헬라스에서의 왕은 전권을 장악하고 휘두르는 전제적 독재자인 참주(tyrannos)가 아니라, 다음에서 언급하고 있듯, 스파르타에서의 왕의 지위를 갖는 왕과도 같다. 물론 플라톤이 《정치가》 편에서 제시한 왕은 왕도를 구현할 수 있는 전문지식을 가진 현자로서, 직접 통치를 하는 자가 아니라, 통치할 인물들을 선발해서 조직하는 자이다.

6) Lykourgos는 플루타르코스가 그의 《대비 열전(對比列傳)》에서 전하는 바와는 달리 실제로는 생존 연대조차 불확실한 다분히 전설적 인물이다. 그는 뭣보다 스파르타의 기본적인 나라 제도, 곧 여기에서도 밝히고 있듯, 2명의 왕들, 원로원과 국정 감독관 등의 제도 확립을 통해 나라가 '훌륭한 질서(eunomia)'를 갖추도록 기여했다고 한다.

354b

서 혈족[7]이 왕들의 권세에서 참주들의 권세로 옮겨감으로써 그들 각
각이 자신들을 그리고 각각의 나라를 파멸시키고 있음을 목격하고서
는, 자신의 나라 그리고 혈족과 관련해서도 두려워하게 되어, 원로들
의 관할과 국정 감독관들의 구속력을 왕권에 대한 보전책으로 그 대
책을 내놓았거니와, 그럼으로써 이미 그토록 여러 세대에 걸쳐 영예
롭게 보존되어 왔는데, 이는 법이 사람들을 지배하는 왕으로 되었지, c
사람들이 법률의 참주 노릇들을 하게 되지는 않았기 때문이오. 이제
내가 모두에게 충고하는 내 말은 이것이오. 참주체제를 열망하는 자
들에게 하는 충고는 어리석고 만족할 줄을 모르는 자들의 행복인 걸
로 생각되는 것에 등을 돌리고서 재빨리 달아나, 왕의 형태로 탈바꿈
하여 왕정체제의 법률에 굴종하도록 하라는 것인데, 자발적인 사람들
과 법률에 의해 최고의 명예들은 누리게 되는 것이오. 그렇지만 자유 d
로운 관습을 추구하며 노예적인 속박은 나쁜 것으로서 기피하는 자
들에게는 어떤 설익은 자유에 대한 만족을 모르는 욕망으로 해서 조
상들의 질병 속으로 빠지지 않도록 조심할 것을 충고하고 싶소. 이는
지나친 무법 상태로 해서 그때 사람들이 겪었던 일이니, 알맞은 정도
가 아닌 자유의 사랑에 빠졌던 것이오. 디오니시오스와 히파리노스가

7) 설화에 따르면, Argos도 Messēnē도 스파르타와 마찬가지로 이른바 헤라클레스의 후손들(Hērakleidai)이 세운 나라들이다. 아르고스는 테메노스(Tēmenos)가, 메세네는 크레스폰테스(Kresphontēs), 그리고 라코니케(Lakōnikē) 또는 라케다이몬(=스파르타[의 수도])은 두 왕이, 곧 프로클레스(Proklēs)와 에우리스테네스(Eurysthenēs)가 세웠다 한다. 그러나 이들 둘은 전설상으론 부왕 아리스토데모스(Aristodēmos)의 쌍둥이 아들들이다. 스파르타의 왕이 제도적으로 둘인 것은 이 전통에 따른 것이다. 헤라클레스의 후손들로 전하는 이들은 실은 북쪽에서 펠로폰네소스 반도로 이동하게 된 도리아족들이다.

354d

통치하기 이전의 당시 시켈리아인들은 자기들이 생각한 대로 행복하
게 살았으니까요. 사치도 하고 동시에 통치자들을 통치하면서 살았
던 거죠. 또한 이들은 디오니시오스 이전의 10명의 장군들을 돌로 쳐
e 죽였는데,[8] 누구도 법에 따른 재판도 하지 않고서요. 물론 재판에 따
라서도 법에 따라서도 어떤 주인에게도 노예 노릇은 하지 않고, 모든
면에서 전적으로 자유롭기 위해서였소. 이로 해서 이들에게 참주들
이 생기게 된 것이오.[9] 굴종도 자유도 지나치면, 하나같이 아주 나쁘
지만, 알맞으면 아주 좋기 때문이오. 신에 대한 굴종은 알맞은 것이지
만, 인간들에 대한 굴종은 알맞은 정도가 아닌 것이오. 마음이 건전한
사람들에게는 법이 신이지만, 마음이 건전하지 못한 사람들에게는 쾌
355a 락이 신이오. 따라서 이것들이 이러하니, 모든 시라쿠사이인들에게
내가 조언하는 것들을 디온과 나의 공동의 조언이라 말하도록 디온의
동지들에게 내가 권유하오. 한데 나는 그가 살아 있다면 지금 여러분
을 상대로 그가 할 수 있을 말을 설명할 것이오. 누군가가 묻겠네요.
"그러니까 지금의 사태들과 관련해서 디온의 조언은 우리에게 무슨
주장을 표명하고 있는 건가요?" 하고.

그건 이런 것이오.[10] "시라쿠사이인들이여! 무엇보다도 먼저 이런
b 법률을 받아들이십시오. 여러분의 마음을 욕망과 함께 돈벌이와 부
로 향하게 하지 말고, 세 가지인 것들 곧 혼과 몸 그리고 재물 중에서,
혼의 훌륭함(훌륭한 상태: aretē)을 가장 영예로운 것으로 삼되, 몸
의 그것은 둘째 것으로서, 혼의 그것 아래에 위치하는 것으로, 그러
나 셋째이며 맨 마지막 것인 재물의 가치는 몸과 혼에 종속하는 것입

8) 실제로 어떤 사건인지가 불명하다.
9) 이런 현상에 대한 언급은《국가(정체)》편 563d~564a에도 보인다.
10) 바로 다음에서부터 끝까지가 따옴표로 묶인 것이다.

355b

니다.[11] 그리고 이를 완결지어 주는 조례가 여러분을 위한 법으로 정 c
해지는 건 옳으며, 이런 법 아래 사는 사람들을 참으로 행복하게 만
들어 줄 것입니다.[12] 그러나 부유한 사람들을 행복한 사람들로 일컫
는 표현은 그 자체가 딱하며, 아녀자들의 지각없는 표현이거니와. 그
렇게 믿는 사람들도 그런 사람들로 만들어 버립니다. 내가 권유하고
있는 것들이 진실이라는 걸, 만약에 여러분이 법률과 관련해서 내가
이제 말하는 것들을 겪어보게 되면, 실제로 알게 될 것입니다. 바로
시험이 모든 것과 관련해서 가장 참된 것으로 된다고 여겨지기 때문
이죠. 위험이 시켈리아를 짓누르고 있고, 여러분은 충분히 제압하고
있지도 않고 그렇다고 해서 반대로 특별하게 제압당하고 있지도 않기 d
에, 이와 같은 법률을 받아들임으로써 중간의 길을 가는 것이 아마도
여러분 모두를 위해 옳기도 하고 이익이 될 것입니다. 그 통치의 가혹
함을 피하려는 여러분을 위해서도 또한 통치권을 다시 갖고 싶어 하
는 이들을 위해서도 말입니다. 이분들의 그때 조상들은 가장 큰 업적
으로 이방인들로부터 헬라스인들을 구했었습니다. 그래서 지금 나라
체제들에 대해서도 논의를 할 수 있게 된 것입니다. 그러나 그때 그
분들이 파멸했다면, 어떤 논의나 희망도 어디에서도 결코 없을 것입
니다. 그러니 이제 한쪽 사람들에겐 왕정과 함께 자유가 있게 할 것
이나, 다른 쪽엔 사정을 받는 왕정이 있게 할 것인데, 어떤 위법을 저 e
지를 경우엔, 다른 시민들에 대해서도 왕들 자신들에 대해서도 법률
이 전제적인 권한을 행사하는 겁니다. 이 모든 조건들을 기반으로 신
들과 함께 정직하고 건전한 마음으로 왕을 옹립하십시오. 첫째로는,

11) 내용상으로는 같은 언급이 《법률》 편 743e에도 보인다.
12) 같은 표현이 같은 대화편 631b에도 보인다.

355e
제 아들을 이중의 은혜, 곧 저로 인한 것과 제 부친으로 인한 것의 보
답으로죠.[13] 그분께서는 당시에 이방인들로부터 나라를 해방시켰었
356a 고, 저는 참주들로부터 이제 두 번이나 그랬었기 때문인데, 이에 대
해서는 여러분 자신들이 증인들이십니다. 그렇지만 둘째 왕으로는 제
선친과 같은 이름을 가진 디오니시오스의 아들[14]로서, 바로 지금의 도
움과 경건한 생활 방식에 대한 보답으롭니다. 그는 참주인 아버지의
소생이지만 자발적으로 나라를 자유롭게 하며, 하루살이의 불의한 참
주체제 대신에 자신과 가문을 위해 영생할 명예를 누리게 된 것입니
다. 한데 시라쿠사이의 셋째 왕으로는 자원하는 나라의 자원하는 자
b 를, 지금은 적군들의 군대를 통솔하고 있는 디오니시오스[I세]의 아
들인 디오니시오스[II세]를, 만약에 그가 자진해서 왕의 모습으로 탈
바꿈을 한다면, 초빙해야만 합니다. 운명의 무상을 두려워하며, 조국
과 신전들 그리고 [조상들의] 무덤들을 돌보지 못함을 슬퍼하고, 이
기기를 좋아해서 모든 걸 완전히 몰락시킴으로써 이방인들이 기뻐하
게 되는 일이 없도록 한다면 말입니다. 셋인 왕들을, 그러니까 이들
에게 라코니케(스파르타)식의 권력[15]을 부여하거나 또는 이들에게 권
력을 줄여 합의를 하고서, 이런 식으로 제도화하는 것입니다. 앞서도

13) 여기서 말하는 디온의 아들은 할아버지 히파리노스(354a~b 참조)의 이름을 딴 아들로서, 이 무렵의 그의 나이는 스무 살 안팎이었던 것 같다. 그러나 디온의 이 아들은 디온보다도 먼저 죽었는데, 플라톤이 이 사실을 모르고 있었던 것으로 추정된다. 그의 유복자가 있었다지만, 이 아들에 대해서는 알려진 바가 없다. 같은 곳에서 언급된 할아버지 히파리노스의 공적을 참조할 것.

14) 여기서 말하는 디오니시오스는 그 I세이며 그 아들은 히파리노스로서 디오니시오스 II세와는 이복형제간이다. 디온의 조카이기도 하며, 디온을 암살한 칼리포스를 디온의 동지들이 공격하는 걸 지원했다.

15) 이들의 주된 관할권은 종교적인 것들이었던 것으로 알려져 있다.

356b

여러분에게 말한 것이기도 하지만, 그렇더라도 지금 다시 들으십시 c
오. 만약에 디오니시오스와 히파리노스의 가문이 시켈리아의 보존을
위해 지금 당면하여 있는 해악들이 종식됨을 바란다면, 이들 자신들
과 그 가문이 그 명예를 지금도 이후로도 누리며, 이런 조건들에 응하
도록 부르세요. 앞서도 말했듯, 그들이 원하는 자들로서 타협을 볼 권
한을 갖는 공사들—이들이 이 고장 사람들이건 또는 타지 사람들이
건 또는 양쪽 다이건 간에—그리고 그들이 동의하는 자들을 말입니
다. 이들이 와서, 먼저 법률을 제정하고 다음과 같은 나라체제를 확 d
립하는 것입니다. 이 체제에서는 왕들이 신전들을 관장하며 한때 공
익후원자들로 되었던 이들에 맞는 그런 하고많은 다른 일들을 관장하
되, 35명의 호법관들[16]을 민회 및 협의회와 함께 전쟁과 평화를 관할
하는 이들로 만들게 됩니다. 그러나 법정들은 사건들에 따라 다르지
만, 사형이나 추방은 이 35인이 관장합니다. 또한 이들에 더해 이제
는 언제나 지난해의 행정관들 중에서 가장 훌륭하고 가장 올바른 걸 e
로 판단되는 한 명을 매회의 임기에 선출되게 합니다. 이들은 다음해
에 사형과 구속 및 시민들의 추방과 관련된 재판을 합니다. 하지만 왕
은 이런 재판들의 재판관이 될 수 없으니, 이는 성직자가 살인이나 구 357a

16) 원어 nomophylakes(단수는 nomophylax)는 '법률 수호자들'이 그 본뜻이지만, 이는 법률을 수호하는 사람들에 대한 일반적인 지칭일 뿐이겠으므로, 특히 법률 수호가 그 임무인 관직을 맡은 사람의 경우에는, 《법률》 편 752e에서도 그랬듯, '호법관(護法官)들'로 지칭하는 것이 옳겠다. 《법률》 편에서는 크레테에 세우려는 마그네시아(Magnēsia)라는 나라의 호법관들로 37명을 임명토록 하고 있다. 이 호법관들의 지위는 《국가(정체)》 편 414b에서 언급되고 있는 '완벽한 수호자들(phylakes panteleis)' 및 428d~e에서 언급되고 있는 '완벽한 수호자들(teleoi phylakes)'과 '참된 수호자들(alēthinoi phylakes)'에 해당한다고 볼 수 있겠다.

357a
속 또는 망명에서 정화된 상태에 있어야 하는 경우와 같아섭니다. 이
것들이 제가 살아 있을 동안에도 여러분에게 실현되는 걸 생각했던
것이며 지금도 생각하고 있는 것들이거니와, 만약에 그 낯선 복수의
여신들[17]이 방해를 하지 않았던들, 그때 여러분과 함께 적들을 제압
하고서, 제가 생각한 대로, 확립했을 것입니다. 일이 생각대로 되었다
면, 그 다음으로는 나머지 시켈리아를, 지금 이방인들이 차지하고 있
는 땅을 빼앗아서, 재정착시켰을 것입니다. 공동의 자유를 위해서 참
b 주체제에 대항해서 끝까지 싸웠던 분들은 제외하고서 말입니다. 헬라
스 영토의 이전부터의 거주민들은 옛날 조상들의 거처에 거주케 하고
요. 이들 똑같은 것들을 이제 여러분 모두에게 공통으로 생각하고 행
하며 이 모든 실천으로 불러 모으도록 충고하거니와, 거부하는 자는
공동의 적으로 간주하도록 충고합니다. 그러나 이것들은 불가능한 것
들이 아닙니다. 왜냐하면 두 혼(마음) 속에 품고 있고 추론하게 됨으
로써 최선의 것들로 대뜸 확인할 수 있는 이것들을 불가능한 것들로
c 판정하는 자는 옳게 생각하는 게 아니니까요. 그 두 혼은 디오니시오
스(I세)의 아들인 히파리노스의 것과 제 아들[18]의 것을 말합니다. 이
들 둘이 합의를 한다면, 이 나라를 걱정하는 모든 다른 시라쿠사이인
들도 동의할 것으로 저는 생각하니까요. 그럼 모든 신들에게 그리고
신들과 함께 그 밖에도 합당한 신령들에게 기원과 함께 영예를 드리
고서, 동지들을 그리고 의견을 달리하는 분들을 부드럽게 설득하고

17) Erinyes(영어로는 Furies)는 위증·살인·불효 등, 특히 가족 간의 그런 행위에 대해 보복을 해 준다는 '복수의 여신들'이다. 여기서 '낯선 [복수의] 여신들'이란 디온을 암살한 아테네의 두 형제가 저지른 짓을 두고서 하는 말이다. 〈서한 7〉 333d~e 참조.

18) 그 이름도 히파리노스이다.

357c

불러 모으되, 어떻게든 물러서지 마십시오. 방금 우리가 말하게 된 것들을, 마치 깬 상태에서 마주하게 된 신들이 보낸 꿈처럼,[19] 뚜렷하고 d
성공적으로 여러분이 달성해 내게 되기 전에는 말입니다."

19) 《소피스테스》 편 266c에 '깬 상태에서 만들어진 인간의 꿈'이란 표현이 보인다.

서한 1

플라톤이 디오니시오스에게 '잘 지내십을!'

나는 여러분 곁에서 그토록 오랜 기간을 보내며 당신들의 나라 통 309a
치에 관여하면서 누구보다도 더 신뢰를 받았소. 그 혜택은 당신들이
받고, 못마땅한 비방들은 내가 감당했소. 왜냐하면 잔혹한 짓들 중의
그 어떤 것도 내 동의를 얻고서 행하여진 걸로는 당신들이 생각지 않
을 것임을 나는 알고 있었기 때문이오. 당신들과 함께 나라 통치에 관
여했던 사람들은 모두가 나의 증인들일 것이니, 이들 중의 다수와 내 b
가 한 편이 되어, 가볍지 않은 처벌에서 벗어나게 했소. 그러나 내가
여러 차례나 전권을 쥐고서 당신네 나라를 방어했소만, 당신들 곁에
서 그토록 오랜 동안 함께 지낸 사람을 출항토록 지시하여, 당신들이
축출함으로써, 나는 거지보다도 더 불명예스럽게 쫓겨났었소. 따라
서 나는 이후로 내 자신과 관련해서 인간에 대한 더한 불신을 갖는 방
식으로 숙의할 것이며, 귀하는 그런 참주로서 홀로 살아갈 것이오. 한
데 송별금으로 준 빛나는 금화는 이 서신을 가져가는 박케이오스가 c
귀하에게로 되가져갈 것이오. 그것은 어쨌든 여비로도 충분치 않았

309c

으며, 달리 생활에 유용하지도 않고, 주는 귀하에게는 최대의 불명예
를 안겨줄 것이지만, 그걸 받는 내게도 결코 못지않게 불명예를 안길
것이기에, 바로 그런 이유로 받지 않소. 하기야 그런 금액을 받거나 주
는 게 귀하에게는 아무런 상관도 없을 게 분명하니, 나를 그랬듯, 동료
들 중에서 다른 누군가를 데려다가 보살피시오. 나도 귀하에 의해 충분
d 히 보살핌을 받았으니까. 나로서도 에우리피데스의 시구를 말할 적기
인 것 같소. 언젠가 다른 일들이 귀하에게 닥친다면—

그런 사람이 그대 곁에 나타나기를 기원하시길.[1]

내 귀하에게 상기케 하고 싶소. 다른 비극 시인들 대부분 역시, 누
군가로 해서 죽어가고 있는 참주를 무대에 등장시킬 때, 울부짖게 만
들면서도—

310a 아, 불쌍하도다! 친구들도 없이 내 죽어가고 있으니.[2]

황금의 부족으로 해서 죽어가고 있는 걸로는 아무도 시를 짓지 않
았음을. 저 시 또한 지성을 갖춘 이들에겐 나쁘지 않은 걸로 여겨지고
있소.—

죽게 마련인 자들의 희망 없는 인생에서 가장 귀한 것은 빛나는 황금
이 아니며,
금강석도 은세공의 침상도 사람의 형안에는 빛나지 않느니.
광활한 면적의 풍요로운 흡족한 땅도 그렇거늘,
같은 마음인 훌륭한 분들의 생각이 그러하니라.[3]

b 안녕히 계시오, 우리 사이는 그만큼 실패했던 것임을 알아 두시오.
다른 사람들에 대해서는 더 낫게 대했으면 해서요.

---

1) 에우리피데스의 토막글.
2) 작자 미상.
3) 작자 미상.

서한 2

플라톤이 디오니시오스에게 '잘 지내십을!'

아르케데모스[1]에게서 들었소. 귀하가 귀하와 관련해서 내가 침묵해 310b
야 할 뿐만 아니라, 나의 동료들도 귀하와 관련해서 쓸데없는 짓을 하거나 말하지 않아야 하는 걸로 생각하신다고. 하지만 디온만은 예외
로 하신다고.[2] 한데, 디온은 예외라는 이 말은 내가 나의 동료들을 통 c
제하지 않고 있다는 걸 뜻하오. 만약에 내가 그처럼 다른 사람들과 귀하 그리고 디온을 통제할 수 있었다면, 우리 모두 그리고 다른 헬라스인들 모두에게도 더 많은 좋은 일들이 있었을 것이오. 내가 주장하듯 말이오. 하지만 지금의 나의 대단함은 내 주장에 따르도록 스스로를 견지함이오. 내가 이런 말을 하는 것은 귀하에게 크라티스톨로스와 폴리크세노스[3]가 했다는 말들 중에서 건실한 것은 없기에 하는

1) 〈서한 7〉 339a, 349d 참조.

2) 같은 서한 337c~e 참조.

3) Polyxenos는 플라톤과 동시대의 소피스테스였으며, 메가라학파의 일원이었고, 플라톤의 이데아 이론에 대해 이른바 '세 번째 인간(ho tritos

310c

d 것이오. 이들 중에서 한 사람이 올림피아 축제[4]에서 나의 동료들 중
의 많은 이들이 귀하를 비난하는 걸 들은 것으로 말했다죠. 아마도 그
는 나보다도 귀가 밝아서였을 것이오. 나는 듣지 못했기 때문이오. 앞
으로는 누군가가 우리 중의 누군가와 관련해서 그런 뭔가를 말할 때
는, 서신을 보내서 내게 묻도록 하는 것이, 내게는 좋을 것으로 생각되
니, 그리해야 하오. 나는 진실을 말하는 걸 주저하지도 창피해 하지도
않을 것이기 때문이오. 그런 터에 나와 귀하는 서로 간에 이런 관계에
있소. 우리 둘은 말하자면 헬라스인들 중의 어느 누구에게도 알려지
e 지 않은 경우가 없으며, 우리의 함께함[5]은 비밀도 아니오. 이후의 미
래에도 비밀이 되지 않을 것임을 귀하는 잊지 않도록 하시오. 이는 짧
지도 않은 기간에 조용히 진행된 것도 아니어서, 소문이 난 그런 것이
오. 바로 그런 터에 지금 내가 무슨 말을 하리까? 처음부터 시작해서
말하겠소. 지혜와 큰 권력은 같은 것으로 모이는 게 자연스러우며, 이
것들은 서로를 언제나 뒤쫓으며 찾고 어울리오. 그래서 사람들도 이
것들과 관련해서는 몸소 대화를 하며 남들의 말도 듣소. 사사로운 모
311a 임들이나 시들을 통해서도 말이오. 이를테면, 사람들이 히에론[6]과 관

anthrōpos)' 논변을 제기했던 사람이다. 디오니시오스 궁에 초대된 주요 인물들 중의 한 사람이었다. 그와 관련된 언급들은 314c 및 〈서한 13〉 360c에서도 이어진다. 여기에서 함께 언급된 Kratistolos에 대해서는 달리 알려진 바가 없다.

4) 〈서한 7〉 350b~c에서 360년의 올림피아 축제에는 플라톤 자신도 참관했다고 하니, 여기서 말하는 올림피아 축제는 이때가 아닌 그 전회의 축제(364년)에서였을 것이다.

5) 여기서 '함께함'으로 번역한 말의 원어는 synousia이다. 이는 syn + ousia의 합성어로 being with(together)가 그 본뜻이다. 이를 여기에서는 그대로 옮겨 본 것이 '함께함'이다.

6) 히에론과 관련해서는 〈서한 7〉 336a에서 해당 각주를 참조할 것.

련해서 또한 라케다이몬의 파우사니아스[7]와 관련해서 대화를 할 때도, 이들의 시모니데스[8]와의 교류를 끌어들여, 이들을 상대로 그가 한 행동과 말들에 대해 즐거워하죠. 또한 코린토스인 페리안드로와 밀레토스인 탈레스를,[9] 그리고 페리클레스와 아낙사고라스를[10] 함께 노래하곤 했죠. 그리고 크로이소스와 현자로서의 솔론과 대왕으로서의 키로스를[11] 또한 그러죠. 또한 이를 모방해서 시인들은 크레온과 테이레

---

7) Pausanias는 479년에 플라타이아(Plataia) 전투에서 페르시아 군대를 물리친 헬라스 군대를 총지휘했다. 그는 480년에 테르모필레 전투에서 페르시아의 엄청난 대군을 상대로 싸우다 스파르타의 결사대와 함께 장렬하게 전사한 저 이름난 레오니다스 왕의 조카다.

8) Simōnidēs(약 556~468)는 케오스(Keos) 출신의 서정 시인이다. 그는 특히 간결한 묘비명(epigramma)으로 으뜸가는 명성을 얻었던 것으로 전한다. 바로 앞의 각주에서 언급한 결사대에 대한 저 유명한 비명(바로 아래에 인용된 것)도 그의 작품인 것으로 알려져 있다. 그는 직업적인 시인으로 여든 살이 넘게 사는 동안 이곳저곳 많이도 돌아다니면서 많은 돈을 받으며 여러 장르의 시들을 남겼다.

나그네여, 라케다이몬 사람들에게 전하시오.
그들의 말을 따라 우리가 여기에 누워 있노라고.

9) Periandros는 코린토스의 참주(재위 약 625~585)로서 실용적인 문제들과 관련해서 헬라스의 일곱 현자들 중의 하나로 곧잘 꼽혔고, Thalēs(600년경에 활발히 활동함)는 최초의 철학자로서 역시 7현들 중의 한 사람이어서 그랬을 것이다.

10) 아테네의 걸출했던 정치가 Periklēs와 클라조메나이 출신의 Anaxagoras는 각별한 사이의 친구였으며, 아낙사고라스는 그의 조언자이기도 했다.

11) 이들 세 사람이 얽힌 이야기는 이러하다. Solōn은 '아르콘'이 되어, 아테네의 개혁적인 입법을 끝내고서, 새로 제정된 이 법률을 적어도 10년 동안은 아무도 고치려 들지 못하도록, 아테네를 떠나 여러 나라를 돌아보는, 이른바 세상 구경에 나선다. 그러는 중에 리디아의 왕 Kroisos도 그의

b 시아스,[12] 폴리에이도스와 미노스,[13] 아가멤논과 네스토르, 오디세우스와 팔라메데스를 연결했소.[14] — 그런가 하면 내 생각으론 초기의 인간들은 프로메테우스를 제우스[15]와 이런 비슷한 식으로 연결했던 것

궁에서 만난다. 이 왕은 자기가 가진 엄청난 보물들을 그에게 구경시킨 뒤에, 여기저기 여러 나라를 돌아보고 온 그에게 세상에서 누가 가장 행복한 사람인지를 묻지만, 끝내 자신을 제일 행복한 사람으로 말하지 않음에 화를 낸다. 이에 솔론은 "귀하가 일생을 아름답게 마감하신 걸로 듣기 전에는, 결코 당신에게 대답을 할 수 없다"고 했다. 그런 일이 있은 뒤에, 왕은 점증하는 페르시아의 위협을 느낀 나머지, 페르시아를 미리 제거할 생각을 하고서, 델피 신탁을 구해, 국경이기도 한 "할리스강을 건너면 제국을 멸망케 하리라"는 신탁의 답을 얻고, 강을 건넜다가 오히려 페르시아에 패망한다. 페르시아 황제 Kyros가 그를 화형에 처하는데, 불이 붙은 장작더미 위에서 그는 앞서 솔론이 자기에게 한 말이 생각나서 세 번이나 그의 이름을 부르는 걸 듣고서, 그게 무슨 뜻의 말인지를 캐물어 알고서는, 자기도 한 인간이면서, 그를 처형할 처지가 아님을 알고, 불을 끄려 하나 불길을 잡을 수 없게 되었다. 키로스 황제의 뜻을 알게 된 크로이소스는 황급히 큰 소리로 아폴론에게 구원을 청하여, 불길을 잡게 되었고, 크로이소스는 키로스 황제의 훌륭한 조언자가 되었다는 이야기는 헤로도토스 《역사》 1권 29~91에서의 이들 세 사람과 관련된 이야기의 요약이다.

12) Kreōn은 Iokastē(오이디푸스의 아내이며 어머니)와 남매 사이였으며, 테베 라이오스 왕의 사후와 오이디푸스 왕의 전락 뒤, 그리고 그 아들 에테오클레스의 사후, 3대에 걸친 섭정을 했으며, 테이레시아스는 이때의 기구한 운명의 맹인 예언자였다.

13) Minōs는 이른바 미노아 문명을 일으킨 크레테의 왕이었고, Polyeidos(정확히는 Polyidos)는 미노스궁의 유명한 예언자였으며, 마법사이기도 했다. 꿀 항아리에 빠진 왕자를 약초를 이용해서 살려냈다고 한다.

14) Agamemnōn 왕은 트로이아 원정대의 총사령관이었고, Nestōr와 Odysseus 그리고 Palamēdēs는 현명한 조언자들이었다.

15) Promētheus는 인간들에게 불을 훔쳐다 준 죄로 제우스의 노여움을 사서, 카프카스산의 한 바위에 결박되어 독수리에 간을 쪼아 먹히는 형벌을 받았다.

311b

같소. —이들 중에서 일부는 불화하게 되었지만, 일부는 서로 우애 관
계로 진행한 걸로, 일부는 때로는 우애 관계로, 때로는 불화하는 사이
로 진행한 걸로, 어떤 문제로는 같은 생각을 했으되, 어떤 문제로는
의견을 달리하는 걸로 노래하오. 그러니까 이 모두를 내가 말하는 것
은, 우리가 죽더라도, 우리 자신들과 관련된 이야기들은 조용히 잊혀 c
져 버리지 않을 것이라는 이 점을 적시해 보이고자 해서요. 따라서 이
것들에 대해서 마음을 써야 하오. 우리로선 미래에 신경을 쓰는 게 필
연적인 것 같기 때문이오. 가장 노예 상태인 자들이야 그것에 대해 전
혀 신경을 쓰지 않겠지만, 가장 올곧은 사람들은 장차 좋은 평판을 듣
도록 최선을 다하는 것이 자연스러울 것일 테니까. 바로 이 점을 나는
죽은 자들에게는 이승의 일들에 대한 어떤 지각이 있다는 증거로 삼
고 있소. 왜냐하면 가장 훌륭한 혼들은 이것들이 이러함을 예언하나, d
가장 못난 혼들은 이를 부인하지만, 신적인 사람들의 예언들이 그렇
지 못한 사람들의 그것들보다도 더 타당성이 있기 때문이오. 내가 언
급하고 있는 과거 사람들의 경우에, 만약에 이들이 자신들이 가졌던
함께함들을 바로잡을 수만 있다면, 자신들과 관련해서 지금보다는 사
람들이 더 좋게 말하게 되게끔 아주 진지해질 것이라고 나로선 생각
하고 있소. 그러니까, 신의 동의를 전제로 말할진대, 이게 아직은 우
리에게 가능하오. 혹시라도 이전의 함께함에 있어 언행에서 뭔가 훌
륭하지 못하게 행하여진 게 있었다면, 이를 바로잡음이 말이오. 철
학과 관련해서는, 내 말하건대, 우리가 그럴듯할 경우에는, 참 평판 e
과 소문에서 더 좋을 테지만, 하찮을 경우에는, 그 반대일 것이오. 하
지만 이와 관련해서 우리가 관심을 갖는다는 것 이상으로 더 경건한
일을 할 수는 없을 것이니, 이를 소홀히 하는 것 이상으로 경건치 못
한 짓을 하는 건 없을 것이오. 그러면 이게 어떻게 이루어져야만 할

311e

것인지, 그리고 그 올바름은 어떤 것이겠는지 내가 말할 것이오. 나는 철학에 종사하는 자들 중에서도 아주 특별한 명성을 누리는 사람으로
312a 서 시켈리아에 갔었소만, 정작 시라쿠사이로 갔던 것은 철학이 대중한테서도 존중받게[16] 되어 주도록, 그대를 공동의 증언자로서 삼고자 해서였소. 하지만 내게는 이 일의 전망이 밝지 않았소. 그러나 그 까닭을 나는 많은 사람들이 말함 직한 바로 그런 것이라 말하지 않거니와, 귀하가 나를 전적으로는 신뢰를 하지 않아서, 나를 어떻게든 보내버리고서, 다른 사람들을 불러오려고 하며, 내가 보기엔, 나를 불신하면서, 내 쪽의 문제가 무엇인지를 찾고 있는 것으로 보였다는 것이오. 또한 이에 대해서는 많은 사람들이 떠들썩했는데, 그건 귀하가 나를
b 무시하고, 다른 일들에 열심이었다는 것이었소. 바로 이게 공통된 이야기였소. 그러니 이 다음으로 해서 마땅한 것을 들으시오. 귀하가 질문하는 바에 대해 내가 귀하에게 대답하기 위해서도, 들으시오. 나와 귀하가 서로에 대해서 어떻게 대해야만 하는지 말이오. 귀하가 철학을 전반적으로 경멸한 것이라면, 그만두시구려. 그러나 만약에 내게서 들은 것들보다 더 나은 것들을 다른 사람에게서 들었거나 스스로 찾았다면, 그것들을 귀히 여기시오. 하지만 만약에 내 쪽 것들이 귀하에게 흡족하다면, 역시 나를 가장 존중해야만 하오. 그러니까 이제, 처음에 했듯, 귀하가 선도하시오. 나는 따르리다. 귀하에게서 존중받
c 으면, 귀하를 내 존중할 것이나, 존중받지 못하면, 가만히 있을 것이오. 더 나아가 귀하가 나를 존중하고 이를 선도한다면, 귀하가 철학을

16) 《국가(정체)》 편 494a에는 당시의 '대중이 철학을 하게 되는 건 불가능하다'는 표현이 보인다. 따라서 플라톤이 시라쿠사이의 대중으로 하여금 이에 관심을 갖도록 하느라 왔다는 건 도무지 그의 발언일 수 없는 것이겠다.

312c

존중하는 걸로 여겨질 것이며, 귀하가 다른 사람들도 살핀다는 바로 이 사실이 철학을 하는 사람으로서의 그대에 대한 많은 사람들의 좋은 평판으로 이끌 것이오. 그러나 내가 스스로는 존중을 받지 못하면서 귀하를 존중할 경우, 나는 부를 대단하게 여기고 추구하는 것으로 여겨질 것이며, 이는 모든 이에게 오명을 갖도록 하는 일임을 우리는 알고 있소. 요컨대, 귀하가 존중을 할 경우에는, 양쪽 다에 명예로운 일이 될 것이나, 내가 그럴 경우에는 양쪽 다에 수치스런 일이 될 것
이오. 그러니까 이 일들과 관련해서는 이걸로 됐소. d

한데, 그 소형 천구의(天球儀)[17]는 옳은 게 아니오. 아르케데모스[18]가 도착하면, 귀하께 설명해 드릴 것이오. 특히 그것보다도 더 값지며 더 신성한 것과 관련해서도 그로서는 아주 충분히 설명해야 할 것이오. 귀하가 난문에 봉착해서 그 편으로 문의해 온 것에 대해서 말이오. 그의 말에 따르면, 귀하에게는 그 첫째 것의 본성과 관련된 설명이 충분히 되지 않았다고 하니까요. 그래서 내가 귀하에게는 수수께끼들로 말해야만 하겠소. 이 서한[19]이 '바다의 파고와 육지의 오르막 내리막들'[20]에서 무슨 일을 겪더라도, 이를 읽는 사람이 알아볼
수 없게끔 말이오. 그건 이런 것이오. 만물은 만물의 왕과 관련되어 e

17) 원어는 sphairion(sphaira의 축소형)임.

18) 〈서한 7〉 349b~d에서 그와 관련해서 언급되고 있는데, 해당 각주를 참조할 것.

19) 원어 deltos는 원래 '서판'을 뜻하는 말이지만, 서한이나 유서 등의 '문서'를 뜻하기도 한다.

20) 이 인용구는 출처를 알 수 없는 어느 비극 시 구절의 한 토막인 것 같다. '순탄치 않은 바닷길로 그리고 육로를 거쳐 멀리서 오는 동안', 수신자가 아닌 누군가가 편지를 가로채서 읽게 되는 경우를 대비해서 수수께끼 투로 말하겠다는 뜻이겠다.

312e

있으며 만물은 이것을 위해서 있으며, 그것은 모든 아름다운 것들의 원인이오. 둘째 것은 둘째 것들과, 그리고 셋째 것은 셋째 것들과 관련되어 있소. 그러니까 인간 혼은 이것들과 관련해서 이것들이 어떤 것들인지를 배우고자 하오. 저와 같은 부류의 것들을 바라보면서 그
313a 러지만, 이것들 중의 어느 것도 그 유사성은 충분치가 않소. 물론 그 왕과 관련해서도, 내가 말한 것들 중의 어느 것도 그것과 같은 것이 아니요. 그러면 그다음 질문을 혼이 할 것이오. 하지만 그게 어떤 것이오? 디오니시오스와 도리스의 자제여, 이 물음은 모든 해악의 원인에 대한 것이니, 오히려 이와 관련해서 혼에 생기는 산통을 제거하지 않는다면, 결코 진실에 사실상 이르지 못할 것이오. 그러나 귀하는 이걸 내게 정원의 월계수들 아래서 자신이 깨치게 되었으며 자신이 찾
b 아낸 것이라고 말했소.[21] 그래서 내가 말했소. 이게 만약에 귀하에게 그런 걸로 보인다면, 그게 나로 하여금 많은 설명에서 벗어나게 한 것이라고. 어쨌거나 내가 일찍이 이를 찾아낸 다른 사람을 만난 적이 없기도 하지만, 내게 있어서 많은 노고는 이와 관련된 것일 것이오. 그러나 귀하는 아마도 누군가에게서 들었으되, 천우신조로 이것으로 내달아서는, 이의 증명들을 갖고서도, 이를 확고히 묶지 못하고, 때 따라 이렇게 저렇게 그리 보이는 것 주변으로 옮겨 다니는데, 그건 그런
c 게 아니오. 또한 이는 귀하에게만 일어난 일이 아니니, 잘 알아 두시오. 내게서 이를 처음으로 듣게 된 사람은 아무도 처음에는 이런 심정이 되는 것 이외에 다른 상태를 겪게 되는 일은 없다는 걸, 또한 누군

21) 이 정원은 플라톤이 시라쿠사이에서 거주하던 곳이기도 하다. 〈서한 7〉 349c~d 참조. 여기서 그냥 '정원'이 아니라, '월계수 아래'라는 더 구체적인 장소까지 언급한 것은 이 서한 자체가 오히려 플라톤의 것이 아님을 역설적으로 대변해 주는 셈이기도 하다.

313c

가는 더 힘들어하지만 누군가는 덜 힘들어하면서, 가까스로 벗어나지
만, 적게라도 힘들어하지 않고서 그러는 사람은 아무도 없소. 이런 일
들은 분명히 일어났고 실제로도 이러하니, 내 판단으론 우리가 서로
에게 어떻게 대해야만 할지를 귀하가 문의한 바에 대해서 해답을 우
리가 거의 찾은 셈이오. 왜냐하면 귀하는 사람들과 만나면서 이것들
을 시험해 보며 다른 사람들의 것들과 비교해 보기도 하고 이것들을
그 자체로 검토했으니, 이제 이것들이, 만약에 그 시험이 참되다면, d
귀하에게도 생길 것이며, 이것들 그리고 우리와도 귀하가 친숙해질
것이오. 그렇다면 이 일이 그리고 우리가 말한 모든 것이 어떻게 실현
되겠소? 귀하가 지금 아르케데모스를 보낸 것은 옳게 한 것이거니와,
이후로도, 그가 귀하에게로 가서 내 대답들을 전하게 되면, 뒤에 아마
도 다른 난문들이 귀하를 붙잡게 될 것이오. 그러면 귀하가 옳게 결정
을 할 경우에는, 다시 아르케데모스를 내게로 보낼 것이니, 이 사람은
교역하듯 다시 갈 것이오. 그리고 이를 귀하가 두세 번 반복하고서 내
가 보낸 것들을 충분히 시험한다면, 지금 귀하가 당혹스러워하는 것 e
들이 귀하에게 지금과는 아주 달라지지 않을까 싶소. 그러니 힘을 내
서 그렇게 하시오. 이 교역보다도 더 훌륭하고 신의 은총을 받는 것을
귀하도 아르케데모스도 교역하게 되는 일은 결코 없을 것이기 때문이
오. 하지만 이것들이 교육받지 못한 자들의 수중에 떨어지는 일은 결 314a
코 없도록 조심하시오. 내게 생각되기로는, 어쩌면 다중에게 이보다
도 더 가소로운 소문이 없겠지만, 천성이 고운 이들에게도 이보다 더
놀랍고 신명 나는 소문도 없을 것이기 때문이오. 하지만 여러 해에 걸
쳐 여러 번 설명되고 늘 듣게 됨으로써, 마치 금이 여러 번의 작업 끝
에 순금으로 되듯, 가까스로 세련될 것이오. 하지만 이의 놀라운 결
과를 들으시오. 이것들을 들은 많은 이들이 있기 때문이오. 이들은

314a

b 배울 능력이 있는 사람들이며, 기억의 능력이 있으며 온갖 방식으로 온전히 내리는 판단의 단련을 하고서, 이미 노년이 된, 30년 이상을 강론을 들은[22] 사람들이오. 이들은 한때는 자신들에게 가장 믿을 수 없었던 것들로 여겨졌던 것들이 이제는 가장 믿을 수 있고 가장 명료한 것들로 보이게 된 반면에, 한때는 가장 믿을 수 있었던 것들로 여겨졌던 것들이 지금은 그 반대라고 말하오. 그러니 이를 염두에 두고서, 지금 공연히 일탈하고 있는 것들에 대해 그대가 결코 후회하는 일이 없도록 조심하시오. 최대의 방어책은 글로 쓰지 않고 암기해 두
c 는 것이오. 글로 쓴 것들은 모르는 사이에 밖으로 나가지 않을 수 없기 때문이오. 이 때문에 이것들과 관련해서 나는 아무것도 쓴 일이 없거니와, 플라톤의 저술들은 아무것도 없겠거니와,[23] 지금 그의 것으로 말하고 있는 것들은 아름답고 젊어진 소크라테스의 것이오.[24] 안녕히 계시오. 그리고 내 말대로 하시오. 그리고 이 서신은 지금 먼저 여러 번 읽고서 태워 버리시오.

---

22) 《국가(정체)》 편(537a~540a)에서 17, 8세까지는 시가 등의 기본교육을 마치고, 20세까지의 2, 3년간은 국방과 관련된 군사 훈련 및 이와 관련된 체육 활동에 집중하게 한다. 그다음 10년간은 변증술의 수련을 위한 예비교육(propaideia) 기간이며, 그다음의 5년간(35세까지)이 집중적으로 변증술(dialektikē)의 수련을 위한 기간이다. 향후 15년간은 변증술에 입각한 철학 활동과 함께 통치자들로서의 실무 수련을 하는 기간이다. 이 단계에서 '가장 큰 배움(to megiston mathēma)'을 터득한 자들이 참된 통치자들로 된다. 그러니까 이 서한을 쓴 사람은 21~50세까지의 이 30년을 염두에 두고, 이런 언급을 한 셈이다.

23) 〈서한 7〉 341c에서도 이런 언급이 보인다.

24) 플라톤의 많은 대화편들이 소크라테스의 철학적 행각의 재구성 형태로 되어 있는 데다, 특히 《파르메니데스》 편에서는 스무 살의 소크라테스로 등장하고 있기에 하는 말인 것 같다.

314c

이건 이쯤 해둡시다. 귀하는 내가 폴리크세노스를 귀하에게 보낸
데 대해 놀라워했소. 그러나 나는 리코프론[25] 그리고 귀하 곁에 있는 d
다른 사람들과 관련해서도 옛날이나 지금이나 같은 말을 하는데, 변
증술과 관련해서는 소질에 있어서도 대화의 방식에 있어서도 이들보
다 훨씬 우월하며, 이들 중의 아무도 일부러 논박에서, 어떤 사람들이
생각하듯, 져 주지는 않을 것이니, 어쩔 수 없이 진 것이오. 하지만 귀
하는 이들을 아주 적절히 대하였으며 선물도 주었소. 이들과 관련해
서는 이로써 되었으며, 그런 사람들에 대해서는 과한 대접을 한 것이
오. 그런데 필리스티온[26]을 귀하가 쓰겠다면, 충분히 이용하시오. 그 e
러나 가능하면, 스페우시포스[27]에게 빌려주어 보내 주시오. 스페우시
포스도 귀하에게 요구하고 있소. 필리스티온 또한 약속했소. 귀하가
그를 보내 주면, 적극적으로 아테네로 올 것임을. 채석장의 그 사람을
방면한 것은 잘한 것이며, 그의 가족들과 관련된 그리고 아리스톤의
아들 헤게시포스[28]와 관련된 청은 가벼운 것이오. 누군가가 이 사람과
그들을 해치거나 귀하가 이를 감지하게 되면, 그냥 넘기지 않을 것이 315a
라고 서신으로 내게 알리셨기 때문이오. 그리고 리시클레이데스와 관
련해서는 진실을 말할 가치가 있소. 시켈리아에서 아테네로 오는 사
람들 중에서는 그 사람만이 귀하와 나의 함께함과 관련해서 아무런

25) Lykophrōn은 같은 시대의 소피스테스였다.

26) Philistiōn은 플라톤과 동시대의 의사로서, 디오니시오스의 궁의였다. 남이탈리아의 Lokroi(훗날의 Lokris(Locri)) 출신.

27) Speusippos(약 407~340/339)는 플라톤의 누이(포토네)의 아들이며, 그의 사후에 아카데미아의 수장이 된다. 플라톤의 마지막 시켈리아 방문길에는 그도 동행했던 것으로 알려져 있다. 그는 건강이 별로 좋지 않았다고 한다.

28) 이 사람을 비롯한 이하의 인물들에 대해서는 달리 알려진 바가 없다.

315a

왜곡도 하지 않고, 일어난 일들과 관련해서 언제나 좋은 점을 그리고 좋은 쪽으로 말하는 걸로 일관하기 때문이오.

서한 3

‘플라톤이 디오니시오스 귀하에게 기쁘기를!’[1] 이렇게 서신 쓰기를 315a
시작함으로써 내가 옳게 최선의 인사를 하는 건가요? 아니면 나의 습 b
관대로, 서신들에서 친구들에게 인사를 해 왔듯, ‘잘 지내심을!’ 하고
쓰는 게 더 나은가요? 그야 물론 귀하는 신을 상대로 해서까지도, 당
시의 관람객들[2]이 전한 바로는, 델피에서 바로 이런 말로 그 신의 비
위를 맞추어 말하고선, 적어 놓기까지 했다고 말하고 있소.

반갑습니다! 그리고 참주의 즐거운 삶을 누리시길!

하지만 나는 인간에 대한 부름에서도, 신에 대한 부름에서는 물론, c
이를 행하길 권유하지 않을 것이오. 신께는 그 본성에 어긋나게 지시
를 하는 것이겠으며, 신적인 것은 쾌락 및 고통과는 먼 거리에 터를
잡고 있기 때문이나, 인간에게는 쾌락과 고통이 여러 가지로 해를 끼

1) 원어는 ‘khairein(반갑기를! 또는 기쁘기를!)’이다. 이와 관련해서는 〈서한 7〉의 첫 각주를 참조할 것.

2) 이들 관람객들은 아마도 델피 축제 때문에 왔던 것 같다.

치며, 혼에 더디 배움과 망각과 어리석음 그리고 오만을 낳기 때문이오. 인사와 관련해서 내가 하는 말은 이런 것인 걸로 해 두오. 귀하는 이를 읽고서, 받아들이고 싶은 대로, 받아들이시오.

적지 않은 사람들이 말하길 귀하가 곁의 몇몇 외국 사절들을 상대
d 로 이런 말을 했다고들 하오. 그러니까 언젠가 귀하가 시켈리아에 헬라스인들의 나라들을 세우겠으며 참주체제 대신에 통치체제도 왕정으로 바꿈으로써 시라쿠사이인들의 짐을 경감해 줄 예정이라고 말하는 걸 내가 듣고서는, 귀하가 아주 열성적으로 그러려는 걸, 그때는 내가 이를 말리더니, 이제는 디온으로 하여금 바로 같은 이 일들을 하도록 가르치려 하며, 귀하의 구상들로 귀하의 제국을 귀하에게서 우리
e 가 탈취하려고 하고 있다고 말이오. 귀하가 이런 말들을 통해서 무슨 이득을 보는지는 자신이 알겠지만, 일어난 일들과는 반대되는 것들을 말함으로써 어쨌든 나를 해치고 있소. 왜냐하면 내가 성채 안에 머무름으로 해서 용병들을 상대로 한 그리고 시라쿠사이의 대중들 속으로 퍼진 나에 대한 필리스티데스[3]와 그 밖의 다른 사람들에 의한 비방

---

3) 여기서 말하는 Philistidēs는 곧 Philistos(약 430~356)를 지칭한다. 헬라스인들은 할아버지나 외가 어른의 이름을 따라 부르거나, 아니면 디오니시오스 I세의 이름을 그대로 II세가 물려받듯, 그냥 그대로 물려받는 경우도 있었던 것 같다. 여기에서 Philistidēs는 Philistos의 아들이나 자손을 지칭하는 이름일 수도 있겠으나, 그 할아버지의 이름을 따라 그대로 불린 이름일 수도 있으니, 결국 둘이 동일 인물에 대한 지칭일 수도 있는 것이다. 그러니까 Philistos는 할아버지와 그 손자, 또는 아들이 공유하는 이름일 수도 있다. 여기서 언급되고 있는 필리스토스는 디오니시오스 I 및 II세에 걸쳐서 이들을 도운 조언자였으며 역사가였으나, 디오니시오스를 계몽 군주로 변신케 하려던 플라톤 및 디온과는 극단적으로 대립했던 이른바 '수구 세력'의 대표자였던 셈이다. 참고 삼아 말하면, Asklēpiadēs는 Asklēpios의 아들을, 이의 복수 형태인 Asklēpiadai는 그의 제자들이라

315e

은 지겹도록 들었기 때문이오. 성채 밖에 있는 사람들은, 무슨 잘못이
라도 생기게 되면, 귀하가 뭐든 내 말대로 따른다고 말하면서, 모든 걸
내 탓으로 돌리오. 하지만 귀하는 자신이 명확히 알고 있소. 정치적인
문제들에 내가 귀하와 적극적으로 공동으로 관여한 일은 처음부터 그 316a
야말로 적었다는 걸. 뭔가 좀 더 할 수 있겠다고 내가 생각했을 때에
도 말이오. 다른 사소한 것들과 법률에 관련된 그 전문들[4]에는 제법
열의를 가졌었는데, 이것들과 별도로 귀하 또는 다른 사람이 추가해
서 썼소. 왜냐하면 그대들 가운데서 누군가가 나중에 이를 정리한 걸
로 들었기 때문인데, 그 각각은 나의 습관에 따라 판단할 수 있는 사
람들에겐 그 각각이 확실히 명백해질 것이오. 그야 어쨌든, 방금 말했
듯, 시라쿠사이인들 쪽의 비방은 더 이상 원하지도 않거니와 따라서
이런 것들을 말하며 다른 누군가를 설득하는 것도 필요하지 않소. 오
히려 그보다는 이전에 인 비방과 그 뒤로 이제는 더 커지고 심각해진 b
비방에 대한 변론을 할 필요가 있소. 따라서 이들 둘에 대해서 나로서
는 두 가지 변론을 해야만 하오. 첫째로는 나라의 일들과 관련해서 귀
하와 협력하는 걸 내가 피한 것은 합당했다는 것이며, 둘째로는 헬라
스의 식민지 나라들을 세우려는 귀하에게 내가 방해가 되었다는 건
데, 나는 권고의 말도 방해의 말도 하지 않았다는 것이오. 그러니 첫 c
째 비난과 관련해서 내가 말한 것들의 실마리를 먼저 들으시오.

나는 귀하와 디온의 부름을 받고 시라쿠사이로 갔었소. 디온은 내게서 검증받은 오랜 친교 관계의 외국인이었소. 그는 또한 중년의 나

할 '의사들'을 뜻한다.

4) 법률의 전문(前文: prooimion: prooimia=preambles)은, 헌법 전문의 경우처럼, 그 법률의 취지를 천명하는 것인데, 플라톤의 《법률》 편은 이 '전문들'과 관련해서 그 취지를 광범위하게 다루고 있다.

316c

이에다가 준비가 되어 있는 사람이었소.[5] 당시에 귀하의 업무로서, 지
성을 조금이라도 갖춘 사람이라면 알, 그처럼 중요했던 일들과 관련
해서 바야흐로 자문을 받아야 할 그런 일들에 대한 준비 말이오. 하지
만 귀하는 아주 젊어서,[6] 귀하로서는 이미 경험을 했어야만 하는 이
런 일들에 대해서 크게 경험이 모자란 상태였고, 내게도 전혀 모르
d 는 사람이었소. 이 다음에는 사람인지, 신인지 어떤 운명인지가 귀하
를 도와 디온을 추방해 버려, 귀하 혼자만 남겨졌소. 그런 터에 귀하
는 내게 그대와의 나랏일의 협력이 그때 있었다고 생각하시오? 지혜
로운 동료를 잃은 내게, 사악한 많은 사람들과 함께 남겨진 어리석은
사람을, 통치하지도 못하면서 통치하는 것으로 생각하는 사람을, 그
런 인간들에 의해 통치당하고 있는 사람을 보고 있는 내게 말이오?
그런 처지에서 내가 뭘 해야만 했겠소? 내가 했던 바로 그걸 할 수 밖
e 에 없지 않았겠소? 이후로 정치와는 작별하고서, 질투에서 비롯된 비
방들을 조심하면서, 그대들을, 비록 서로 떨어져서 불화하는 사이이
긴 하지만, 최대한 서로 친구가 되도록 온갖 방법으로 애써 보는 것
말이오. 이에 대해서는 귀하 또한 증인이오. 바로 이에 내가 진력하
는 걸 결코 포기하지 않았다는 사실을 말이오. 그리고서 어쨌든 간신
317a 히 우리 사이에는 합의가 이루어졌소. 여러분이 전쟁에 휘말린 터이
니,[7] 다시 평화가 찾아오면, 나와 디온은 시라쿠사이로 가되, 귀하는
우리를 부르기로 한 것이오. 그리고서 이 일들은 이렇게 일어났었소.

5) 이때가 플라톤이 60세였던 367년이었으니까, Diōn(409~354)은 42세 때였다. 플라톤이 40세에 이탈리아 및 시켈리아를 여행하다가 21세의 디온을 만났으니까, 둘의 친교 관계의 기간은 이미 20년이 된 셈이다.

6) Dionysios II세는 이때 29세쯤이었던 것으로 추정된다.

7) 그때 시켈리아에 전쟁이 일어났다.

317a

나의 첫 번째 시라쿠사이 체류 및 귀향의 안전과 관련된 일들은 말이오.[8] 두 번째에는, 평화가 회복되고 나서, 귀하가 약속대로 나를 부른 게 아니라, 나 혼자만 오라고 서신을 보내고선, 디온은 나중에 부르러 보낼 것이라고 말했소. 이 때문에 나는 가지 않았고, 디온에게도 내가 화를 냈소. 내가 가서 귀하가 하자는 대로 따르는 것이 더 좋다고 그가 생각했기 때문이오. 그 일이 있고서 1년 뒤에 삼단 노 전 b
함이 도착했는데, 귀하의 서신들도 함께였소. 그런데 그 서신들 속의 글들의 시작은 이러했소. 만약에 내가 간다면, 디온의 일들은 모두가 내 뜻대로 되겠지만, 내가 가지 않을 경우에는, 반대로 될 것이라고. 그래서 나는 말하기가 부끄럽소. 그때 얼마나 많은 서신들이 귀하에게서 그리고 귀하로 해서 이탈리아와 시켈리아의 다른 사람들한테서도, 또한 얼마나 많은 나와 가까운 사람들과 친지들에게서 왔는지 c
를 말이오. 그리고 그것들 모두가 내가 가서 귀하의 말을 전적으로 따르도록 내게 권유하는 것이었소. 그야말로 디온을 위시해서 그들 모두에게는 내가 배를 타고 가야지, 심약해지지는 않아야 하는 걸로 판단된 것이오. 하지만 나는 또 이들에게 내 나이를 내세웠으며,[9] 귀하에 대해서도 우리를 비방하며 우리가 반목하기를 바라는 사람들을 상대로 버티어 낼 수는 없을 것임을 장담했소. 그때도 목격했고 지금도 목격하고 있는 것은 개인들과 대개는 군주들의 지나치게 큰 규모의 대단한 재산들이었거니와, 그 규모가 클수록, 그만큼 더 많으며 더 d
심한 비방자들을 그리고 추행과 함께 재미삼아 어울리는 자들을 먹여 살리니, 부 그리고 그 밖의 방종의 힘은 이보다도 더 큰 어떤 해악

8) 〈서한 7〉 337e 이후 참조.

9) 이때(361년)의 플라톤은 66세였다.

317d

을 낳지는 못할 것이오. 그렇더라도 이 모든 걸 접어 두고, 내가 갔었소. 나의 친구들 중에서 아무도 나의 무관심으로 해서 망치지 않을 수도 있었던 자기들의 모든 것을 완전히 망쳐 버렸다고 내 탓을 하게 해
e 서는 안 된다고 생각해서였소. 내가 갔지만, 이후에 이미 일어난 모든 것은 실은 귀하가 알고 있소. 나는 그 서신들의 합의에 따라 첫째로 디온을 친족으로 선언하고서 이끌기를 분명히 요구했소. 그때 귀하가 내 요구대로 이를 따랐다면, 아마도 상황은 지금 일어난 사태들보다는 더 나았을 것이오. 내 판단이 예측했듯, 귀하에게도 시라쿠사이인들에게도 그리고 다른 헬라스인들에게도 말이오. 그 다음으로 디온의 재산은 가족이 갖지, 귀하가 알고 있는 배분하는 자들이 분배받
318a 아서는 안 된다고 주장했소. 이에 더해 해마다 그에게 보내지던 수익은 의당 보내져야만 하거니와, 더구나 내가 현장에 있는 상황에서는 못지않게 더 그래야만 한다고 나는 생각했었소. 이것들 중의 어느 것도 실현되지 않았기에, 나는 떠나겠다고 했소. 그 일 뒤로 귀하는 나를 그 해는 머물도록 설득했소. 디온의 모든 재산은 팔아서 반은 코린토스로 보내되, 나머지는 그의 아들에게 남겨 줄 것이라고 말하면서.
b 나는 귀하가 약속하고도 전혀 이행하지 않은 많은 걸 말할 수 있지만, 그 수가 많아서 줄여 말하겠소. 실은 귀하가 디온을 납득시키지도 않고서 그의 모든 재산을 팔아 버렸다는 것이오. 그를 납득케 하지 않고서는 매각하지 않을 것임을 다짐해 놓고서는 말이오. 아, 놀라운 이여! 귀하는 그 온갖 약속들 위에 무례의 극치라 할 갓돌을 얹었었소. 아름답지도 세련되지도 올바르지도 이롭지도 않은 방편을 찾아내서, 그때 일어난 일들을 모른 채로 내가 겁에 질려서, 송금 방도조차 찾아낼
c 수 없게 만들었으니 말이오. 왜냐하면 귀하가 헤라클레이데스를 추방하려 했을 때, 이는 시라쿠사이인들에게도 내게도 옳지 않은 일로 판

318c

단되어, 테오도테스 그리고 에우리비오스와 함께 그러지 않도록 귀하에게 청했기 때문에,[10] 이를 충분한 구실로 삼고서, 귀하는 말했소. 내가 귀하는 전혀 생각해 주지 않고, 디온과 디온의 친구들과 친척들만 생각한 지 이미 오래인 것도 귀하에게는 명백하거니와, 이제는 테오도테스와 헤라클레이데스가 혐의를 받고 있으니까, 이들이 디온과 친숙한 사이인지라, 이들이 재판을 받지 않도록 모든 수단을 강구하고
있다고. 나랏일들과 관련된 나와 귀하의 관계는 이런 식의 이런 것들 d
이었소. 그리고 만약에 귀하가 내게 있어서 귀하에 대한 다른 어떤 소원함을 목격했다면, 아마도 이 모든 것이 이렇게 해서 일어난 것으로 생각하시오. 그리고 놀라지 마시오. 적어도 지각이 있는 자에게는 내가 나쁜 사람으로 보일 게 당연할 테니까. 내가 귀하의 권력의 막강함에 압도되어, 귀하보다 어떤 점에서도 못지않은 오랜 외국인 친구를 귀하로 해서 잘못 지내게 한다면, 이는 군이 말하면, 이 사람을 배신
하는 것이니, 부당한 짓을 하는 귀하를 선택하고서 귀하가 시키는 대 e
로 모든 걸 하는 것이고, 이는 재물을 위해서인 게 명백할 테니까. 만약에 내가 변심을 했다면, 나의 변심의 까닭은 다른 어떤 것도 아닐 것이라고 말했을 것이오. 하지만 이 일들은 이런 식으로 일어났으니, 나와 귀하 사이의 이리의 우정[11]과 어울리지 못함은 귀하로 인해서 빚어졌었소.

한데, 내 이야기는 방금 한 것에 거의 이어지는 것이거니와, 나로서

---

10) 이 사건과 관련해서는 〈서한 7〉 348a 이후를 참조할 것. 그리고 헤라클레이데스 등과 관련해서도 해당 각주를 참조할 것.

11) '이리의 우정'의 원어는 lykophilia인데, 아마도 이리와 양 사이의 가장된 우정을 뜻하는 것으로 볼 수 있겠다. '어울리지 못함'의 원어는 akoinōnia이다.

318e

는 이것에 대해서 두 번째로 변론을 해야만 되는 걸로 내가 말했었소.
319a 그러면 아주 주의해서 생각해 보시오. 내가 귀하에게 뭔가 진실 아
닌 거짓을 말하는 걸로 생각되는지. 내가 시라쿠사이에서 집으로 귀
환하기 20일 전쯤에, 아르케데모스와 아리스토크리테스가 정원에 있
을 때, 귀하가 바로 방금 내게 나무라면서 말하고 있는 걸, 곧 귀하보
다도 헤라클레이데스 그리고 그 밖의 다른 사람들 모두에게 더 관심
을 갖는다고 귀하는 말했다는 것이오. 내가 처음 갔을 때, 귀하는 이
들 면전에서 내가 귀하에게 헬라스의 나라들을 세우라고 지시한 걸
b 기억하는지를 자꾸 물었소. 나는 내가 기억한다고 동의했거니와 지
금도 여전히 이는 최선의 시책이라고 내게는 여겨지는 걸로 동의하고
있소. 그러나 디오니시오스여, 그것 다음에 그때 말했던 것도 말해야
만 하겠소. 실은 내가 바로 이것만 귀하에게 권고했는지 아니면 이에
더해 다른 어떤 것도 했는지 내가 물었기 때문이오. 한데 귀하는 몹
시 화난 상태로 오만하게 내게 대답했소. 귀하도 그리 생각했듯 말이
오. 그때의 귀하에게 있어서의 오만한 행동은 지금 꿈 대신에 현실이
c 되었소.[12] 그러나 귀하는 아주 헛웃음을 지으며 말했소. 기억한다면,
"내가 교육을 받고서 이 모든 걸 할 것이지, 그러지 않으면, 하지 말라
고 선생은 지시했소." 하고. 나는 귀하가 아주 훌륭하게 기억하고 있
다고 말했소. "그러니까 기하학 등을 교육받고서 말씀인가요?"[13] 하고

12) 아마도 디온에게도 디오니시오스에게도 철인(지혜를 사랑하는) 통치자의 길로 들어서는 교육을 받도록 강조했던 플라톤의 권유를 디온은 열성으로 받아들였지만, 디오니시오스는 비웃고 화까지 내며 오만하게 대응했던 결과가 현실로 어떻게 나타나게 되었는지를 언급하고 있는 것 같다.

13) 플라톤의 《국가(정체)》 편에서는 장차 나라를 다스릴 사람들의 교육 과정이 2권에서부터 7권까지에 걸쳐 언급되고 있다. 전반적인 시민 교육

319c

귀하는 물었소. 그리고서 그 다음에 내게 떠오른 말은 내가 말하지 않았소. 사소한 말 때문에 기다리고 있던 출항의 넓은 바닷길이 내게 좁혀지지나 않을까 두려워서였소. 그야 어쨌든 이 모든 걸 말하게 된 까닭은 이런 것들이오. 이방인들에 의해 소멸된 헬라스 나라들을 귀하
가 세우는 것도, 참주체제 대신에 왕정으로 바꿈으로써 시라쿠사이인 d
들의 마음을 가볍게 하는 것도 내가 못하게 했다고 말하면서 나를 비방하지 마시오. 나에 대해서 잘못 말하는 것으로 이것들보다 더 부적절한 것을 귀하가 말할 수는 없을 테지만, 이것들에 더해 이것들보다 한결 더 명확한 말들을 반론으로 제시할 수 있겠소. 나는 그것들을 그렇게 하도록 촉구했지만, 귀하는 이를 이행하고자 하지 않았다는 걸. 만약에 어딘가에서 어떤 충족한 판결이 내려지는 걸 볼 수만 있다면 말이오. 뿐만 아니라 이것들이 실현되었더라면, 귀하에게도 시라쿠사이인들에게도 그리고 모든 시켈리아인들에게도 가장 좋았을 것이
라고 명확히 말하는 게 어렵지 않았을 것이오. 하지만 친구여, 만약 e
에 귀하가 이를 말해 놓고서, 자신은 말한 적이 없다고 말한다면, [그걸로] 나는 족하오. 만약에 귀하가 이에 동의한다면, 그다음으로는 스테시코로스[14]가 현명하다고 생각하고서, 귀하는 이 시인의 개영시를

에서부터 최상의 통치자로 되어야 할 사람들이 깨쳐야 할 '가장 큰 배움'에 이르기까지의 교육 과정이다. 이는 정서적인 감성 교육을 받고서 논리적이며 추론적인 교육 과정을 거쳐, 이성(logos) 및 지성(nous)의 적극적 활용에 도달하는 교육 과정이다. 그런데 이 '지성에 의한 앎(noēsis)'의 최종적 단계에 이르기 위해서 거치지 않을 수 없는 단계를 플라톤은 '추론적 사고(dianoia)'라 말한다. 이 추론적 사고를 키워 주는 교육 과정을 특히 '예비 교육(propaideia)'의 과정으로 지칭하며, 그 교육 과목들의 대표적인 것들이 기하학 등의 수학 과목들로 제시된다. 여기에서 기하학을 들먹거리게 된 것은 그래서였다.

14) Stēsikhoros는 기원전 6세기 전반에 활동한 서정 시인으로서, 시켈리

319e

모방해서, 그 거짓말을 참말로 바꿀 것이오.

아의 히메라스(Himeras)에서 살았다. 그는 파리스를 따라 트로이아로 간 헬레네가 트로이아 전쟁의 원인을 제공했다 해서 비방하는 내용의 시를 노래했다가, 그렇더라도 제우스의 딸인 헬레네에 대해 함부로 말한 벌로 눈이 멀어 버렸다. 이를 깨닫고서 그는 앞에 말한 걸 취소하는 개영시(改詠詩: Palinōdia)를 지었던 것이다. 헬레네는 이집트에 머물러 있었고, 제우스가 조작한 그 환영만 트로이아로 갔다는 이야기이다. 훗날 트로이아 전쟁이 끝나고, 귀향길에 조난을 당한 메넬라오스가 이집트에 상륙하게 되어 둘은 감격적으로 재회하게 된다는 이야기가 전한다. 이 개영시를 짓고서, 시력도 회복하고 85세까지 장수했다고도 한다. 《국가(정체)》 편 586c에도 이와 관련된 약간의 언급이 보이지만, 《파이드로스》 편 243a~b에는 이와 관련된 언급만이 아니라, 그 개영시 일부가 실려 있다.

서한 4

플라톤이 시라쿠사이인 디온에게 '잘 지냄을!'

성취된 결과들에 대한 전 기간 동안의 나의 성원도 그리고 이 일들 320a
과 관련해서 그 완수에 대해서 내가 대단한 열의를 가졌었다는 사실도
명백한 걸로 나는 생각하는데, 이는 훌륭한 일들에 대한 열성 이외의
다른 어떤 것 때문도 아닐세. 왜냐하면 참으로 합리적이며 이런 처신
을 하는 사람들은 상응하는 명성을 누리는 것이 온당하다고 나는 여 b
기기 때문이네. 현재까지의 일들은, 신의 동의를 전제로 말할진대, 훌
륭하게 진행되어 왔지만, 미래와 관련된 일들로는 가장 큰 전투가 있
네. 실은 용기와 민첩함 그리고 힘으로 해서 남다름은 다른 어떤 사람
들의 몫인 것으로 여겨지겠지만, 진실과 정의와 호방함 그리고 이 모
든 것들과 관련된 의젓함으로 해서 남다름을 맞서 주장하는 사람들 c
이 그와 같은 것들을 높이 사는 데 대해 누군가는 당연히 동의할 것이
네. 그러니까 내가 말하고 있는 바는 이제 명백하네. 하지만 우리는
스스로들 상기해야만 하네. 물론 자네가 알고 있는 사람들[1]은, 아이들
과 어른들이 차이가 나는 것보다도 더 많이 남다른 차이가 난다는 게

320c

마땅하다는 걸. 따라서 우리는 우리가 말하고 있는 바로 그런 사람들
로 분명히 되어야만 하네. 신의 동의를 전제로 말할진대, 특히 그건
d 쉽기도 할 테니까. 왜냐하면 다른 사람들로서는, 알려지려면, 넓은 지
역을 돌아다녀야만 하는 게 필연적이기 때문이지. 그러나 자네의 현
재 상황이 바로 그런 것이어서, 헬라스인들이 사는 온 세상 사람들
이, 좀 과하기도 한 말이지만, 한 곳을 바라보고 있는데, 이곳에서도
특히 자네를 향해서 바라보고 있는 꼴이지. 그래서 모두가 보고 있는
처지가 되었으니, 옛날의 저 리쿠르고스[2] 그리고 키로스[3]의 모습을 보
여 주도록 준비하게나. 또한 다른 누군가가 혹시라도 인격과 시민의
자격에 있어서 남달리 빼어난 것으로 판단되었다면, 그 모습을 보여
주도록 할 것이고. 특히 많은 이들이 그리고 이곳 사람들[4] 거의 다가
e 말하길, 디오니시오스가 타도된 터라, 자네와 헤라클레이데스 및 테
오도테스[5] 그리고 그 밖의 다른 저명한 인사들의 야심적인 경쟁심으
로 해서 일을 망칠 가망성이 크다고들 하네. 그러니 결단코 아무도 그

---

1) 디온이 이루려 하는 일들의 뜻을 제대로 알고 성원하는 사람들을 지칭하고 있다고 보아야겠다.

2) 리쿠르고스에 대해서는 〈서한 8〉 354b의 해당 각주를 참조할 것.

3) Kyros 대왕으로 알려진 그는 기원전 557년경에 메디아에 예속되어 있던 안샨(Anshan)이라는 작은 나라의 왕으로 등극했으나, 사르디스와 리디아, 바빌로니아 제국, 아시리아, 시리아, 팔레스타인 등을 정복하여, 페르시아 제국을 일으킨 최초의 황제였다. 530년에 사망하기까지 그는 자기가 점령한 나라들에 대해서도 관용으로 대하며 지혜롭게 다스렸던 것으로 알려졌다. 그에 대해서는 약간의 다른 맥락에서 〈서한 2〉 311a에서도 언급했다.

4) 아테네인들을 가리킨다.

5) 이들 두 사람에 대해서는 〈서한 7〉 333e 및 348a의 본문 및 각주를 참조할 것.

320e

런 사람이 아니길! 혹시라도 그런 누군가가 생기기라도 한다면, 자네
가 치유자로 나서게. 그러면 일은 최선의 방향으로 진행될 걸세. 하지 321a
만 이런 걸 내가 말하는 게 아마도 자네에겐 우스운 일로 보일 게야.
자네 자신도 모르고 있지는 않을 테니까. 하지만 극장들에서도 공연
경합자들이 아이들로 해서 자극을 받는 걸 나는 보네. 그야 친구들로
해서는 말할 것도 없는데, 열의를 동반한 호의에 따른 격려를 받는다
고 누군가가 생각하게 될 경우에는 말이네. 그러니 이제 스스로들 경
합도 하고 뭔가가 필요한 경우에는 우리에게 알리게나. 이곳 일들은
자네들도 있을 때나 비슷하네. 여러분에게 이루어진 것이나 이루어지
고 있는 것은 알려주게나. 우리가 여러 가지 것들을 듣고는 있으면서 b
도 아무것도 아는 게 없어서네. 지금도 테오도테스와 헤라클레이데스
한테서는 라케다이몬과 아이기나로는 서신들이 오고 있네만, 내가 말
했듯, 이곳에서는 많은 소문만 듣지, 우리는 아무것도 알지 못하고 있
네. 그런데 명심하게나. 자네가 어떤 사람들에게는 적절한 상냥함이
다소 부족한 편인 걸로 여겨지고 있다는 사실도. 그러니 자네는 잊지
말게나. 사람들에게 있어서의 흡족함을 통해서 성취함도 가능하지만,
거만함은 고립과 동거하네. 잘 지내게! c

서한 5

플라톤이 페르디카스[1]에게 잘 지내심을!

귀하가 서신으로 부탁한 대로 에우프라이오스[2]에게 권고했소. 귀 321c
하의 이 일들과 관련해서 마음 쓰면서 종사할 것을. 내가 귀하에게 친
절하고 이른바 '신성한 조언'[3]을 조언하는 건 당연하오. 귀하가 말하
는 다른 사항들에 대해서도 그리고 이제 에우프라이오스를 이용해 d
야만 하는 것에 대해 조언함은 말이오. 이 사람은 여러 모로 유용하
겠지만, 그중에서도 가장 중요한 것은 귀하가 나이로 인해서 지금은

1) Perdikass III세는 마케도니아의 왕(재위 기간: 365~360)으로서 일찍 전사했다. 그 뒤를 계승한 왕이 그의 아우 필리포스 II세(Phillipos. 재위 기간: 359~336)로서 알렉산드로스 대왕의 부왕이다.

2) Euphraios는 에우보이아(Euboia: 오늘날의 Evia) 출신으로, 플라톤의 제자였음.

3) '신성한 조언'의 원어는 hiera symboulē인데, 참된 조언은 조언을 받는 사람에게 최선인 것이어야지 조언하는 사람의 사심이 조금이라도 개입되어서는 안 되는 신성한 것이어야만 하겠기 때문에 하는 말이겠다. 플라톤의 위서들 중의 하나인 《테아게스》 122b에는 "조언은 신성한 것이라고 한다(legetai symboulē hieron khrēma einai)"는 구절이 있다.

321d

부족한 부분이며, 자신의 주변에 젊은이들을 위한 많은 조언자들이 많지 않아서요. 그야 물론 나라체제들 각각에는, 어떤 동물들의 경우처럼, 어떤 소리가 있기 때문이오.[4] 민주정체의 소리가 다르며, 과두
e 정체의 소리도 다르고, 1인 정체의 소리 또한 다르오. 아주 많은 이들이 이 소리들을 알아듣는다고 주장하지만, 그야말로 소수의 사람들을 제외하고는 대부분이 이를 이해하는 데 미치지 못하오. 따라서 이 정체들 중에서 어떤 것이건, 신들과 사람들을 향해 제 소리를 내고서, 이 소리에 따르는 행위들을 해 보일 경우에는, 이 정체는 언제나 활기차며 보존되지만, 다른 소리를 모방할 때는 파멸하오. 그러니까 다른 점들에서도 에우프라이오스가 담대하겠지만, 이 점과 관련해서는 귀
322a 하에게는 그가 적잖이 유용할 것이오. 귀하의 담론에 참여하는 사람들 중에서는 누구 못지않게 그가 1인 정체의 이론을 찾아내는 데 도움을 줄 것으로 나는 기대하고 있소. 따라서 이에 그를 이용함으로써 귀하도 이득을 보겠지만, 그를 최대로 돕게 될 것이오. 그러나 이를 누군가가 듣고서는 이런 말을 한다고 해요. "플라톤은 민주정체에 유익한 것들을 알고 있는 걸로 자처하지만, 민중 속에서 말하며 민중에 최선의 것들을 조언할 수 있었는데도, 결코 일어서서 발언하지 않은 것 같다"고. 이에 대해서는 말해 주구려. "플라톤은 제 조국에서 늦게
b 야 태어났으며 민중은 이미 연로해져서 선인들에 의해 그의 조언과는 같지 않은 많은 것들을 행하게끔 버릇 든 걸 목격했다고. 만약에 아무것도 성과를 내지 못할 것이면서도 공연히 모험을 한다는 생각을 그가 하지 않았던들, 그는 마치 선친에 대해서처럼 무엇보다도 기꺼이

4) 《국가(정체)》 편 493a~c에서는 민주정체에서의 '다중(hoi polloi)'의 힘과 소리를 '큰 짐승'의 그것들에다 비유해서 말하는 대목이 나온다.

322b

조언했을 테니까. 나에 대한 조언의 경우에도 그는 바로 똑같은 처신을 할 것으로 생각한다고. 왜냐하면 만약에 우리가 치유할 수 없는 상태에 있는 걸로 생각된다면, 그는 우리에게 아주 작별을 고하고서, 나와 내 일들과 관련된 조언에서 아주 멀어져 버렸을 것이라고." 행운을
비오. c

서한 6

플라톤이 헤르메이아스와 에라스토스 그리고 코리스코스에게[1]
잘 지냄을!

신들 중에서도 어느 한 신께서 행운을, 만약에 자네들이 잘 받겠다 322c
면, 자네들에게 호의를 갖고 충분히 준비하시고 계신 걸로 내게는 보이네. 그야 물론 자네들끼리 이웃으로서 살면서, 서로의 도움을 받음

1) 이들 셋은 모두 다가 한때 플라톤의 아카데미아 학원생들이었던 인물들이었다. Hermeias는 플라톤이 시라쿠사이에 가 있던 때라, 323a에서 언급하고 있듯, 직접 만나지는 못했으나, 아카데미아의 일원이었고, 355년경에는 레스보스(Lesbos)섬 동쪽의 소아시아 대륙에 있던 아타르네우스(Atarneus)의 온건한 체제의 참주로 된다. 그는 레스보스섬 북쪽의 소아시아 대륙의 스켑시스(Skepsis) 출신들인 Erastos와 Koriskos를 자신의 통치에 참여케도 하며 레스보스섬 바로 북쪽의 아시아 대륙의 해안에 있는 아소스(Assos)에 새로운 철학 학교를 세우게 한다. 이 학원엔 훗날 플라톤 사후에 아리스토텔레스까지 합류하였으며, 참주의 조카이며 양녀가 된 피티아스(Pythias)와 혼인까지 하게 된다. 아리스토텔레스의 해양생물 연구 성과의 대부분은 이 시절 이곳에서의 해양식물 관찰의 소산인 셈이다.

322c

322d 으로써 가장 중요한 것들에서 서로를 이롭게 하겠기 때문일세. 헤르
메이아스에게는 다수의 말들도 그 밖의 동맹군도 황금의 추가적인 생
김도[2] 굳건하고 건강한 성품을 갖춘 친구들보다는 모든 면에서 더 큰
힘이 되지는 못할 것이기 때문이네. 반면에 에라스토스와 코리스코
스에게는 형상(eidos)들의 이 아름다운 지식에 더해 사악하고 불의
한 자들에 대한 수호 및 어떤 방어 능력의 지식 또한 요구된다는 걸,
e 비록 내가 늙었지만, 말하네. 그들은 절도 있고 사악하지 않은 우리
와 함께 삶의 오랜 기간을 보낸 탓으로 경험은 부족하네. 바로 이 때
문에 이것들이 추가로 필요함을 내가 말했던 것일세. 그들이 참된 지
혜를 불가피하게 소홀히 하는 일은 없도록 하는 한 편으로, 인간의 필
수적인 지혜에 필요 이상으로 크게 마음을 쓰는 일도 없도록 말일세.
반면에 헤르메이아스는 이 능력을 천부적으로, 그리고 함께 이야기
를 나눈 적은 없는 내게 그리 보이는 것들로, 경험을 통한 기술에 의
323a 해 터득한 것으로 내게는 보이네. 그러니 내가 뭘 말할까? 헤르메이
아스여, 내가 에라스토스와 코리스코스에 대해서는 자네보다도 더 많
이 겪어 보아서 자네에게 말하고 알려주며 증언하네. 자네가 이들 이
웃들보다 더 믿을 만한 성품을 쉽게 찾아볼 수는 없을 것이라고. 그
러니 이 사람들과는 올바른 수를 다 써서 가까이하길 권고하네. 결
코 부차적인 일로 여기지 말고. 반면에 코리스코스와 에라스토스에게
는 마주 매달리어 서로의 마주 매달림에 의해 하나의 우정의 엮임에
b 이르게 하려는 조언자가 나일세. 그러니 혹시라도 자네들 중에서 누
군가가 이 엮임을 어떤 식으로건 풀 생각을 하게 된다면, ―인간사는

2) 헤르메이아스는 놀랄 정도의 해륙 군사력을 재력과 함께 갖추었다고 한다.

절대적으로 확고하지는 않으니까—이리로 나한테 그리고 내 친구들
한테 불만 사항의 고발자로서 서신을 보내게나. 정의와 공경으로써
우리 쪽에서 전달될 의견 표명들은, 그 엮임의 풀림이 커진 게 아니라
면, 어떤 주문보다도 더 이전의 우애와 공동 관계로 다시금 더 성장해
서 묶이게 될 것으로 나는 생각하기 때문이네. 우리와 자네들 모두가 c
이런 지혜사랑을 하고, 우리가 할 수 있고 각자에게 허용되는 한, 방
금 예언된 것들은 진실이 될 것이네. 그러나 이를 우리가 하지 않는다
면, 그 결과는 내가 말하지 않겠네. 왜냐하면 나는 좋은 예언만 예언
하며, 신이 원한다면, 이것들 모두를 우리가 좋은 것들로 만들 것이라
고 나는 말하네.

이 서신은 자네들 셋 다가 읽어야만 하네. 가능하면, 모두가 함께
읽을 것이나, 그게 불가능하면, 둘이씩 읽을 것이고, 가능한 한, 함께
자주 그럴 것이며, 계약 및 비준된 법처럼 이용토록 할 것이니, 이는
올바른 것이네. 진지함과 동시에 교양이 없지 않으며 진지함의 누이 d
격인 놀이와 함께 맹세를 하고서 말일세. 또한 현재의 것들 그리고 미
래의 것들 모두를 인도하는 신께 맹세코, 그리고 주도하는 것이며 원
인인 것의 주인인 아버지께 맹세코 말일세, 이분을, 우리가 참으로 지
혜사랑을 한다면, 행복한 인간들의 능력이 미치는 한까지는, 우리 모
두가 또렷이 볼 걸세.

서한 9

플라톤이 타라스의 아르키타스[1] 님께 잘 지내심을!

아르키포스와 필로니데스[2] 일행이 도착해서 선생께서 이들에게 주
신 서신을 가져왔거니와 선생의 소식도 알려주었습니다. 이 나라를 357e
상대로 한 그들의 일은 힘들지 않게 수행했더군요. 전혀 힘든 게 아
니기도 했으니까요. 그들은 선생의 소식을 우리에게 자세히 들려주
었습니다. 선생께서 공무와 관련된 분망함에서 벗어날 수 없음에 다
소 견디어 내기 힘들어하신다고 그들이 말하네요. 실상 제 자신의 일
들을 하는 게 인생에서 가장 즐거운 것이니까요. 누군가가 선생께 358a
서 하신 것들과 같은 그런 것들을 하는 선택을 했다면, 특히 그럴 것
임은 거의 모두에게 명백할 것입니다. 그러나 선생께선 이 또한 명심
하셔야만 합니다. 우리들 각자는 자신만을 위해서 태어난 것이 아니
라, 우리의 됨에는 조국도 한몫을 하며, 부모도 한몫을 하고, 나머지

1) Arkhytas와 관련해서는 〈서한 7〉 338c의 해당 각주를 참조할 것.
2) Arkhippos와 Philōnidēs에 대해서는 달리 알려진 바가 없다.

358a

친구들도 한몫을 하거니와, 또한 우리의 삶을 점유하는 사태들에도 그 몫은 주어지죠. 그러나 조국 자체가 공무로 부르는데도, 응하지 않는다는 것은 어쩌면 이상한 일이겠죠. 왜냐하면 그건 동시에 그 자리
b 조차, 최선의 관점에서 공무에 접근하지 않는 자들인, 그런 하찮은 인간들에게 남겨 주게 되는 결과를 초래하기 때문입니다.[3] 그럼 이와 관련해서는 이로써 충분히 한 걸로 하죠. 에케크라테스[4]는 지금도 우리가 돌보고 있으며, 앞으로도 선생을 위해서 그리고 그의 부친인 프리니온을 위해서 그리고 또 이 젊은이 자신을 위해서도 그럴 것입니다.

---

3) 이런 어처구니없는 사태들에 대한 아주 적절한 언급들은 《국가(정체)》 편 347c, 521a, 540a~b에 보인다.

4) 여기에서 언급되고 있는 Ekhekratēs는 《파이돈》 편에서 소크라테스의 최후의 날 이야기를 파이돈에게서 듣게 되는 그 에케크라테스와는 동명이인이다.

서한 10

플라톤이 아리스토도로스[1]에게 잘 지냄을!

내가 듣기로 디온의 동지들 중에서 지금도 그리고 줄곧 자네가 가 358c
장 가까우며, 그들 중에서도 철학에 대해 가장 지혜로운 성품을 보인다고. 왜냐하면 굳건하고 미덥고 건강함, 이를 나는 참된 지혜사랑이라 말하지만, 다른 것들은 다른 지혜들 및 능함들과 관련됨으로써 세련됨들로 이름 지어 부르는 것이 옳다고 주장하네.

그럼 건강하고, 지금처럼 좋은 성품을 유지하게나.

1) Aristodōros에 대해서는 달리 알려진 것이 없다.

서한 11

플라톤이 라오다마스[1]에게 잘 지냄을! 358d

나는 전에도 그대에게 서신으로 알렸소. 그대가 말하는 모든 것과 관련해서는 그대 자신이 아테네로 오는 게 월등히 나을 것이라고 말이오. 그러나 그대가 그게 불가능하다고 하니, 차선책으로 가능하면 내가, 아니면 소크라테스[2]가 가는 것이겠소. 그대가 서신으로 알려왔듯 말이오. 그러나 소크라테스는 배뇨 곤란으로 질환 상태에 있고, e
내가 그곳으로 가서 그대가 초빙해서 맡기는 그 일들을 제대로 수행하지 못할 경우에는 나는 망신을 당할 것이오. 그러나 나는 이 일들이 이루어지리라는 큰 기대를 갖지 못하고 있소. 무엇 때문인지, 그걸 죄다 설명하려면, 또 다른 장문의 서신을 요할 것이오. 게다가 또

1) Laodamas는 타소스(Thasos)섬 출신으로 아카데미아의 회원으로서 수학(기하학)자였으며, 아마도 360년경에 고향 건너편 트라케 연안의 다토스(Datos)의 법률제정 의뢰를 받은 것 같다.

2) 여기서 말하는 소크라테스는 《정치가》 편에서 대화자로 등장하는 '젊은 소크라테스'를 지칭하는 것으로 볼 수 있겠다.

358e

나이 탓에 이 몸으로 육지로 바다로 이동하며 여행을 하고 모험을 능히 해낼 수는 없을 것이오. 그리고 요즘엔 여행에 온갖 위험들이 가득
359a 하오.[3] 하지만 내가 그대와 정착민들에게 조언해 줄 수는 있겠소. "내가 말하는 것이 하찮은 것이라 생각할 수 있겠지만, 제대로 이해하긴 어렵다."고 헤시오도스는 말했소.[4] 왜냐하면 설령 법률 제정과 그 밖의 어떤 것들로 나라체제가 잘 구축되었다 하더라도, 노예와 자유민들의 일상생활이 절제 있고 씩씩하도록, 보살피는 어떤 주도적인 것이 나라에 없다면, 옳게 된 게 아니기 때문이오. 만약에 이런 통치의
b 자격을 갖춘 사람들이 이미 있다면, 또한 이게 생길 것이오. 그러나 그 교육을 위해서 누군가가 필요하다면, 그걸 가르칠 사람도 가르침을 받을 사람도, 내가 생각하듯, 여러분에게는 없고, 남은 것은 신들께 여러분이 기원하는 것이겠소. 실상 이전의 나라들도 대개는 이런 식으로 구축되었으며, 나중에야 잘 경영되었는데, 이는 전쟁과 다른 일들로 해서 생긴 큰일들의 연결로 해서였소. 이런 사태들 속에서 훌륭하디훌륭한 사람이 큰 힘을 갖고 생겨날 때 말이오. 먼저 이것들에
c 힘써야만 하겠지만, 내가 말하는 그런 것들에 유념하고서, 곧바로 뭔가를 해낼 수 있을 것이라는 분별없는 생각은 하지 않아야만 하오. 행운을!

---

3) 뭣보다도 당시에는 해적들이 극성이었다고 한다. 이를테면, 아테네의 외항 피레우스에서 요즘 선박 편으론 불과 한 시간 이내의 거리에 있는 한때 해양강국이기도 했던 아이기나(Aigina: 지금의 에기나(Aegina))는 4세기엔 해적들의 근거지였다고 한다. 당시엔 섬들 곳곳을 근거지로 한 해적 활동이 극성이었던 걸로 알려져 있다.

4) 헤시오도스의 토막글로 알려져 있다.

서한 12

플라톤이 타라스의 아르키타스 님께 잘 지내심을!

선생께서 보내오신 비망록은 우리가 놀랄 만큼 반기며 받았으며, 359c
이를 지은 이에 대해서는 더할 수 없이 찬탄했습니다. 또한 우리에겐 d
그 사람이 그 선조들 값을 하는 것으로 여겨졌습니다. 그야 이 사람
들이 미라인들[1]이라고 하니까요. 이들은 라오메돈 치하의 이주해 간
트로이아인들 중의 일부였죠. 전하는 설화가 말해 주듯, 훌륭한 분들
이었죠. 선생께서 서신으로 언급하신 제 쪽 비망록들은, 아직 충분하
지가 않습니다만, 그 상태로 선생께 보냈습니다. 그 보관과 관련해서 e
는 우리 양쪽이 같은 의견일 테니, 굳이 권고할 아무런 필요도 없겠
습니다.

---

1) Burnet 판 및 Budé 판 텍스트에서는 똑같이 Myrioi로 되어 있는데, 이는 '1만 명'의 뜻도 있으니, '그들 1만 명'을 뜻할 수도 있다. 어쨌거나 이들은 트로이아의 프리아모스(Priamos)의 부왕 라오메돈(Laomedōn) 치하의 트로이아인들로서 소아시아 산악지대의 리키아(Lykia)로 이주해 간 사람들을 가리키는 것 같다.

359e

(이는 플라톤의 서신이 아닌 걸로 주장되고 있다.)[2]

2) 이 괄호 안의 것은 이 전집 최초 편찬자의 기록이지, 역주자의 것이 아니다.

서한 13

플라톤이 시라쿠사이의 참주 디오니시오스 귀하께 360a
'잘 지내심을!'

귀하에게 보내는 서신의 이런 시작이 이것이 동시에 내게서 보내는 것임에 대한 표시인 걸로 하죠. 언젠가 귀하가 로크리스[1]의 젊은이들에게 잔치를 베풀었을 때, 귀하는 내게서 멀리 떨어져 앉아 있다가, 일어나서 내게로 와서는 친절한 말투로 좋게 무슨 말을 했는데, 내게도 그리 생각되었지만, 옆에 앉아 있던 사람에게도 그랬던 같았소. 한 b
데 이 사람은 잘생긴 젊은이들 중의 하나였소. 그때 이 젊은이가 말했소. "디오니시오스 님, 주공께서는 플라톤 선생님으로 해서 지혜에서 많은 혜택을 입으신 걸로 짐작됩니다." 하니, 귀하가 대답했소. "다른 많은 것들에서도 그렇소. 초빙 자체부터 해서요. 선생님을 내가 초빙했기 때문에, 이것 자체로 해서부터 바로 혜택을 본 것이오." 그러

1) 여기서 말하는 Lokris는 남이탈리아에 있던 Locri Epizephyrii를 지칭하며, 이 나라는 시라쿠사이와 동맹 관계에 있었다.

360b

니까 이런 상태는 지속되어야만 하오. 우리 상호간의 혜택은 언제나
증대되어 갈 것이기 때문이오. 그래서 이번에도 바로 이런 상태를 조
성하느라, 피타고라스의 저술들 일부와 '나눔들'[2]과 관련된 저술들 일
부를 그리고 한 사람을, 그때 우리에게 그러는 게 좋은 걸로 판단되
c 었듯, 보내니, 이 사람을 귀하와 아르키테스[3]께서, 귀하의 궁에 실제
로 아르키테스께서 와 계신다면, 활용할 수 있겠소. 이 사람의 이름
은 헬리콘으로 키지코스 태생이며 에우독소스[4]의 제자이고, 그의 모
든 학설과 관련해서 아주 밝으오. 더 나아가 이소크라테스[5]의 제자들

---

2) 여기서 '나눔(diairesis)'은 플라톤의 《파이드로스》 편 이후에 다루게 되는 이 문제를 두고 하는 말이겠다.

3) 여기에서는 아티케 발음인 '아르키테스'로 표기되어 있다.

4) Helikōn의 스승인 Eudoxos(약 390~약 340)는 크니도스(Knidos) 출신의 빼어난 수학자며 천문학자였고 철학에도 밝았다고 한다. 기하학에서는 아르키타스의 제자이기도 했다. 말년에 아테네로 와서 가르치기도 하며, 플라톤과도 교분을 갖게 되었다고 한다.

5) Isokratēs(436~338)는 아테네의 이름난 변론가다. 그는 몸이 허약해서 정치에는 직접 나서지 않았지만, 많은 논변을 통해 시국과 관련된 여론 형성에 적잖은 영향을 미친 것으로 전한다. 그는 프로디코스, 고르기아스, 테이시아스 등에게서 논변술을 배웠으며, 30인 참주체제를 피해 키오스(Khios)로 망명해서, 이곳에서 변론술을 가르치다가, 아테네가 민주체제로 바뀐 뒤에 돌아와, 얼마 동안 법정 변론문 작성 일을 하다가, 392년경에 학원을 세운다. 물론 이 학원에서는 당시의 대세였던 변론술을 가르치기도 했지만, 폭넓은 뜻에서의 지혜 사랑의 교육 특히 도덕 교육에도 큰 비중을 두었다 한다. 그는 펠로폰네소스 전쟁에서 승리한 스파르타의 횡포와 독선이 결국엔 전 헬라스의 다툼과 분열만 조장하며, 심지어는 페르시아의 지원까지 받아 가며 그러니, 스파르타와 아테네의 합심으로 페르시아의 영향력을 물리치고, 헬라스 전체의 화합을 이루게 하며, 특히 아테네의 주도권 회복을 통한 온 헬라스의 자유와 번영을 쟁취하는 노력을 하도록 종용하는 연설문 책자를 내기도 했는데, 이것이 그의 대표적인 연설문 책자인 《축제 연설》(*Panēgyrikos*)이다. 이를 그는 380년의 100회

360c

중의 한 사람과도 브리손[6]의 동료들 중의 한 사람인 폴리크세노스[7]와
도 사귀었소. 이런 경우들에 드문 일인데, 그는 만나서 이야길 나누기
에 비호감이지도 않고, 오히려 경쾌하며 좋은 성격인 걸로 여겨질 것
이오. 하지만 나는 두려운 마음으로 이런 말을 하고 있소. 단순한 동 d
물이 아니라, 드문 경우들에서 아주 드문 소수를 제외하면, 쉽게 변하
는 인간에 대한 생각을 내가 피력하고 있는 것이오. 이 사람의 경우에
도 두려워하며 못미더워하면서, 내 자신이 그와 대화를 하며 관찰도
했고, 그의 나라 시민들에게 물어보기도 했는데, 그 누구도 그 사람에
대해 나쁜 말을 전혀 하지 않았소. 그러나 귀하도 스스로 관찰하고 조
심하시오. 그야 물론, 어떻게든 여가라도 나거들랑, 그에게서 배우는
게 제일 좋겠고, 다른 철학 공부도 해 보시오. 그럴 겨를이 없으면, 누 e
군가를 가르치게 하시오. 여가가 나면, 배워서 스스로가 더 나아져서
좋은 명성을 얻게 되어, 나를 통해 귀하가 혜택을 입는 일이 계속되도
록 말이오. 그러면 이것들은 이로써 되었소.

서신으로 내게 귀하에게로 보내 달라고 한 것들과 관련해선데, 그 361a
중에서 아폴론 상은 제작해 받아서, 레프티네스가 귀하에게로 가져가
거니와 젊고 훌륭한 장인의 제작물이오. 그의 이름은 레오카레스[8]이
오. 한데, 그의 공방에 있던 다른 작품이 아주 세련되어 보였소. 그래
서 이걸 샀는데, 귀하의 부인께 드리고자 해서였소. 부인께서는 내가

올림피아 축제에서 대리 낭독을 하도록 꾀했던 것 같고, 많이 읽힌 것으로 전한다. 21편의 논변들이 전한다.

6) Brysōn은 소피스테스였다.

7) Polyxenos에 대해서는 〈서한 2〉 310c의 해당 각주를 참조할 것.

8) Leōkharēs(약 370~320)는 아테네의 조각가로서, 신상들의 청동 조각을 주로 했던 것으로 알려져 있다.

361a

건강할 때나 허약해졌을 때나 나와 귀하에 알맞게 보살펴 주셨소. 그러니 귀하에게 이견이 없다면, 부인께 드리시오. 열두 단지의 단 포도주를 자제들에게 그리고 꿀단지 둘도 보내오. 무화과 저장은 우리가
b 때를 놓쳐 왔지만, 도금양 열매는 저장은 했소만, 썩혀 버렸소. 그러나 다음번에는 더 잘 보살필 것이오. 식물들에 대해서는 레프티네스가 귀하에게 설명드릴 것이오.

이것들에 들인 돈, 곧 이것들과 얼마간의 국세를 위한 돈은 레프티네스에게서 받았소. 내가 우리 둘에 가장 모양새도 좋고 진실이기도 한 말을 하는 것으로 내게 판단되는 바를 말해 주고서였소. 선박 레우카디아에 우리가 쓴 비용 약 16므나는 우리 몫이지요.[9] 따라서 이 돈을 내가 받았으며, 받은 다음에 내가 썼고, 이 물품들을 여러분에게
c 보냈소. 그 다음의 돈과 관련된 문제로, 아테네에서의 귀하의 돈과 내 돈에 대해서 사정이 어떤지를 들으시오. 내가 귀하의 돈을, 그때 귀하에게 말했듯, 다른 가까운 친구들의 것들을 쓰듯, 쓸 것이오. 그러나 가능한 한, 최소한으로 쓸 것이오. 필요하고 옳고 어울리는 걸로 내게 그리고 내가 그걸 받은 사람에게도 판단되는 정도로요. 그러니까 이제 그런 일이 내게 생긴 것이오. 귀하가 내게 화관을 쓰라고 권유하는
d 데도 내가 쓰지 않았던 그때 사망한 질녀들의 딸들 넷이 내게 있소. 하나는 이제 혼인할 나이이나, 하나는 여덟 살, 하나는 세 살 조금 지났으며, 막내는 채 한 살이 안 되었소. 이들은 나와 내 가까운 친구들

9) Leukadia는 아마도 플라톤이 시라쿠사이로 가면서 빌려 탄 선박의 이름인 것 같고, 우리 몫이란 형식상으론 디오니시오스와 공동 부담인 용선으로 인한 비용이란 뜻인 것으로 보인다. 그리고 화폐단위 1므나(mna)는 100드라크메(drakhmē)였고, 1드라크메는 6오볼로스(obolos)였다. 당시에 숙련공의 하루 품삯이 1드라크메였다고 한다.

361d

이 혼인을 시켜야 하오. 내가 생존하는 한은. 그러지 못할 때야, 그들이 알아서 할 일이겠고. 이들의 아버지들이 나보다 더 부유해진다면야, 내가 혼인시킬 일이 아니오. 그러나 지금은 내가 이들 중에서 제일 부유하오. 이들의 어미들도 내가 다른 사람들 그리고 디온과 함께 힘을 모아 혼인을 시켰었소. 그런데 이들 중의 첫째가 스페우시포 e
스[10]와 혼인을 하는데, 그의 누이의 딸이오. 그래서 그 애를 위해서는 30므나 이상은 필요치 않소. 우리에게는 이 금액이 적절한 지참금[11]이니까. 하지만 나의 어머님께서 돌아가시면, 이 경우에는 묘의 조성에 10므나 이상 소요되지 않을 것이오.[12] 이것들과 관련해서 내게 필요한 것들은 현재로서는 대강 이것들이오. 그러나 내가 귀하에게로 감으로써 개인적이거나 공적인 비용으로 다른 어떤 것이 생기게 되는 경우에는, 그때 내가 말했듯이, 해야만 하는데, 나는 비용이 최소한이도록 최대한으로 노력해야만 하지만, 그럴 수 없는 것은 귀하의 지불 사항 362a
이오.

10) 〈서한 2〉 314e의 해당 각주를 참조할 것.

11) 지참금을 고대 헬라스어로는 proiks라 한다. 여기서는 복수로 proikes를 썼다. 덩달아 공짜로 주는 선물을 대격(accusative)으로 'proika'라 했는데, 오늘날에는 이를 '지참금'의 뜻으로 쓰고, 그 발음은 '쁘리까'로 한다. 《법률》 편 742c에서는 이 관습을 금지하고 있으나, 헬라스에서 이를 법적으로 실제로 금지한 것은 근래에 이르러서였다. 그러나 당시의 아테네에서는 고아가 된 소녀의 친척들은 그 혼인 지참금을 마련해 주도록 법제화되어 있었다 한다.

12) 묘비(stēlē) 등의 묘역 조성에 쓰일 금액이겠는데, 그런 가문의 모친에게는 적절한 비용이었던 같다. 이 서한의 진위 여부와는 상관없이 이 서신의 시기는 디오니시오스 II세의 1차 초청에서 돌아온 365년, 그러니까 플라톤이 62세 무렵이었던 시기다. 두 형 아데이만토스와 글라우콘은 이미 많이 늙었던 것 같고, 그의 말처럼 경제력도 그에게나 있었던 것 같다. 그러니 집안 대소사를 챙기는 것까지도 그의 소관사였던 모양이다.

362a

그러면 그다음으로 이번에는 아테네에서의 귀하의 돈의 지출과 관련해서 말하겠소. 첫째로, 만약에 나로 하여금 합창가무단 경비[13] 또는 그런 어떤 것에 돈을 쓰기를 요구한다면, 우리가 생각하듯, 그걸 기증할 외국인 대리인은 아무도 없소. 또한 귀하 자신에게 크게 차이를 생기게 할 어떤 일이 있어서, 미리 지불하는 게 이득이 될 터인데도, 지불되지도 않고, 귀하에게서 누군가가 올 때까지 지체된다면, 그런 일은 귀하에게 곤란함에 더해 손해를 입힐 것이며 부끄러운 일이
b 오. 왜냐하면 이런 사정들은 내가 아이기나 사람 안드로메데스에게로 에라스토스[14]를 보내고서야 알아내게 되었기 때문이오. 귀하의 외국인 대리인인 그에게서, 내가 필요할 경우에, 받으라고 귀하는 지시했소. 귀하가 서신으로 보내 달라고 한 다른 중요한 것들을 보내고자 했을 때 말이오. 그 사람은 그럴 만하고 인간적인 말을 했소. 이전에도 귀하의 선대인을 위해 지불했다가, 가까스로 돌려받았거니와, 이제는 적은 금액이나 변통해 주지, 그 이상은 그러지 않을 것이라고. 이렇게 되어 레프티네스에게서 그 돈을 받았소. 그리고 어쨌든 이 일로 레프티노스는 칭찬받을 만하오. 그가 그 돈을 주어서가 아니라, 기꺼이 주었으며, 귀하와 관련된 다른 것들도 말하며, 친구로서 할 수 있

---

13) 원어는 khorēgia이다. 기원전 5, 4세기의 아테네에서는 공공 행사로서의 공연에 동원되는 합창가무단(khoros)의 구성과 운영에 소요되는 경비를 경제력이 있는 일부 시민들이 부담케 했는데, 이를 khorēgia라 일컬었다. 그 밖에도 김나시온(gymnasion)의 운영과 관련해서 그런 제도가 있었는데, 이는 gymnasiarkhia라 했다. 이런 것들의 운영을 위한 제도를 leitourgia(영. liturgy)라 했다.

14) 에라스토스에 대해서는 〈서한 6〉 첫머리 각주를 참조할 것이며, 그 앞의 아이기나 사람 Andromēdēs는 디오니시오스의 대리인 구실을 했던 것 같다.

는 모든 걸 하는 게 분명했소. 물론 이와 같은 것들도 또한 이와 반대 c
되는 것들도 나로서는 알려주어야 하겠기 때문이오. 저마다가 귀하와 관련해서 내게 어떤 사람으로 보이는지를 말이오. 물론 돈 문제와 관련해서는 귀하에게 내가 뭐든지 터놓고 말할 것이오. 그게 옳기도 하고, 동시에 귀하 주위에 있는 사람들에 대해서 내가 경험한 바도 있어서 말하려는 것이오. 매번 귀하에게 보고를 하는 사람들은, 지출로 보고해야만 한다고 생각하는 걸, 보고하고자 하지 않는데, 이는 역정이
듣기 싫어서요. 그러니 귀하는 이들을 버릇들이어 이것들도 그리고 d
그 밖의 것들도 말하지 않을 수 없도록 하시오. 왜냐하면 귀하는 가능한 한 그 모든 걸 알아야만 하며 결정자가 되어야 하고 아는 걸 피하지 말아야 하니까요. 이는 통치를 위해서 귀하에게는 뭣보다도 최선일 것이기 때문이오. 비용을 옳게 지출한 것과 다른 것들에 대해서도 옳게 지불한 것은 그리고 돈의 획득 자체에 대해서도 좋은 것임을 물론 말하고 또한 말할 것이오. 따라서 귀하에 대해 마음 쓴다고 주장하는 사람들이 사람들을 상대로 귀하를 비방하지 않도록 하시오. 이는 귀하에 대한 평판에 좋지도 아름답지도 않으며, 다루기가 어려운 걸
로 여김이기 때문이오. e

이것들 다음으로는 디온과 관련해서 말하겠소. 다른 것들은 아직 내가 말할 수 없소. 귀하가 말하듯, 귀하에게서 서신들이 도착하기 전에는. 하지만 귀하가 자신을 상대로 언급하는 걸 허용치 않는 그 문제들과 관련해서, 그래서 언급하지도 대화도 갖지 않았던 그것들에 대해, 그 일[15]이 정작 일어날 경우에 그가 힘들게 또는 수월하게 견디

15) 여기에서 그 일로 시사되고 있는 것은 디오니시오스 I세의 디온에 대한 신임이 두터워 딸 아레테(Arētē)와 정략적으로 혼인케 했던 것인데, 이제 디오니시오스 II세가 이들을 이혼케 하여, 아레테가 다른 사람과 재

362e

어낼지 검토해 보았더니, 그 일이 일어난다면, 그가 괴로워함이 가볍지 않을 것으로 내게는 생각되었소. 귀하와 관련된 다른 일들로는 내가 보기에 디온은 언행 양면에서 절도를 지키는 것으로 내게는 생각되오.

363a 티모테오스[16]와 형제간이며 내 친구이기도 한 크라티노스에게는 중장비보병의 부드러운 것인 흉갑을 주도록 하고, 케베스[17]의 딸들에게는 7완척[18]의 옷들을 주는데, 비싼 아모르고스섬의 옷감이 아니라 시켈리아 산 아마포이오. 한데 귀하는 아마도 케베스의 이름은 알 것이오. 소크라테스의 대화들에서 시미아스[19]와 함께 소크라테스와 혼에 관한 논의[20]에서 대화를 하는 것으로 적혀 있으니까. 우리 모두와 친숙하며 우호적이오.

b 그러면 서신들에 대한 표시와 관련해서는, 곧 어떤 것들을 진지한 뜻에서 보내는 것이고 어떤 것들은 그렇지 않은 것인지는 귀하가 기억하고 있는 걸로 나는 생각하오만, 그렇더라도 유념하고서 주의하시오. 글월 보내 달라는 사람들이 많은데, 딱 잘라 거절하기가 쉽지 않기 때문이오. 진지한 서신은 '신'으로 시작하지만, 덜한 것은 '신들'로

혼케 하려는 계략을 두고 하는 말이다.

16) Thimotheos는 아테네의 장군으로서 플라톤과 교유한 사이였다고 한다. 그와 형제간이었다는 Kratinos에 대해서는 달리 알려진 게 없다.

17) Kebēs는 《파이돈》 편에 등장하는 소크라테스의 문하생으로 테베(Thēbai) 사람이었다.

18) 완척(腕拓: pēkhys)은 길이의 단위로서 팔꿈치 끝점부터 가운뎃손가락 끝까지의 길이를 뜻한다.

19) Simmias 또는 Simias는 케베스와 동향이며, 역시 《파이돈》 편에 등장하는 소크라테스의 문하생이다.

20) 《파이돈》 편을 뜻한다.

시작하니까.[21]

대사들이 귀하에게 서신을 보내길 요구했는데, 그럴 만도 하죠. 그들은 어디서고 귀하와 나를 아주 열성으로 칭찬을 하니까요. 특히 필라그로스[22]가 그랬는데, 그때 그는 손이 아픈 상태였죠. 또한 대왕[23]에 c
게로 갔다가 온 필라이데스가 귀하와 관련해서 말했소. 아주 긴 서신이 될 것이 아니었던들, 그가 말한 걸 적었을 텐데, 이제 레프티노스에게서 들으시오.

흉갑 또는 서신으로 내가 알린 것들 중에서 다른 어떤 걸 보내 준다면, 귀하가 원하는 사람에게 줄 것이나, 그렇지가 않다면, 테릴로스에

21) 올림포스 산정에 거처를 두었다는 이른바 올림포스의 신들은 제우스를 주신으로 삼은 열두 신들이다. 이들 이외에도 헬라스인들에게는 여러 신들이 있었다. 그러나 헬라스인들은 그들의 나라에 따라 이들 올림포스의 신들 중에서 특정한 신을 각별히 그들의 보호신으로 삼지만, 기본적으로 올림포스의 신들을 믿기에, 그들의 종교는 다신교 성격의 민족종교였다. 그러나 이런 신관에 대해 의인적 신관이라고 신랄한 비판을 한 크세노파네스는 "전체로서 보며 전체로서 사유하며 전체로서 듣는" 하나의 신을 내세운다. 훗날 디오니소스 밀교나 오르페우스 밀교처럼 이른바 구원사상을 내세우는 종교, 곧 구원종교도 나타나나, 신화 성격의 틀을 벗어나기는 어려운 것이었다. 플라톤에 이르러서는, 그런 신화시대의 신들은 한편으로 접어놓고, 마침내 신을 가장 신답게 이해하려는 사상이 결실을 보게 되는 셈이다. 그의 경우에 신은 가장 이성적인 또는 지성적인 존재이다. 따라서 완벽한 의미에서 그런 존재는 결국 '하나'일 수밖에 없겠다. 아마도 여기에서 신을 '하나'로 말하는 것과 '여럿'으로 말하고 있는 건 그의 그런 생각과 연결해서 한 것일 수도 있겠다는 생각이 들어서 이런 주를 달았다.

22) Philagros는 당시의 아테네에 부임해 있던 시라쿠사이의 대사였던 것으로 짐작된다.

23) '대왕(basileus ho megas)' 또는 그냥 'ho basileus'라 일컬음은 페르시아의 왕을 일컫는다.

게 주시오. 그는 늘 항해를 하는 사람들 중의 하나이며, 우리와 가까운 친구이며 다른 것들 그리고 철학에도 교양을 갖춘 이요. 그는 테이손과 인척간이며, 이 사람은 우리가 배를 타고 떠났을 당시에 시 행정장관이었소.

잘 있으시오 그리고 철학에 정진하시오 그리고 다른 젊은이들에게
d 도 권유하시오. 또한 나를 대신해서 공놀이를 하는 동료들에게 인사를 전해 주오. 그리고 또 다른 사람들과 아리스토크리토스에게도 일러두시오. 만약에 내게서 무슨 전언이나 서신이 귀하에게 가거들랑, 가급적 빨리 귀하가 알도록 마음 쓰며, 그 서신 내용에 마음 쓰게끔 귀하에게 상기시킬 것을 말이오. 그리고 이제 레프티네스에게 할 돈의 지불을 소홀히 하지 말 것이니, 가급적 빨리 지불하시오, 다른 사람들도 이를 보고서, 우리에게 좀 더 열성으로 도와주도록 말이오.

e 나에 의해서 미로니데스와 함께 그때 자유롭게 된 이아트로클레스는 지금 내가 보내는 것들과 함께 항해하고 있소. 내가 생각하기로는, 그가 귀하에게 호의를 갖고 있으니, 그를 고용인으로 임용해서, 원한다면, 그를 쓰시오. 또한 이 서신 자체와 이의 적바림도 보관하시오. 그리고 또 한결같으시오!

참고 문헌

1. 《카르미데스》 편과 《크리티아스》 편 및 《서간집》의 원전·주석서·역주서

Brisson, L., *Platon: Timée/Critias*, Paris: Flammarion, 1992.

Brisson, L., *Platon: Lettres*, Paris: Flammarion, 1994.

Burnet, J., *Platonis Opera*, III, IV, V, Oxford: Clarendon Press, 1902, 1903, 1907.

Bury, R. G., *Plato, IX, Timaeus, Critias, Cleitophon, Menexenus, Epistles*, Loeb Classical Library, Cambridge, Mass.: Harvard University Press, London: W. Heinemann, 1929.

Croiset, A., *Platon: Œuvres Complètes*, Tom. II, *Hippias Majeur – Charmide – Lachès – Lysis*, Paris: Les Belles Lettres, 1972.

Dorion, L.-A., *Platon: Charmide, Lysis*, Paris: Flammarion, 2004.

Gill, Ch., *Plato: The Atlantis Story*, Bristol: Bristol Classical Press, 1980.

Harward, J., *The Platonic Epistles*, New York: Arno Press, 1976.

Lamb, W. R. M., *Plato, XII, Charmides, etcs*, Loeb Classical Library, Cambridge, Mass.: Harvard University Press, London: W. Heinemann,

1927.

Morrow, G. R., *Plato's Epistles*, Indianapolis · New York, The Bobbs-Merrill Co., 1962.

Rivaud, A., *Platon: Œuvres Complètes*, Tom. X, *Timée - Critias*, Paris: Les Belles Lettres, 1985.

Souilhé, J., *Platon: Œuvres Complètes*, Tom. XIII, 1 partie, *Lettres*, Paris: Les Belles Lettres, 1977.

2. 《카르미데스》 편과 《크리티아스》 편 및 《서간집》의 번역서

Hamilton, W., *Plato: Phaedrus and The Seventh and Eighth Letters*, Penguin Books, 1973.

Lee, D., *Plato: Timaeus and Critias*, Penguin Books, 1965.

Schleiermacher, F. /Hofmann H., *Platon Werke,* I, *Ion · Protagoras · Laches · Charmides*, u.s.f., Darmstadt: Wissenschaftliche Buchgesellscaft, 1977.

Schleiermacher, F. /Kurz, D., *Platon Werke*, V, *Ion · Phaidros · Parmenides · Briefe*, Darmstadt: Wissenschaftliche Buchgesellschaft, 1983.

Schleiermacher, F. /Mueller H., *Platon Werke*, VII, *Timaios · Kritias · Philebos*, Darmstadt: Wissenschaftliche Buchgesellschaft, 1972.

West, Th. G. & West, G. S., *Plato: Charmides*, Indianapolis, Hackett Pub. Com. 1986.

3. 《카르미데스》 편과 《크리티아스》 편 및 《서간집》의 해설서 또는 연구서

Calvo, T. and Brissson, L., edd., *Interpreting the Timaeus – Crtias*, Proceedings, Sankt Augustin, 1997.

Edelstein, L., *Plato's Seventh Letter*, Leiden, E. J Brill, 1966.

Hackforth, R., *The Authorship of the Platonic Epistles*, Manchester University Press, 1913.

Robinson, Th. M. and Brissson, L., edd., *Plato: Euthydemus, Lysis, Charmides*, Proceedings, Sankt Augustin, 2000.

Schmid, W. Th., *Plato's Charmides and the Socratic Ideal of Rationality*, Albany, State University of New York Press, 1998.

Tuckey, T. G., *Plato's Charmides*, Cambridge University Press, 1951.

Tuozzo, Th. M., *Plato's Charmides*, Cambridge University Press, 2014.

4. 기타 참고서

Bury, J. B. & Meiggs, R. *A History of Greece*, London, Macmillan, 4th ed., 1975.

Brandwood, L., *A Word Index to Plato*, Leeds: W. S. Maney and Son Ltd., 1976.

Crombie, I. M., *An Examination of Plato's Doctrines*, I, London/New York: Routledge & Kegan Paul, 1962.

Diels/Kranz, *Die Fragmente der Vorsokratiker*, I, II, Bonn: Weidmann, 1954.

Friedländer, P., *Plato*, 2, 3, New York, Pantheon Books, 1964, 1969.

Guthrie, W. K. C., *A History of Greek Philosophy*, Vol. IV, V, Cambridge University Press, 1975, 1978.

Hicks, R. D., *Diogenes Laertius*, I, Loeb Classical Library, Cambridge, Mass.: Harvard University Press, London: W. Heinemann, 1925.

Hornblower, S. and Spawforth, A. (edd), *The Oxford Classical Dictionary* (3rd ed.), Oxford Universiy Press, 1999.

Howatson, M. C. (ed), *The Oxford Companion to Classical Literature*, Oxford University Press, 1990.

Kahn, C. H., *Plato and the Post-Socratic Dialogue*, Cambridge University Press, 2013.

Kahn, C. H., *Plato and the Socratic Dialogue*, Cambridge University Press, 1996.

Kraut, R.(ed.), *The Cambridge Companion to Plato*, Cambridge University Press, 1992.

Shorey, P., *What Plato Said*, Chicago & London, The University of Chicago Press, 1978.

Slings, S. R., *Platonis Respublica*, Oxford: Clarendon Press, 2003.

Smith, N. D., ed., *Plato*, Vol. IV, *Plato's Later Works*, London and New York, Routledge, 1998.

Stanford, W. B., *The Odyssey of Homer*, Books I-XII, London: St Martin's Press, 1965.

Stanford, W. B., *The Odyssey of Homer*, Books XIII-XXIV, London: St Martin's Press, 1965.

Willcock, M. M., *The Iliad of Homer*, Books I-XII, London: St Martin's Press, 1978.

Willcock, M. M., *The Iliad of Homer*, Books XIII-XXIV, London: St Martin's Press, 1984.

Ziegler, K. & Sontheimer, W., *Der Kleine Pauly*, 1~5, München: Deutscher Taschenbuch Verlag, 1979.

박종현 지음, 《헬라스 사상의 심층》, 서광사, 2001.

박종현 지음, 《적도(適度) 또는 중용의 사상》(개정·증보판), 서광사, 2022.

박종현 편저, 《플라톤》(개정·증보판), 서울대학교 출판부, 2006.(절판)

박종현 · 김영균 공동 역주, 《플라톤의 티마이오스》, 서광사, 2000.

박종현 역주, 《플라톤의 네 대화편: 에우티프론, 소크라테스의 변론, 크리톤, 파이돈》, 서광사, 2003.

박종현 역주, 《플라톤의 필레보스》, 서광사, 2004.

박종현 역주, 《플라톤의 국가(政體)》(개정 증보판), 서광사, 2005.

박종현 역주, 《플라톤의 법률》: 부록 《미노스》, 《에피노미스》, 서광사, 2009.

박종현 역주, 《플라톤의 프로타고라스/라케스/메논》, 서광사, 2010.

박종현 역주, 《플라톤의 향연/파이드로스/리시스》, 서광사, 2016.

박종현 역주, 《플라톤의 고르기아스/메넥세노스/이온》, 서광사, 2018.

박종현 역주, 《플라톤의 소피스테스/정치가》 서광사, 2022.

고유 명사 색인

1. 《카르미데스》(*Kharmidēs*) 편은 Stephanus(약자로는 St.) 판본 II권 곧 St. II. p. 153a에서 시작해 p. 176d로 끝난다. 그리고 《크리티아스》(*Kritias*) 편은 St. III. pp. 106a~121c이며, 《서간집》(*Epistolai*)은 St. III. pp. 309a~363e이다. 이 책 색인의 순서도 이에 따른 것이다. 《서간집》의 색인은 〈서한 7〉과 〈서한 8〉에만 국한했다.
2. 스테파누스 쪽수 앞의 * 표시는 그곳에 해당 항목과 관련된 주석이 있음을 뜻한다.

[ㄱ]

[ㄴ]

[ㄷ]

[ㄹ]

[ㅁ]

내용 색인

1. 《카르미데스》(*Kharmidēs*) 편은 Stephanus(약자로는 St.) 판본 II권 곧 St. II. p. 153a에서 시작해 p. 176d로 끝난다. 그리고 《크리티아스》(*Kritias*) 편은 St. III. pp. 106a~121c이며, 《서간집》(*Epistolai*)은 St. III. pp. 309a~363e이다. 이 책 색인의 순서도 이에 따른 것이다. 《서간집》의 색인은 〈서한 7〉과 〈서한 8〉에만 국한했다.
2. 스테파누스 쪽수 앞의 *표시는 그곳에 해당 항목과 관련된 주석이 있음을 뜻한다.

[ㄱ]

[ㄴ]

[ㅇ]

[ㅈ]

[ㅊ]